어떻게 원하는 말을 할 것인가?

어떻게 원하는 말을 할 것인가?

지은이 · 안정한

펴낸이 · 오광수 외 1인 | **펴낸곳** · **새론북스**

편집 · 김창숙, 박희진 | **마케팅** · 김진용

주소 · 서울시 용산구 백범로 90길 74, 대우이안 오피스텔 103동 1005호

TEL · (02) 3275-1339 | **FAX** · (02) 3275-1340 | **출판등록** · 제 2016-000037호

jinsungok@empal.com

초판 1쇄 인쇄일 · 2018년 7월 25일 | **초판 1쇄 발행일** · 2018년 7월 27일

ⓒ 새론북스
ISBN 978─89─93536─53─9 (03320)

나의 경쟁력을 높이고 사람의 마음을 사로잡는 대화 기술

어떻게
원하는 말을
할 것인가?

안정한 지음

새론북스

차례

Ⅱ 거절의 기술

Ⅲ 협상의 기술

금속은 소리로 그 재질을 알 수 있지만
사람은 대화를 통해서 서로의 존재를 확인한다.
－발타자르 그라시안－

어떻게 원하는 말을 할 것인가?

아마도 이 책을 보시는 분은 대화의 기술에 관해서 관심이 많은 사람일 것이다. 저자도 역시 대화에 관심이 많아서 엄청난 양의 대화에 관한 책과 강의를 들었고 거절에 관한 책도 쓴 적이 있다. 그런데 그렇게까지 많은 공부를 했음에도 불구하고 대화 자체가 크게 늘지는 않았다. 가족들과의 대화나 직원들과의 대화, 친구들과의 대화는 언제나 똑같았다. 내가 설득하는 것은 상대방에게 실패하기 일쑤였고, 그들의 설득이나 부탁은 항상 거절하기 힘들었다. 그런데 의외의 곳에서 왜 내 대화의 기술이 늘지 않는지를 알게 되었다.

'여왕의 교실'이라는 드라마에서 아이들을 상대로 호신술을 가르쳐주는 장면이 나오는데, 주인공 고현정이 이런 호신술 따위는 실전에서 아무런 소용이 없다고 아이들을 데리고 다시 교실로 들어가려고 하자 다른 선생님들이 말리는 장면이 나온다. 자신이 제대로 된 호신술을 알려주겠다고 하면서 고현정은 괴성을 지르면서 치한 역할을 하는 선생님을 볼펜으로 찌른다. 그러면서 이런 것이 현실적인 호신술이라고 하면서, 그런 몇 가지 기술들을 배워봤자 실전 상황에서는 되레 상대의 화만 내게 만들어서 상황을 더 악화시킬 수 있다고 한다. 저자는 이 장면에서 대화의 기술에 관한 책들이 도움이 되지 않는 이유를 깨닫게 되었다.

첫 번째 이유는 책을 쓴 사람들이 심리학자이거나 철학자, 교수 같은 훈련된 대화의 고수이기 때문이다. 즉 무술로 치면 수십 년을 훈련한 사람이 여자나 아이들을 데리고 호신술을 가르치고 나서 그 호신술을 현장에서 사용하면 된다고 하는 것과 같은 것이다. 그들은 이미 일반 사람의 수준 이상의 수많은 심리적인 훈련을 받은 상태이기 때문에 상대가 어떤 말을 하든 그것을 받아칠 수 있는 훈련이 되어 있지만, 일반인들은 그런 대화 훈련이 되어 있지 않은 상태에서 대화를 해야만 하기 때문에 그들의 책을 읽는 순간에는 이론적으로는 맞지만, 내가 대화하고 있는 현실에선 별 소용이 없다.

두 번째 이유는 책속의 대화의 기술들 대부분이 특정한 상황의 대처법만을 이야기하다 보니 변형된 상태에선 쓸 수 없게 되는 경우가 많았던 것이다. 무술로 예를 들면 팔을 잡혔을 때 반격하는 기술을 익혔는데 목을 잡히면 아무것도 할 수 없는 것처럼 너무 구체적인 상황에만 집중하다 보니 현실성이 떨어지게 되는 것이다. 특히 사람의 마음은 항상 움직이는 것이기에 현실에 복잡한 상황 속에서 사람의 마음을 읽고 대응해서 쓴다는 것은 거의 불가능에 가깝다.

세 번째 이유는 책에서 읽은 대화의 기술을 실생활에서 훈련을 하지 않기 때문이다. 대화의 책들에서 나온 사례들은 모두 이론적이거나 특별한 상황의 이야기들이 많다. 그러다 보니 그러한 상황을 훈련할 수 있는 실제 상황이 없고, 상황이 없다 보니 반복학습이 되지 않았기 때문에 아무리 좋은 내용을 읽었다 한들 결국 잊어버리게 되는 것이다.

결과적으로 아무리 좋은 대화의 기술에 관한 책을 읽어서 대화의 기술을 늘린다는 생각은 마치 권투에 관한 책, 태권도에 관한 책, 그리고 유도에 관한 책을 많이 읽어보고선 자신이 무술의 고수라고 생각하는 것과 같다. 그런 이론을 아무리 많이 알고 있다고 해도 써보지도 않고 훈련하지도 않아본 대화의 기술은 그냥 죽은 대화의 기술에 불과하기 때문에 아무리 읽어도 도움이 되지 않는다는 사실을 알아야만 한다.

그래서 저자는 누구, 언제나, 어디서나 하고 싶은 말을 하는 방법을 찾기 위해서 현대의 심리학적인 대화의 기술을 틀을 벗어나서, 인간관계 전체를 통찰하는 대화의 기술을 찾던 중 아리스토텔레스의 수사학이라는 것을 알게 되었다. 권위, 감정, 논리로 상대를 설득, 거절, 협상을 하게 되는 방법을 통해서 일상적인 대화에서부터 인생을 바꿀 수 있는 협상에 이르기까지 모든 것을 수사학의 틀 속에 넣어서 책을 만들게 되었다. 또한 이 책은 일상에서 얼마든지 대화 훈련이 가능한 이야기들로 가득 차 있다.

　끝으로 이 책은 반드시 처음에는 순차적으로 읽되, 다 읽고 다음에는 상황별로 필요할 때마다 읽기를 부탁드리고 싶다. 그리고 마지막으로 일상생활에서 응용, 훈련을 해서 자신만의 대화술을 완성할 때 비로소 내가 어떻게 원하는 말을 할 수 있는지 알게 될 것이다.

안정한

대화의 기술이 필요한 이유

아마도 이 책을 펼쳐본 분은 대화의 기술이 궁금해서 펼쳐봤을 것이다. 그런데 현대사회에서 대화의 기술이 왜 이렇게까지 필요한지 생각을 해보자. 혹시 비디오 증후군이라는 말을 들어 본 적이 있는가? 비디오 증후군이란 영유아 유사자폐를 일컫는 말로서 발달과정에는 아무런 이상이 없는 아기들이 오랜 시간 동안 TV나 스마트폰을 보면서 자라다 보니 사람과의 대화를 충분히 하지 못해서 말을 제대로 익히지 못하는 것을 말한다. 원래 아기들이 말을 할 때에는 자신들이 발음을 제대로 하는지 알수가 없다. 그런데 어른들이 그 말을 알아듣고 반응을 제대로 하면서 점점 발음을 고치고 문장을 완성해 나가는 것이다. 그런데 유사자폐가 일어나게 되는 이유는 TV나 스마트폰은 자신만의 이야기를 하고 아기가 이야기하는 것에 반응하지 않기 때문에 결국 아기들이 말을 늦게 배우게 되는 현상으로 나타난다. 그런데 이러한 현상이 과연 아기들에만 나타나는 것일까?

여기서 또 다른 질문을 한번 던져보자. 지금 자신의 스마트폰 안에 저장되어 있는 번호 중 몇 개나 외우고 있는가? 아마 10개 정도밖에 기억을 못하는 사람들이 대부분일 것이다. 그나마도 스마트폰으로 바꾸기 전에 외우던 번호가 대부분일 것인데, 그렇게 외우지 못하게 된 이유는 바로 스마트폰이 기억을 대체하기 때문이다. 비디오 증후군에 걸린 아기들과 마찬가지로 우리 어른들의 대화의 경우에도 현대 기계문명에 의해서 대화량 자체가 과거에 비해서 현저하게 줄어들다 보니 대화의 기술 자체가 저하되고 있다. 과거에는 모든 일을 사람을 만나서 대화를 통해 해결해야 했지만, 현재는 정해진 사람이외에는 대부분 기계를 통해서 일을 하고 있기 때문이다.

실생활에서 예를 찾아보면, 인터넷과 스마트폰이 활성화되기 전에만 해도 사람들은 필요한 물건이 있으면 은행에서 돈을 찾아 매장에 들러서 이런저런 흥정을 하면서 물건을 구입하고 집이나 직장에서 그 물건을 식구들, 친구들에게 자랑하거나 설명을 하면서 살았다. 그런데 현대에는 인터넷과 신용카드의 발달로 돈을 인터넷뱅킹으로 움직이고, 신용카드로 인터넷에서 물건을 사고 있다. 하다못해 대화를 나눌 수 있는 점심시간조차 함께 식사하면서도 대화를 하지 않고 스마트폰을 들여다보고 있다. 즉 과거보다 훨씬 더 줄어든 대화 시간 자체가 인간들의 대화력을 떨어뜨리고 있으며, 그 떨어진 대화력으로 인해서 다른 사람을 변화시키는 능력뿐만 아니라 자기 자신의 변화하는 능력 자체도 떨어지고 있다는 사실이다. 이것은 마치 운동을 하지 않는 근육이 작아지는 것과 같은 이치인 것처럼 과거에는 대화의 기술을 배우지 않아도 여러 사람과의 대화를 통해서 몸으로 저절로 익힐 수가 있었으나 현대사회에선 자신의 감정에만 충실하게 대화하는 사람들이 많아지면서 수많은 사회 문제를 만들고 있다. 즉 상대방과 어떻게 설득, 거절, 협상을 해야 하는지 모르는 사람들이 점점 늘어나고 있다는 것이다. 그럼 이제부터 대화란 무엇이고, 왜 필요한지, 그리고 어떻게 대화를 해야 하는지를 알아보자. 대화란 무엇인지부터 살펴보도록 하자.

••• 대화란 무엇인가?

대화란 '두 사람 이상이 이야기를 하는 것 또는 그 이야기 자체'라고 사전에선 정의하고 있다. 그런데 이러한 정의는 너무 좁은 것 같아, 확대를 해서 새로운 개념을 만들었다. '대화란 인간에게 있어서 생존과 번식의 기술이며, 관점의 기술이며, 욕망의 기술'이라고 저자는 개념을 정의해 보았다.

첫째, 생존과 번식의 기술

우선 왜 생존과 번식의 기술인지부터 알아보자. 사람이 사는 이유는 무엇일까? 물론 철학적인 이야기로 하자면 끝이 없겠지만 저자는 이 부분에 대해서 리처드 도킨슨의 저서 〈이기적 유전자〉에서 잠깐 이야기를 빌려와서 설명을 해볼까 한다. 그는 모든 생명체가 사는 이유는 같다고 한다. 사람이 사는 이유나 길가에 피어 있는 꽃과 마찬가지로 모든 생명체의 목적은 생존 그 자체인 것이다. 즉 태어났기 때문에 계속해서 살고 싶은 것인데, 여기에는 한계점이 있다. 영원히 살 수가 없다는 점이다. 그래서 또 한 가지 목적을 가지고 사는데, 그것이 바로 번식이다. 모든 생명체는 영원히 살 수 없는 존재이기 때문에 차선책으로 자신의 유전자를 남기기 위해서 또 다른 개체를 만드는 것이다. 따라서 인간 역시 이 두 가지 숙제를 가지고 살고 있는데 현재 지구상에서 인간을 위협할 만한 존재는 거대한 재해나 전염병 정도지, 생명체 중에선 없다. 우리 인간의 생존과 번식을 위해선 다른 인간과의 관계가 가장 중요한 숙제로 다가온 것이다. 그래서 다른 인간과 관계를 맺는데 가장 중요한 것이 바로 언어, 즉 대화인 것이다.

그렇다면 왜 다른 어떤 생물들보다 인간에게 대화가 이토록 중요한 활동이 되었을까? 그 이유는 바로 인간의 진화과정에서 설명할 수 있다. 지금으로부터 2~3만 년 전 네안데르탈인과 그 돌연변이로 생긴 호모사피엔스, 즉 인간이 대결을 벌이면서 살아가다가 호모사피엔스가 네안데르탈인들을 전멸시키고 지구의 주인으로 자리매김해서 현재까지 지구를 지배하는 종족으로 남아 있다. 그런데 재미있는 사실은 네안데르탈인들이 호모사피엔스보다 머리의 용적도 더 크고 체격이 더 커서 힘도 더 셌다는 사실이다. 그런데 왜 그들이 현생인류에게 멸망당했을까? 그 이유를 진화학자들은 호모사피엔스의 거대한 집단을 이루는 사회화 속에서 찾았다. 호모사피엔스는 거대한 집단을 이루면서 문명을 만들고 힘을 키워서 작은 무리의 네안데르탈인들을 물리쳤던 것이다. 즉 인간은 엄청난 사회성을 갖고 태어난다는 사실이다. 그래서 인간은 집단에서 외톨이가 되면 엄청난 고통을 받게 되고, 더 나아가 집단으로부터 비판을 받게 되면 뇌가 피부와 떨어져 나가는 고통을 받게 된다. 이를 통해서 인간은 절대적으로 사회적인 존재라는 사실을 알 수 있다.

이 사실을 알기 위한 실험을 한 가지 소개하면, '인간의 두 얼굴'이라는 EBS프로그램에서 재미있는 실험을 한 가지 했는데 군중이 인간 개인의 의사결정에 어떤 영향을 미치는지에 대한 것이었다. 우선 한 교실에 10명의 사람이 들어간다. 그중에서 9명은 배우로 가짜 학생 역할을 하고 단 한 명만이 진짜 학생이다. 그리고 앞에서 문제를 내는데 문제는 아주 쉽다. 먼저 적당한 길이의 선을 보여준 다음 세 선 중 그 선과 길이가 같은 것을 찾게 한다. 실험 학생은 마지막에 선택을 할 수 있었는데 1번부터 9번까지의 가짜 학생은 모두 일부러 틀리게 대답을 한다. 처음에는 실험 학생이 자신의 신념대로 맞는 답을 했지만 다른 사람들이 모두 다른 대답을 내놓으니까 실험자는 눈치를 보게 된다. 그리고 나선 두 번째 문제부터는 다른 사람들과 같이 틀린 답을 내놓게 된다. 미국에서 시행한 원조 실험에선 65%의 사람이 그렇고 나머지는 다른 답을 끝까지 냈는데, 우리나라에서 4명을 실험한 결과 모두 다 같은 대답을 내놓았다. 이처럼 군중이 한 사람에게 미칠 수 있는 영향이 막대한 이유는 앞에서 말한 것처럼 사람은 군중에 동조하는 대화를 하지 못하면 고통을 느끼기 때문이다.

그렇다면 반대로 뇌가 즐거워하는 대화는 무엇일까? 그것은 바로 군중이 즐거워하는 대화를 하는 것이다. 사람들이 즐거워하는 모습을 보면 뇌는 쾌락중추가 활성화되어서 마치 술이나 마약을 먹었을 때의 쾌락과 맞먹는 보상을 받게 된다는 것이다. 사람들이 명예나 인기를 얻으려고 노력하는 이유도 바로 거기에 있다. 또한 수많은 사람들이 성공하기 위해서 노력하는 이유도 여기에서 찾을 수 있다.

둘째, 관점의 기술

인간을 포함한 모든 생물은 시각, 촉각, 청각, 미각, 후각이라는 오감을 통해서만 모든 정보를 받아들일 수 있다. 아무리 뛰어난 생물이라고 해도 받아들이는 정보의 양은 한정될 수밖에 없다. 게다가, 그렇게 받아들인 정보조차도 자신의 감정에 따라서 마음대로 해석하는 경우가 많다. 우리는 우리의 주관 안에 갇혀서 살 수밖에 없는 존재이다. 아무리 뛰어난 사람, 똑똑한 사람, 공부를 많이 한 사람일지라도 시간과 공간이 한정될 수밖에 없다. 즉 한 사람이 모든 것을 알 수는 없다.

이것은 장님의 코끼리 만지기와 같다고 생각하면 쉽다. 우리는 일생동안 오감과 감정을 동원해서 세상이라는 코끼리를 만지다가 시간이 다되면 저세상으로 간다. 그런데 우리가 보고 듣는 세상이 전부인 줄 알고 살다가 가는 경우가 많다. 그리고 그 세상이 그 사람에게는 현실이지만 거대한 세상의 입장에서 보면 그냥 작은 일부만을 보면서 살아가는 사람일 뿐인 것이다. 인간의 특징은 사회적인 존재라고 했는데, 그렇다면 인간은 이렇게 갇힌 관점을 어떻게 객관의 관점으로 사회 전체를 인지하는 것일까?

예를 들면 여러 장님들이 코끼리를 만져본 다음 누구는 코를 만지고 구렁이같이 큰 뱀이라고 하고, 누구는 꼬리를 만지고 뱀처럼 작다고 하고, 누구는 다리를 만지고 기둥과 같다고 하고, 그리고 누군가는 몸통을 만지고선 벽과 같이 거대하다고 하면, 그 이야기를 서로 토론을 통해서 맞춰가면서 한 가지 모양인 거대한 코끼리 모양을 조금씩 만들어 간다. 우리는 원하든 원치 않든 세상이라는 거대한 덩어리를 이런 식으로 퍼즐처럼 맞추어서 생각한다는 점을 알 수 있다. 그래서 자신의 현실을 혹은 사회의 현실을 다른 사람들과의 대화를 통해서 인식해 나가는 것이다. 따라서 대화는 이 세상이라는 거대한 코끼리를 우리가 인식할 수 있도록 만들어 주는 최고의 도구인 것이다.

셋째, 욕망의 기술

인간은 생리적이든 심리적이든 물질적이든, 욕망하면서 살아가게 되어 있다. 그런데 인간의 욕망을 해결해 줄 수 있는 것 역시 다른 인간이 가지고 있다. 따라서 대화를 통해서 욕망을 성취할 수가 있다. 실생활에서 예를 들어 보면, 우리가 만약 빵과 우유를 먹고 싶다고 생각을 해보자. 빵을 먹으려면 밀을 키우고 방앗간에서 빻고 그것을 다시 반죽을 해서 오븐에 구워 먹어야만 한다. 그리고 우유를 먹으려면 아기 젖소를 사서 최소 3년 간 키워 임신을 시켜서 젖을 짜야만 한다. 즉 오랜 시간과 노력이 필요하다. 그런데 우리는 빵과 우유를 시장에서 돈을 주고 사서 간단하게 먹고 있다. 우리에게 필요한 욕망을 내가 가진 재화를 통해 협상을 해서 바꾸는 것이다. 우리는 원하는 모든 것을 가질 수는 없다. 항상 인간의 욕망은 현재의 것보다 더 나은 것을 원하고 있기 때문이다.

이 부분에서 대화의 중요성이 나타난다. 욕망의 조절 방법을 두 가지로 나누어 볼 수 있는데, 개인적으로 욕망을 조절하는 방법과 대외적으로 내 욕망을 상대에게 투영하는 방법을 말한다. 즉 상대방에게 내 욕망을 제대로 분출하는 방법인데, 쉽게 말해서 내가 하고 싶은 일을 상대방에게 기분 나쁘지 않게 말하는 방법을 알아야만 한다는 것이다.

그렇다면 제대로 된 대화의 기술을 쓰면 우리는 어떤 삶을 살 수 있을까?
첫 번째 행복한 삶, 두 번째 성공하는 삶, 세 번째 장수하는 삶을 살 수 있다.

첫째, 행복한 삶을 살 수 있다.
많은 사람들이 착각하는 주제 중에 한 가지가 우리가 행복하기 위해서 산다고 하지만 그렇지 않다. 우리는 다른 모든 생물들과 마찬가지로 생존과 번식을 위해서 살고 있기 때문이다. 행복이라는 감정은 순간적으로 우리의 삶을 가치 있게 만들어서 삶을 윤택하게 만들어 줄 수 있는 도구에 불과하다.
행복에 관한 연구결과에 이런 데이터가 있다. 100억 원짜리 복권에 당첨된 사람과 교통사고로 두 다리를 잃은 사람이 있었다. 두 사람의 행복도와 불행도는 처음 2주간 최고조로 치닫게 된다. 그런데 3개월 뒤에는 다시 원래의 행복하지도 불행하지도 않은 상태로 돌아오게 된다. 이것은 적응 단계로, 생존과 번식을 위해서 아무리 좋은 일이 있어도, 불행한 일이 있어도 그 기분을 조절하게 된다. 그 이유는 바로 끊임없이 생존의 이유를 찾아야 하기 때문이다. 그래서 인생은 한 방이 아니며 자잘한 행복을 많이 느끼는 사람이 더 많이 오랫동안 행복할 수 있다. 사랑하는 사람과 식사를 하거나 여행을 가서 소소한 행복을 자주 느끼는 것이 한 번에 크게 쓰고 오랫동안 일하는 것보다 훨씬 행복감이 크고 오래 갈 수 있기 때문이다. 그래서 대화가 최고의 행복의 기술이라고 이야기하는 것이다. 인간에게 있어서는 다른 인간의 관계가 최고의 쾌락이자 고통이기 때문이다. 한순간의 거대한 행운이나 불행의 경우에는 시간만 지나면 적응이라는 단계를 통해서 얼마든지 이겨낼 수 있다. 그러나 같이 사는 사람이 전혀 말이 통하지 않는다면 살아 있는 동안 내내 지옥을 맛볼 수가 있게 된다. 따라서 제대로 된 대화는 내가 사는 사회 속에서 다른 사람과의 관계를 원활하게 만들어서 나를 행복하게 만들어 줄 수 있다.

둘째, 성공하는 삶을 살 수 있다.

성공한 삶이란 사전적 의미를 보면 '목표한 바를 이룸'이라고 되어 있다. 무슨 말인지 애매하다. 그런데 성공의 개념을 인간을 벗어나서 모든 생물체들에 대해서 진화심리학적으로 분석하면 조금 더 쉽게 정의를 내릴 수 있다. 예를 들어서 소나무 숲에서는 가장 크고 건강한 소나무가 성공한 나무일 것이고, 동물들이라면 가장 크고 건강해서 자신의 자손을 많이 퍼트린 동물이 성공한 동물일 것이다. 이를 인간에게 대입해서 생각하기는 쉽지 않다. 인간은 복잡한 관계 속에서 살고 있기 때문이다. 그러나 확실한 사실은 인간은 다른 인간들에게 인정을 받을 때 행복과 성공을 느낀다는 점이다. 즉 성공한 사람이란 인간의 사회 속에서 다른 인간들에게 부러움을 받으면서 그 사람처럼 되고 싶어 하는 사람, 즉 롤모델이 되

19

는 사람일 것이다. 이런 심리 실험이 있었다. 억대의 공연료를 받고 연주를 하는 뛰어난 예술가가 길거리에서 공연을 한 것이다. 그런데 그가 두 시간 동안 연주를 해서 받은 돈은 2달러에 불과했다. 그가 엄청난 공연료를 받을 수 있었던 이유는 그의 연주 실력이 아니라 그를 받쳐 주는 시스템과 무대가 있었기에 가능했던 것이다. 그렇다면 위대한 예술가와 뛰어난 광대의 차이가 무엇일까? 뛰어난 광대와 위대한 예술가는 기예에서는 별 차이가 없다. 그러나 위대한 예술가는 사회적으로 인정을 받음으로써 자신의 생존과 번식, 더 나아가선 다른 사람들에게 영향을 미치는 힘, 권위를 가짐으로써 다른 사람들로부터 부러움을 사고 그 사람처럼 되고 싶게 한다. 뛰어난 광대를 볼 때는 재미있고 좋지만 보고 나선 그냥 지나가는 여흥으로만 기억에 남는다.

이처럼 인간의 사회 속에서 성공이란 무엇을 얼마만큼 뛰어난 일을 하는 것이 아니라, 그 사람이 누구든, 어떤 일을 했건 상관없이 다른 사람들이 그 사람처럼 되는 것을 원하게 만드는 것이다. 쉽게 말해서 누군가의 꿈이 되는 사람이다. 인간의 역사에서 성공한 사람들, 즉 성인이나 영웅 같은 사람들의 등장으로 인간 사회는 더 거대해지고 복잡해지고 점점 진보하였는데, 재미있는 사실은 그 과정에서 성공했다는 사람들의 가장 중요한 도구는 역시 '대화'였다.

호모사피엔스가 네안데르탈인을 몰아내고 지구의 운명을 쥐게 된 데는 사회화가 결정적인 역할을 했다. 그리고 거대한 사회화와 전문화된 지식은 공유를 통해서 거대한 지혜를 얻게 되었다. 그런데 그 과정에서 중요한 부분은 바로 대화를 통해서 이 지식을 공유했다는 점이다. 결국 아무리 뛰어난 지식을 가지고 있다 하더라도 사회 속에서 자신의 이야기를 정확하게 전달하지 못했다면 그는 뛰어난 인물이 될 수 없었다. 그래서 고대에서부터 현대에 이르기까지 대화술은 그 사람의 성공과 실패를 결정짓는 가장 중요한 요소인 것이다.

셋째, 건강 장수하는 삶을 살 수가 있다.

왜 대화가 최고의 건강장수법일까? 〈나는 몇 살까지 살까?〉라는 책이 있다. 스탠포드대학의 루이스터먼 박사가 1910년에 태어난 1500명의 소년소녀들을 대상으로 후배과학자들에게 계속 연구하라고 지시해서 80년 동안의 데이터를 바탕으로 어떻게 해야 오래 살 수 있는지를 실제적으로 연구한 책인데, 이 책에선 우리의 생각과는 다른 장수의 비결들이 많이 나온다.

우리가 장수하는 사람들의 특징으로 알고 있는 몇 가지 사실들이 있다. 채식을 하고 담배와 술을 하지 않으며, 낙천적인 성격에 결혼을 해서 자녀를 둔 사람이 일반적으로 오래 산다고 생각하고 있는데, 이 책에선 전혀 다른 결과를 알려주고 있다. 사실상 위의 이야기들은 장수와 별로 관련이 없을 뿐만 아니라 도리어 일찍 죽는 경우까지 있었기 때문이다. 남성의 경우에는 결혼을 하면 오래 사는데 여성의 경우에는 별로 상관이 없었다. 게다가 이혼할 경우 남자는 일찍 죽는데 여성은 별로 차이가 없었는데, 자녀가 있건 없건 수명에는 별로 관련이 없는 것으로 나와 있다. 특히 술과 담배에 관한 부분에 있어서 정확하게 나와 있지는 않지만 사교성이 좋은 사람의 경우 술과 담배를 많이 해서 건강을 해치는 경우는 있었지만 그 결과로 단명하지는 않았다. 도리어 술 담배를 하지 않아서 친구가 없는 사람이 스트레스를 많이 받아서 단명한 것으로 나와 있어서 충격을 받았다.

그럼 수명을 결정하는 데 중요한 요인이 되는 것들은 무엇이 있었을까? 가장 큰 요인 중에 한 가지가 바로 부모의 이혼이었다. 특히 아들들의 경우 그 영향을 크게 받았는데, 나중에 인간관계나 결혼생활 그리고 수명에까지 지대한 영향을 미쳐서 단명하게 된다고 한다. 특히 부모의 죽음보다도 이혼이 영향이 크다고 한다. 그리고 결혼과 이혼의 경우 당사자인 본인에 대한 영향도 큰데, 남성의 경우 수명이 줄 정도의 스트레스를 평생 동안 받는다고 한다.

두 번째는 친구가 많은 사람이 오래 산다는 점이다. 앞에서 말한 것처럼 사교성이 좋은 사람은 술 담배를 많이 해서 건강을 해쳐서 병원 신세를 많이 질 수는 있지만 실질적으로 스트레스를 적게 받기 때문에 정신적, 신체적으로 건강하게 오래 산다고 한다.

세 번째는 사회적으로 성공한 사람이 오래 산다는 점이다. 일반적인 직장을 보아도 사실상 아랫사람들보다는 많은 것을 걱정해야 하기 때문에 사장이 몇 십 배 더 스트레스를 받으면서 살아간다. 그러나 기대 동기와 성취감이 크기 때문에 그 스트레스를 쉽게 풀어 버릴 수 있다고 한다. 예를 들면 직장인이 일을 잘해서 보너스를 받는 것에 만족하는 데 반해 사장은 직원들이 평생 벌 수 있는 돈을 한 번에 벌 수 있고 성공도 실패도 크기 때문에 자기 인생에 대한 만족감이 커서 오래 살 수 있다는 것이다.

책을 읽으면서 나름대로 술도 적게 마시고 담배도 안 피우기 때문에 오래 살 것이라고 생각했는데 도리어 스트레스를 더 많이 받아서 단명하게 된다는 데 충격을 받았다. 오래 사는 사람들의 특징을 보면 친구가 많고, 사회적으로 성공을 했으며, 남자의 경우 결혼생활을 하는 사람이라는 점이다. 이들의 공통점을 보면 일정한 대화상대가 오랫동안 있는 사람이 건강하고 장수를 했다는 사실이다. 게다가 이들을 연구한 박사들 역시 모두 장수했다고 하니 그들 역시 오랜 시간을 공유하면서 친구가 되다 보니 같이 장수를 한 것이 아닌가 하는 생각까지 들었다. 이렇듯 대화란 어떤 건강법보다도 효과적으로 사람을 건강하고 장수하게 만드는 방법이라는 사실을 알 수가 있다.

그럼 대화가 필요한 또 다른 이유에는 어떤 것들이 있을까? 인간은 사회에서 벗어나서는 살 수 없는 뇌구조를 가지고 있다. 그럼에도 불구하고 너무 과도한 인간관계는 엄청난 스트레스를 유발한다. 모든 인간관계는 갈등을 유발하게 되어 있기 때문이다. 이러한 갈등을 유발하는 이유는 인간이 본능적으로 이기적이며, 자신을 위하게 되어 있지만 복잡한 사회 속에선 그런 속내를 밝힐 수 없기 때문인데, 따라서 적절한 욕망을 표현하는 기술이 필요하다. 쉽게 말해서 적절한 인간관계의 거리를 유지하는 능력이 필요한 것인데, 이러한 기술은 대부분 세 가지 정도로 집약이 된다. 바로 설득, 거절, 협상 등의 기술을 통해서 자신이 다른 사람과의 거리와 관계를 유지하는 능력을 키우기 때문에 대화의 기술은 반드시 필요하다.

그럼 여기까지 대화의 필요성을 마무리하고 다음 장에선 본격적으로 대화의 기술에 관해서 알아보도록 하자.

23

대화의 기술

대화의 기술 목표는 쉽고 빠르고 효과적인 대화의 기술을 완성하는 것이다. 사실 이것이 저자가 추구하는 대화의 기술의 제일 목표인데, 대화의 기술을 세 가지로 나누어서 살펴볼 것이다. 첫 번째 설득의 기술, 두 번째 거절의 기술, 그리고 세 번째 협상의 기술이다.

설득의 기술은 대화의 3원칙인 권위, 감정, 논리를 통해서 각각 설득의 방법 기술들에 대해서 살펴볼 것이고, 거절의 기술 역시 권위, 감정, 논리에 반박할 수 있는 거절의 기술을 소개할 것이며, 마지막으로 협상의 기술은 협상의 목표 설정, 상대 파악, 협상기술로 이어지는 전략적 협상의 기술을 살펴볼 것이다.

최고의 대화술은 듣는 것이다.
- 스테판 M. 폴란 -

I 설득의 기술

인간관계는 크던 작던 끊임없는 갈등관계 속에서 이루어지고 있다. 대화로 갈등을 풀어나가야 하는데 어떤 경우에는 상대방을 설득하기도 하고 또 어떤 경우에는 설득당하기도 할 것이다. 이때 필요한 것이 바로 설득의 기술이다.

자기의 마음속에 진리가 있는 사람은
절대로 자기의 혀가 설득력이 부족한 것인지에 대해서
걱정할 필요가 없다.
존 러스킨

설득의 기술

설득의 기술은 수사학을 모티브로 삼았지만 저자는 이것을 현대적으로 만들어 보았다. 우선 권위의 설득술, 그리고 감정의 설득술, 마지막으로 논리의 설득술이란 제목으로 만들었는데, 저자가 무술에 관심이 많다 보니 이것을 무술에 대입해서 만들어 보았다. 무술 역시 힘, 속도, 기술의 3요소로 나눌 수가 있는데, 여기서 권위는 힘, 감정은 속도, 논리는 기술로 바꾸어서 설명할 수 있다.

사람과 사람이 육체적으로 대결하는 것으로 생각한다면 아마도 힘이 조금이라도 더 센 사람이 이길 것이다. 그리고 힘이 같다면 속도가 빠른 사람이 이길 것이다. 마지막으로 힘과 속도가 같다면 그때서야 기술의 차이가 승패를 가르게 된다.

이것은 대화에서도 마찬가지로 적용이 된다. "누가 이야기했느냐?"가 가장 중요하며, "어떻게 이야기를 했는가?"가 다음으로 중요하다. 논리는 마지막으로 "무엇을 이야기했는가?"로 대화를 마무리하게 된다.

설득의 기술의 필요성

인간관계는 크던 작던 끊임없는 갈등관계 속에서 이루어지고 있다. 대화로 갈등을 풀어나가야 하는데 어떤 경우에는 상대방을 설득하기도 하고 또 어떤 경우에는 설득당하기도 할 것이다. 이때 필요한 것이 바로 설득의 기술이다.

왜 설득을 하는데 기술이 필요할까? 앞에서 이야기한 것처럼 인간관계에선 갈등이 없을 수가 없다. 그렇다고 그런 갈등이 일어날 때마다 상대를 힘으로 제압하려 든다면 이 세상은 피바다가 되고 말 것이다. 조그만 갈등에도 사람들이 서로 죽이려고 든다면 이 세상을 얼마나 살기 힘든 세상이 될까?

결국 말로써 갈등을 해결하게 되는데 이 방법이 바로 설득이다. 그래서 "전쟁은 외교의 연장선에 있다."라는 말까지 생겨난 것이다. 고대서부터 전쟁을 할 때도 무조건 쳐들어가서 죽이고 빼앗지 않았다. 우선 협상단을 보내서 항복을 하면 살려주고 말을 안 들으면 협박을 하거나 회유책을 내놓아서 항복을 받아냈다. 그 이유는 가장 중요한 자원이 바로 사람이기 때문인데, 사람들을 살려서 항복을 받아낼 때 비로소 제대로 된 정복을 할 수가 있었다. 실제로 칭기즈칸의 정복전쟁 방식을 보더라도 항복을 한 성은 모두 살려주었지만 끝까지 대항한 곳은 모두 다 죽였다고 한다. 만약 모든 성을 다 정복하고 죽이려고 했다면 역사상 가장 큰 제국의 건설은 불가능했을 것이다. 결국 설득이 어떤 무력보다도 뛰어난 힘을 발휘할 수 있기 때문에 설득이란 말로써 상대를 움직여서 내가 원하는 결과를 얻어낼 수 있는 최고의 지혜인 것이다.

두 번째 이유로는 인간은 사회 속에서 살아가는 동안에 끊임없이 설득하고 설득을 당해야만 하는 존재이기 때문이다. 앞에서 말한 정치니 외교니 전쟁이니 이런 거대한 일을 제외하고서라도 어린아이에게 약을 먹여야 하는 순간에서부터 내 일생일대의 중요한 일을 결정하는 순간 등 우리는 무수히 많은 설득의 순간을 맞닥뜨리게 된다. 특히 상대를 어떻게 설득하느냐에 따라서 인생이 바뀌기도 하는데 이렇게 중요한 설득을 할 줄 모른다면 얼마나 몸과 마음이 힘들까? 설득이란 단순하게 하고 싶다고 하고 하기 싫다고 안 해도 되는 것이 아닌 매우 중요한 기술이기 때문에 정확한 원칙과 기술을 꼭 알아야만 한다.

세 번째 이유는 바로 거절과 협상을 위해서라도 설득의 기술을 알아야만 한다. 우리가 쉽게 생각하기에 거절은 그냥 안 하면 된다. 협상은 그냥 중간에서 타협만 하면 되는 것이라고 생각하는 분들이 의외로 많다. 게다가 그런 분들 중에는 특히 배웠다고 하는 분들이 많은데, 공무원으로 오랜 시간을 근무하고 퇴임한 분들과 의사, 심지어는 기자들까지도 쉽게 사기에 넘어가는 경우가 있다. 그분들은 모두 기초적인 설득의 기술들에 쉽게 넘어가 그런 말도 안 되는 사기를 당한다는 것을 알게 되었다. 사기를 당하는 것은 둘째 치고서라도 사회에 나와 사람들을 어떻게 설득하고 거절하는지 기초조차 몰라 결국 많은 손해를 본다. 일단 제대로 된 거절과 협상을 하기 위해서라도 협상의 기술을 알아야만 한다. 어떻게 하면 설득의 기술을 배울 수 있을까?

아리스토텔레스의 수사학

저자는 수많은 대화의 기술에 관한 책들을 읽었지만 언제, 어디서나, 누구에게나 통하는 대화법을 찾지 못했다. 그러던 중 설득의 방향을 합리적이고 이성적으로 할지 아니면 감정적으로 할 것인지 방향을 나누는 에토스, 파토스, 로고스라는 말을 듣게 되었다. 이것은 고대 철학자 아리스토텔레스가 대화의 기술을 집대성해서 낸 학문 수사학에서 나온 말이다. 에토스는 권위, 자격, 인격, 신뢰 등을 말하고, 파토스는 감성, 감정, 공감 등을 뜻하며, 마지막으로 로고스는 논리, 이성, 과학 등을 뜻하는 고대 그리스의 말이다. 아리스토텔레스는 여기서 에토스가 60% 정도, 파토스가 30%, 그리고 로고스가 10% 정도의 영향을 미친다고 했다. 즉 권위가 가장 큰 위력을 발휘하고, 그 다음에 감정, 마지막으로 논리가 상대에게 영향을 미친다는 사실이다.

사실 아리스토텔레스는 플라톤의 제자이고 플라톤은 소크라테스의 제자였다. 소크라테스가 살던 당시에는 마치 무술의 문파처럼 말을 잘하는 사람이 제자들을 이끌고 광장에서 대화를 통해서 말싸움을 자랑하던 시기였는데, 소크라테스는 산파론이라고 하는 대화술로 그리스의 뛰어난 소피스트들을 모두 물리친다. 산파론이란 마치 아기를 엄마가 스스로 낳는 것처럼 도와 주어서 스스로 질문을 통해서 그 사람이 알고 있는 진리의 무지를 깨우쳐주는 방법이다.

산파술의 한 가지 예를 들어 보자.

소크라테스가 청년과 민중에 관해서 토론을 하는 이야기 중 일부다.

소크라테스가 청년에게 묻는다.

"민중이란 누구인가?"

청년이 대답한다.

"가난한 사람들을 말합니다."

그러자 다시 소크라테스가 묻는다.

"가난한 사람이란 어떤 이들인가?"

청년은 "항상 돈에 쪼들리는 사람들을 말합니다."라고 한다.

소크라테스가 다시 묻는다.

"부자들도 대개 돈이 부족하다고 늘 아우성인데, 그러면 부자도 가난한 사람 아닐까?"

청년은 슬슬 당황하기 시작한다.

"아마도, 그렇게 생각할 수도 있겠지요."

소크라테스는 이제 본론으로 돌아온다.

"그러면 '민중이 주체가 된다'라는 민주주의는 가난한 사람들의 정체인가, 부자들의 정체인가?"

그러자 청년은 스스로 혼란에 빠져서 자신이 원하는 민중이 무엇인지 알지 못하게 된다. 즉 자신이 어떤 것을 정의할 때 정확하게 모르고 정의를 한다는 사실을 알려준 것이다.

소크라테스는 상대방으로 하여금 당연하다고 믿고 여겼던 자신의 논리가 따라가면 따라갈수록 모순에 부딪힌다는 사실을 깨닫게 했다.

결국 상대방이 자신의 무지를 알도록 해주었으나 이러한 무적의 논리술은 결국 당시 권력을 잡은 소피스트들의 미움을 샀고 말도 안 되는 누명을 써서 독배를 마시게 되었다. 이처럼 억울하게 죽은 자신의 스승을 보면서 아마도 제대로 된 설득의 기술을 완성하기 위해서 아리스토텔레스는 에토스, 파토스, 로고스라고 하는 수사학을 완성한 것으로 추정된다.

수사학에 입각해서 대화를 한다면 논리에 앞서서 내 권위를 먼저 생각한다. 그때 내 권위가 상대에게 설득할 만한 위치에 있는지를 먼저 판단하는 것이다.

그리고 내 권위가 충분히 상대에게 미치지 못한다고 판단되었을 경우 상대방의 감정을 공략하는 것인데, 상대방이 감정을 통해서 충분히 가까워졌다고 판단되면 그때 자신의 논리를 가지고 상대를 설득하는 방식인 것이다. 만약 처음부터 논리만을 상대방에게 들이댄다면 그야말로 "니가 뭔데?"라는 권위의 벽에 막혀서 결국 실패할 수밖에 없다는 것이다. 그래서 항상 설득을 할 때는 가장 중요한 것은 권위, 그리고 감정, 마지막이 논리란 사실을 알아야만 한다는 것을 알려주고 있다.

그런데 재미있게도 이러한 수사학이 현대 법체계에도 영향을 미쳤다. 에토스 즉 권위는 판사, 파토스인 감정은 배심원, 로고스를 뜻하는 논리는 검사와 변호사라는 사실이다. 재판이 진행되는 것을 보면 피고가 있고 검사가 피고의 죄목을 논리적으로 밝힌다. 그러면 변호사가 논리적인 반론과 더불어서 그때 당시의 힘들었던 피고의 이야기를 배심원들에게 해준다. 그러면 배심원들은 법적인 기준에서 벗어나서 자신들이 가진 상식과 감정을 바탕으로 죄의 유무를 판단하고 그것을 바탕으로 판사는 죄의 형량을 결정하는 것이다. 이처럼 법의 시스템에서조차 이러한 삼원칙이 움직인다는 사실은 이 시스템이 얼마나 정교하고 정확한가를 알려준다.

권위의 설득술

아리스토텔레스의 수사학에서도 권위란 설득의 60% 이상의 영향을 미친다고 했는데, 이렇게 중요한 권위에 관해서 5단계로 나누어서 살펴보겠다.

첫 번째 장은 권위의 절대적인 위력의 사례들을 살펴보고,

두 번째 장은 왜 권위가 그토록 강력한 설득의 기술인지 알아볼 것이다.

세 번째 장은 권위의 종류를 나누어서 설명을 하고,

네 번째 장은 권위를 가지는 방법을 설명할 것이다.

다섯 번째 장은 권위를 빌리는 방법을 설명할 것이다.

1. 권위의 위력의 사례

권위의 위력의 사례를 네 가지로 나누어서 준비를 해보았다.
첫째, 밀그램 교수의 전기 충격 실험
둘째, 패스트푸드점 알몸 수색사건
셋째, 대구 지하철 참사 심리 실험
넷째, 절대 권위를 확립한 역사적 사례

● 밀그램 교수의 전기 충격 실험

스탠리 밀그램 교수는 하버드대학교에서 심리학을 전공을 했는데, 이 실험은 1961년부터 1962년까지 예일 대학교에서 진행된 실험이었다. 스탠리 밀그램 교수는 지극히 일상적이고 착한 사람들을 모집했다. 표면적인 연구의 목적은 참가자들을 선생님과 학생으로 나누어서 문제를 알아맞히는 과정을 하면 수당을 지급한다는 것이었다.

그러나 참자자들이 알고 있던 것과는 달리, 참가자 중 학생 역할은 미리 교육된 배우였다. 모집된 참가자들은 전부 선생님 역할로 학생과 연결된 전화선으로 간단한 문제를 내고, 학생이 문제를 틀릴 때마다 점점 더 높은 전압의 전기 충격을 주도록 요청을 받았는데, 사실 이 연구는 '권위에 대한 복종'을 알아보는 실험이었던 것이다. 학생 역할을 맡은 배우들은 일부러 문제를 틀렸고, 선생님 역할을 맡은 참가자들은 점점 전기 충격의 전압을 높였다. 전기의 충격은 처음에는 50V, 다음에는 100V, 이런 식으로 올라가는데 300V면 사람이 기절을 하고, 500V면 사망에 이를 수 있었다. 그런데 학생 역할을 맡은 배우들은 진짜 전기 충격을 받는 것처럼 고통스러운 연기를 했는데, 선생님 역할을 맡은 참가자들은 연구자들과 교수에게 "정말 이 실험이 안전한가요?", "저 참가자가 너무 고통스럽다.", "실험을 중단해야 하는 게 아닌가요?"라고 질문을 했지만 교수는 그들에게 "괜찮다. 걱정하지 마라."라는 말만 했다. 결과만 보면 70% 이상의 사람들이 400V 이상까지 전압을 높였으며, 마지막 버튼에는 V 대신 '매우 위험'이라고 써 있었지만 거기까지 눌렀다. 그래서 스탠리 밀그램 교수는 이 실험의 비윤리성으로 인해서 1년 동안 자격정지를 받았다.

나치에 협조한 독일 장교와 군인들의 경우 독일 수용소에서 학살을 자행한 군인이 법정에 섰을 때 이런 말을 했다.

"나는 독일 군인이었고, 독일 정부의 명령을 따랐을 뿐이다."

자신의 상급자의 권위에 대해 복종하는 것이 상급자가 모든 책임을 져 줄 것이라고 생각한 것이다. 당장은 자신의 상급자의 명령을 듣는 것이 합리적이라는 생각 때문에 스탠리 밀그램의 실험과 같은 현상이 일어난다고 한다. 그리고 스탠리 밀그램 교수는 이런 말을 남겼다.

"민주주의 사회에서 만들어진 인성이 아무리 정의로운 것이라고 할지라도 그 시민들이 만약 옳지 않은 권위의 지배를 받게 된다면 그들 역시 인간의 야만성과 비인간적인 태도에서 자유로울 수 없다."

아마 이 실험을 우리나라에서 했으면 더 많은 사람들이 그 버튼을 누르지 않았을까 하는 생각을 하게 된다. 그런데 아마도 이런 실험을 보면서 이렇게 생각하는 분들이 있을 수도 있다. 그건 실험실 안에서 일어난 일이고, 현재는 전쟁 중도 아니고 사람들이 제대로 된 정신을 가지고 있으면 그럴 수가 없다고 생각할 것이다. 그래서 다음 사례는 실제로 있었던 일을 가지고 권위의 위력을 살펴보겠다.

● 패스트푸드점 알몸 수색사건

지난 2004년 미국 루이스빌에서 18마일(30km) 떨어진 교외 지역인 켄터키주의 워싱턴산에 있는 패스트푸드 매장에서 일어난 일이다.

패스트푸드점에 한 통의 전화가 왔다. 그 전화를 건 사람은 자신이 경찰이라고 밝히고 그 집에서 일하고 있는 미성년자 아르바이트생이 손님의 지갑을 훔쳤다고 하면서 그 아르바이트생을 사무실에 감금하고 수색을 하라고 시킨다. 그래서 그 패스트푸드점의 점장은 경찰이라는 말만 믿고선 그녀를 사무실에 감금하고 수색을 하지만 아무것도 나오지 않았다. 그러자 그 경찰이라는 사람은 이렇게 말을 한다.

"옷을 모두 벗기고, 수색을 다시 실시하라."

보통 이쯤 되면 이 전화기 속의 사람이 경찰이 아닌 것쯤은 눈치를 챘을 만도 한데 그 패스트푸드점 안의 사람들은 그 전화의 명령에 복종해서 실제로 사무실에서 그 아르바이트생의 옷을 모두 벗기고 물건을 내놓으라고 한다. 더 가관인 것은 물건을 내놓을 때까지 때리라고 시키자 엉덩이를 때렸다고 한다. 그런데 여기서 믿을 수 없는 사건으로 전개가 되는데 나중에는 성폭행을 하라고 해서 결국 그 말에 따라서 그 아르바이트생을 강간했다고 한다. 이것은 '컴플라이언스'라는 영화로 만들어지면서 세상에 알려지게 되었다.

사건으로 유명한 이 실화의 실제 피해자였던 여종업원 루이스 오그본은 패스트푸드점으로부터 56억 원의 손해배상을 받았으며, 범인의 유도로 성폭행을 저지른 매니저의 약혼자는 5년형을 선고받았다고 한다. 그런데 이것이 한번 일어난 일이 아니라 비슷한 사건이 1994년부터 10여 년에 걸쳐 미국 30여 주에서 70여 건이나 일어났다. 즉 인간은 정보가 통제될 때 권위에 맹목적으로 복종할 수밖에 없다는 사실을 알려주는 사례였다.

단지 전화기 목소리만으로도 사람을 움직이는 권위의 위력이 느껴지지 않는가? 아마 이 이야기를 들으면서 그것은 미국에서 일어난 일일 뿐이고 소수의 사람들이 그런 말도 안 되는 권위에 복종할 것이라고 착각하는 분들을 위해서 더 충격적인 사례를 준비했다. 이번에는 대구 지하철 참사 심리 실험이다.

● 대구 지하철 참사 심리 실험

대구 지하철 참사 사건으로 192명(신원 미확인 6명)이 사망하고, 148명이 부상을 당한 큰 사고인데, 이 사건의 사진 한 장이 많은 사람들의 의문을 자아냈다. 그것은 연기가 가득 찬 객차 내에서 사람들이 객차의 문이 열려 있음에도 불구하고 그대로 버티고 앉아 있는 모습의 사진이었다.

물론 당시 상황은 기관사가 기차가 출발한다고 방송을 한 후이기는 했다. 그런데 사람들은 연기가 가득 차서 숨을 쉴 수 없을 때까지인 10분 동안 그냥 앉아서 기침을 하면서 버티고 있다가 불이 번지자 그제야 우르르 몰려서 나갔던 것이다.

왜 생명이 위급한 상황에서도 사람들은 도망가지 않았을까? 그 의문을 해결하기 위해서 EBS의 '인간의 두 얼굴'이라는 프로그램에서 이러한 상황을 만들어서 실험을 했다.

한 방에 10명의 사람이 들어가 있는데, 그들은 현재 대학생으로 학과시험을 보는 중이다. 사실은 그중에서 9명은 모두 연습한 배우들이고 나머지 한 명만이 진짜 실험을 하는 사람이다. 그리고 나서 방 안으로 연기가 늘어오기 시작한다. 연기의 양이 점점 많아지는데, 연기를 발견한 실험대상 학생은 깜짝 놀라서 주위를 둘러보지만 아무도 움직이지 않자, 실험대상 학생은 주변의 눈치를 보다가 다시 앉아서 시험문제를 풀기 시작한다. 그런데 점점 연기의 양이 많아지자 불안감을 보이지만 10분 동안 움직이지 않다가 갑자기 문이 열리고 대량의 연기가 쏟아져 들어오고, 그 안에 있는 사람들이 한꺼번에 봇물 터지듯이 나가자 실험 학생도 나갔다. 그런데 이런 식으로 네 명을 실험했는데 단 한 명도 10분 안에 문으로 나온 사람은 없었다. 이런 식으로 많은 사람들의 숫자가 지지하는 것에 대해선 이성적으로 판단할 수 없도록 만든다는 사실을 알 수 있었다.

즉 권위의 위력을 보면, 누군가 책임자나 혹은 다수의 사람이 시키는 일이라면 대부분의 사람들은 그것이 어떤 일이라 할지라도, 설사 자신의 목숨이 걸린 일일지라도 따른다는 아주 무서운 결론에 다다를 수 있었다. 그렇다면 이런 권위의 위력을 이용한 역사적인 사례는 없을까? 아무도 알려주지 않았던 절대 권위의 사례를 찾아보았다.

● 절대 권위를 확립한 역사적 사례

권위는 사람들을 복종시키는 뛰어난 위력을 가지고 있다. 그렇다면 분명히 절대 권위를 만들어서 세상의 모든 사람들을 복종시키고자 했던 역사가 분명히 있을 것으로 판단하고 찾아보았다. 이 사례에 들어가기 전에 한 가지 질문을 던지고 시작할까 한다. 질문은 간단하다. 지금은 몇 세기인가? 답 역시 간단하다. 21세기다. 그럼 21세기는 무엇을 기준으로 한 것일까? 아마 기독교를 믿는 분들은 대부분 알겠지만 예수의 탄생을 기준으로 만든 것이다. 그런데 왜 예수의 탄생이 시간의 기준이 되었을까?

이 사실을 남자들이 왜 수염을 깎는지에 관한 상식에 관한 책을 접하면서부터 알게 되었다. 남자들이 수염을 깎는 이유는 로마시대 때부터 내려오는 풍습 때문이라고 한다. 고대 로마영화를 보면 정치인들이나 부자들은 말끔하게 수염을 깎고 머리를 현대인처럼 단발로 자르고 다니는 것을 볼 수 있다. 그런데 여기에는 재미있는 사실이 숨겨져 있다. 로마시대 초기는 청동기 시대라서 수염을 자르기 힘들었다고 한다. 그 당시 수염을 말끔하게 자르고 다니는 사람은 아주 뛰어난 노예가 있는 부자나 정치인이 아니면 힘들었다고 한다. 대부분 수염을 지저분하게 기르고 다니던 시절이라 얼굴에 수염이 없으면 아주 말끔하게 보여서 다른 사람과는 다른 높은 신분임을 자랑할 수가 있다고 생각해서 수염을 밀고 다녔던 것이다. 그 로마가 천년의 역사를 이어오면서 유럽과 중동까지 지배하다 보니 그 관습이 퍼져나가 현재 세계를 지배하고 있는 것이다. 여기서 현대세계의 문화의 기초가 로마에서 왔음을 알 수 있다.

실제로 우리가 쓰고 있는 시간 역시 로마에서 시작된 시간이 지금까지 연결된 것인데, 로마는 역사적으로 위대한 인물들도 많고 신도 많았다. 7월은 줄라이(July) 즉 줄리어스 시저의 이름을 따서 만들었고, 8월은 아우구스트(August)라고 해서 아우구스투스 황제의 이름을 따서 왔다. 심지어 하루를 다른 날에서 빌려와선 위대한 달로 만들었다. 덕분에 원래 8월이었던 옥터버(October)가 졸지에 10월이 되고 만다. 그런데 이렇게 위대한 로마 민족이 자신들이 지배했던 민족인 유대민족의 신을 데리고 와선 그의 자식인 예수를 자신들의 시간의 기준으로 만든 것일까? 그것도 영원한 시간의 기준을 말이다.

여기에는 로마 역사를 알아야 할 필요가 있는데, 로마가 거대한 제국을 세우고 오랜 시간이 지나자 점점 분열하기 시작하는데, 콘스탄티누스 황제 때에는 제국이 6개로 분열이 되고 황제 역시 6명이 된다. 콘스탄티누스 황제가 그 5명의 황제들을 모두 죽이고 유일한 로마제국의 황제가 되는데, 콘스탄티누스 황제의 고민은 시작된다. 일단 봉합을 했지만 제국의 황제를 혈통이 아닌 투표로 뽑다 보니 결국 제국은 분열할 수밖에 없다는 판단을 하게 된 것이다. 고심한 끝에 다신교 국가인 로마를 유일신교 국가로 만들어서 절대 권력을 만들기로 하였다. 유일신교를 믿는 민족인 유대인 중에서 하나님만이 모든 이의 신이라고 주장을 한 예수 그리스도를 메시아로 인정하게 된 것이다.

종교의 이름을 예수 그리스도의 이름을 따서 크리스트교 혹은 그리스도교라고 정하고 여기에 로마제국의 황제를 교황이라는 이름으로 부르게 만든다. 오로지 교황만이 신과 인간을 연결해 줄 수 있다고 주장하면서 로마를 유일신교 국가로 만들고 교황을 유일신으로부터 권력을 부여받은 인간이라고 해서 분열되지 않는 영원한 국가를 만들고자 했던 것이다.

그래서 이 세상에는 예수가 오기 전과 온 후만 있다고 해서 기원전 기원후로 나누게 된 것이고, BC, AD로 나누어서 시간을 표기하게 된 것이다. 결국 로마의 나누어지지 않는 절대적인 권력을 만들기 위한 역사적인 사건들에 의해서 만들어진 시간의 기준이 지금까지도 사용되고 있는 것이다.

그렇다면 왜 권위가 최고의 설득술이며, 현재는 어떤 권위를 가지고 사람들이 사용하고 있는지 권위의 종류에 대해서 알아보도록 하자.

2. 왜 권위가 최고의 설득술인가?

첫째, 인간을 포함한 모든 생물은 이기적인 존재이기 때문이다.

인간이 어떤 결정을 내릴 때는 가장 먼저 나에게 무엇이 더 이익이 되는지 판단을 하게 되는데, 앞에서 스탠리 밀그램의 사례에서도 만약 실험실에서 실험을 당하는 사람이 자신의 부모나 자식이었다면 아마 아무도 전기 버튼을 누르지 않았을 것이다. 이처럼 전기 버튼을 누른 사람들이 버튼을 누른 가장 큰 이유는 바로 내가 받을 사회적인 압력의 크기가 상대방이 당할 고통보다 더 클 것이라고 판단했기 때문이다. 특히 누르지 않은 사람들 중에선 전기 충격을 당해 고통을 겪어본 사람과 자신의 심장에 충격이 갈까 봐 누르지 않았던 사실에 더 많은 확신을 하게 되었다. 그래서 누군가와 대화를 할 때 가장 중요한 것이 바로 권위라는 사실이다. 상대방이 나에게 더 큰 이익을 주거나 해를 가할 수 있는 상대라면 내가 아무리 옳은 말을 한다고 해도 상대방을 이길 수가 없게 된다.

예를 들어, 만약 음주음전을 했는데 음주운전 단속에 걸렸다고 생각해 보자. 경찰관에게 "내가 누군지 알아?" 이렇게 소리를 치고 음주 단속을 거부하면 철창에 갇힌다. 그리고 결국 음주운전 및 공무집행방해로 재판을 받고 교도소를 가야 한다. 이때 경찰관은 사회적으로 음주운전을 단속할 권위를 가지고 있다. 그런데 그 권위에 거부를 하게 되면 반드시 힘으로 재제를 받을 수밖에 없다. 이때 권위는 따를 수밖에 없는 강제적인 힘을 바닥에 깔고 있다. 그리고 그 강제적인 힘이 그 사람으로부터 하여금 자신에게 유리한 판단을 하게끔 만들기 때문이다.

둘째, 사회화 과정 속에서 반복학습을 통해서 강화되었기 때문이다.

앞에서 인간은 이기적이며 자신에게 이익이 되기 때문에 권위에 따른다고 했는데 다른 사례들의 경우에는 자신에게 이익이 되지 않음에도 불구하고 다른 사람들의 행동을 보고 그늘의 행동에 따라서 움직이는 것을 볼 수 있다. 그 이유는 무엇일까? 그것은 바로 우리가 사회화 과정 속에서 권위를 따라야만 한다는 반복학습을 끊임없이 배웠기 때문이다. 우리는 어렸을 때부터 가정에서부터 부모를 따라야만 한다고 배웠다. 또한 교육을 시작하는 유치원 때부터 선생님의 말씀을 잘 따라야 한다고 교육을 받아오고 있다. 학교에 가선 선생님 말씀을 잘 들어야 한다고 배운다. 선생님은 학교에서 학생들을 교육 및 지도를 할 권한을 가진 사람이기 때문에 그런 권한을 준 것이다. 그런 식으로 오랜 시간 교육을 받으면서 우리는 권위에 대해서 복종하는 습관이 생겼기 때문에 일단 나보다 권위가 높은 사람의 이야기는 설득력있게 들릴 수밖에 없다. 반대로 나보다 권위가 낮은 사람의 이야기는 듣지 않으려는 나쁜 습관도 같이 생겨나게 된다.

이렇게 사회화 과정 속에서 우리가 권위를 따르는 이유는 바로 새로운 물건이나 시스템에 대한 불안감 때문이다. 즉 벌을 받지 않아도 선택의 문제를 가지고 후회하지 않기 위해서 선택을 한다는 것이다. 예를 들면, 전문적인 지식이 부족한 사람은 의사나 변호사의 의견을 무시할 수가 없다. 또한 강한 사회적인 권력을 가지고 있거나 돈이 많은 부자들의 권위 또한 무시하기 힘들다. 그들은 우리 생활에 밀접한 영향을 미칠 수 있는 힘을 가지고 있기 때문에 그들의 말을 무시한 뒤에 오는 불안감 때문에서라도 우리는 권위를 따를 수밖에 없다. 마찬가지로 다른 새로운 기술이나 물건에 대해선 개인이 검증할 수 있는 수단이나 시간이 한정되어 있기 때문에 자신이 여유가 된다면 불안한 미래보다는 안정적인 미래를 추구하는 인간의 선택이 결국 권위에 매달리게 만든다는 것이다.

셋째, 권위를 이루고 있는 사회적인 압력 때문이다.

조금 더 자세하게 말하면 모든 사회를 이루는 생물의 경우 권위를 통해서 사회를 유지한다. 사람을 제외하고라도 쥐나 늑대 같은 무리를 이루는 동물들의 경우에도 힘을 바탕으로 한 위계를 만들어서 자신들만의 사회를 이루고 계급을 이루면서 그 계급에 맞추어서 살아간다. 사람의 경우에는 더더욱 그러한데, 특히 오랜 시간 동안 세대를 이어져오면서 만들어진 권위는 당연하다고 생각하는 힘이 강하기 때문에 더 효과적인 힘을 발휘한다. 쉽게 말해서 사람들이 익숙한 것에 끌리기 때문이라는 말이다. 사람들은 익숙해진 불편한 것을 새로운 편한 것보다 더 선호하는 경향이 있다. 이 사실을 알게 된 것은 〈배금〉이라는 소설 때문이다. 이 책은 2006년 일본을 떠들썩하게 했던 라이브도어 사건이라는 실제 사건을 바탕으로 그 사건의 주인공이 자신의 이야기를 쓴 소설이다. 라이브도어 사건은 신흥 인터넷기업인 라이브도어라는 회사가 후지TV를 인수하려다 결국 부도가 났는데 그 와중에 무리한 증권거래 위반과 많은 로비 등을 하여 당시 일본의 주식시장이 하루 동안 중지되고 수상이 은퇴할 정도로 큰 사건이었다.

당시 라이브도어의 사장은 33살의 젊은이인데 이 책은 그 라이브도어의 사장이 자신의 이야기를 바탕으로 쓴 실화소설이다. 그 소설 속에서 주인공은 오락실에서 아르바이트를 하고 있는데 아저씨라는 신비의 사나이가 와서 그를 최고의 재벌로 만들어 주겠다고 한다. 자신만의 사업아이템을 가지고 오라고 해서 그는 전서구, 즉 편지를 배달하는 비둘기 게임을 가지고 간다. 그런데 아저씨라는 사람의 대답이 재미있다.

"사람들은 익숙해진 불편한 것을 새로운 편한 것보다 더 선호하지. 이것은 재미있지만 돈을 받고 팔기에는 부족해."

그래서 그는 일단 무료로 게임을 배포하고 아이템과 통신대전을 통해서 돈을 벌게 된다. 무료로 퍼트려서 일단 중독을 시켜 놓아서 익숙한 게임을 만든 다음 조금씩 판매를 통해서 돈을 벌 수 있는 시스템을 완성한 것이다. 우리나라 게임사업도 그런 식으로 확장하고 있지만 당시에는 굉장히 획기적인 방법이었다.

여기서 우리가 사용하는 물건, 시스템, 법률, 기술 등에 대해서도 권위가 작용한다는 사실을 알 수 있다. 비싼 명품가방은 특별히 광고를 하지 않아도 사람들이 와서 산다. 사실 브랜드란 그 이름이 가지고 있는 권위를 뜻한다. 그 권위를 가지고 싶어서 여성들은 엄청난 돈을 들여서 그 가방을 사는 것이다. 자신의 가방의 권위를 가지고 자신의 권위를 높이려는 행위인 것이다. 이처럼 우리가 사는 물건에조차 권위가 붙어 있다는 사실을 알 수 있다.

3. 권위의 종류

저자는 권위의 종류를 세 가지로 나누어 보았다.

첫 번째로 사회적 지위의 권위가 있다. 예를 들면 사회적 지위가 높은 대통령이나, 국회의원, 시장같이 선출이 되거나 사회적인 권력이 있는 사람들이다.

두 번째로는 전문적 지식의 권위가 있다. 이 경우에는 의사, 변호사, 검사, 기술자 등등 어떤 전문적인 직업의 능력을 지닌 사람들의 권위를 말한다.

마지막으로 세 번째는 사람들의 지지, 즉 인기에 의한 권위로 설명을 할 수 있다. 예를 들어서 유명인이나 방송인, 연예인처럼 많은 사람들이 아는 사람들의 권위가 있다.

그렇다면 이들은 자신의 권위를 가지고 어떻게 사람들을 설득할까?

● 사회적 지위

첫 번째 사회적인 지위가 높은 사람들의 경우에는 가장 먼저 하는 것이 자신이 가지고 있는 힘과 역량을 알리는 것이다.

두 번째로는 자신이 그 일을 할 수 있다는 의지와 그 일의 결과에 대해서 어떻게 될 것인지에 대해 설명을 한다.

세 번째 자신이 일을 함에 있어서 믿고 지지해 줄 것을 설득한다.

이 경우 대통령이나 국회의원후보들이 자신들이 가지고 있는 청사진을 사람들에게 보여주고 지지해 달라고 말할 때 많이 사용하는 방식이다. 그런데 이렇게 어려운 설득 말고 작은 일에 대해선 권위가 높은 사람이 하는 말이 바로 먹히기 때문에 사람들이 그토록 사회적 지위를 높이려고 애쓰는 것이다. 대통령이 전봇대를 뽑으라고 이야기하는 것과 동네 이장이 전봇대를 뽑으라고 이야기하는 것 중에서 누구의 설득력이 높다고 생각하는가? 이처럼 사회적 지위 자체가 가지고 있는 힘에 사람들이 저절로 설득되는 경우가 많다. 그래서 사회적 지위가 높은 사람은 워낙 많은 사람들이 자신의 이야기를 경청하기 때문에 권력의 노예가 될 확률이 높다. 모든 사람이 귀담아 듣고선 잘못된 말에도 반대이론을 내지 않기 때문이다. 그래서 어떤 사람의 진실한 면을 알고 싶다면 권력을 쥐어주거나 반대로 아주 극한으로 몰아세우면 자신의 본모습을 드러내게 된다.

● 전문적 지식

전문적인 지식의 설득법 같은 경우에는 병원에서 의사를 예로 들어보면 쉬울 것 같다.

병원을 찾아가서 의사를 만나면 의사는 병을 진단한 다음에 그동안 배운 것과 경험한 것에 비추어 볼 때 현재 병은 어떤 상태이기 때문에 어떤 처방을 받아야 한다고 이야기한다. 그리고 자신의 처방에 대해서 믿어주고 따라해 주기를 바란다. 단 선택은 환자의 몫이지만 대부분 의사의 처방을 따를 수밖에 없다. 왜냐하면 의사는 전문적인 지식을 가지고 있기 때문인데, 실제로 유명한 스티브잡스 같은 경우에도 췌장암 판단을 받은 후에 의사들의 말을 듣지 않고 스스로 치료하겠다고 고집을 부리는 바람에 조금 더 일찍 세상을 떠나게 되었다고 한다.

그 외에도 만약 죄를 지어서 법정에서 심판을 받아야 한다고 할 때 나를 방어해 줄 변호사를 고용해서 형량을 감하려고 노력하는 것 역시 전문적인 지식의 권위를 가진 변호사를 믿고 고용하는 것이다.

이처럼 우리가 알고 있는 모든 분야가 점점 세분화되어 가면서 우리 사회는 전문적인 권위를 믿어야만 하는 세상으로 변해 가고 있다.

● 사회적 지지(인기)

권위라고 하기에는 약간 애매한 면이 있기는 하지만 사실상 우리를 지배하는 가장 거대한 힘은 바로 이것이 아닌가 싶다. 명품가방 그리고 가수 싸이에 이르기까지 어쩌면 우리는 우리가 진정으로 필요한 것, 원하는 것보다는 다른 사람들의 지지에 의해서 결정된 것을 더 원하는 것은 아닌가? 하는 의문이 들었다. 특히 이런 식의 사회적인 인기로 만들어진 유명인들의 경우에는 자신의 전문 분야가 아님에도 불구하고 전문적인 자리에 게스트로 올라가는 경우가 많은데, 예를 들어서 춤을 추는 서바이벌게임에 심사위원으로 배우가 올라간다. 그 배우는 그 춤에 대해서 전혀 알지 못하지만 자신만의 기준으로 심사를 본다. 또 보험광고를 보면 유명 연예인들이 나와서 "묻지도 따지지도 않습니다."라고 하면서 보험을 팔지만 사실 생각을 하면 그들이 보험하고 무슨 상관이 있을까? 전혀 상관이 없지만 그들은 사람들의 지지를 받고 돈을 벌고 있다.

한 가지 재미있는 사실은 우리가 먹고 입고 쓰는 물건들 중에서 우리가 전혀 보지도 듣지도 못한 물건은 절대로 사려고 하지 않는다는 것이다. 다른 사람들이 많이 산 물건은 검증되었다고 판단하고 그 물건을 산다는 사실이다. 그리고 앞에서 한 실험들처럼 다른 사람들의 시선과 지지만으로도 그 물건과 사람에 대한 지지율이 올라간다는 사실은 흥미롭다. 그러나 전문적인 지식이나 사회적인 지위가 없어도 많은 사람들의 지지를 받는 사람은 그 말 한 마디의 위력이 대단하다는 사실을 알 수가 있다.

이런 사람들의 경우에는 항상 일반인의 관점에서 설명하고 설득을 하려고 한다. 즉 대중의 눈으로 보고 대중의 입으로 말하려고 한다는 것이다. 앞에서 잠깐 댄스 서바이벌게임을 한다고 했는데 전문가들의 입장에선 어려워서 점수를 더 주고, 멋있어 보여도 실제로는 어렵지 않아서 점수를 안 준다고 할 수가 있지만, 일반 대중의 눈으로 보았을 때 멋있는 것에 점수를 주는 형태로 자신의 입지를 구축하는 것이 바로 인기를 안고 있는 사람들의 설득의 기술인 것이다. 즉 지극히 상식적인 판단과 비 전문성이 바로 이들의 특징이다.

4. 권위를 가지는 방법

권위를 바탕으로 설득하는 것은 자신의 권위에 대한 충분한 자각만 있으면 별로 어렵지 않게 상대를 설득할 수 있다는 사실을 알 수 있었다. 권위란 설득하는 것보다도 권위 자체를 얻는 방법이 훨씬 더 어렵다는 점이다. 각각의 권위를 어떻게 얻을 수 있을까?

● 사회적 지위의 권위를 가지는 방법

첫째, 높은 공직에 선택된 사람이다

민주주의에선 대통령, 국회의원, 시장 등으로 출마해서 사람들의 지지를 확인받고 나서 공식적인 직함을 얻는 경우가 많다. 이 경우 많은 집단과 단체를 오랜 시간 동안 다니면서 자신의 입지를 구축한 다음에 출마해야 하기 때문에 시간이나 자금의 여유가 있는 사람이 유리하다. 대부분의 경우는 하루하루 일해서 먹고살기 힘들기 때문에 이런 식으로 출마해서 자신의 입지를 구축한다는 것은 쉽지 않아서 국회의원이나 시장 같은 사람들의 경우 경제적인 여유가 충분한 사람들이 되는 경우가 많은 것을 볼 수 있다. 아니면 오랜 단체생활의 장의 위치에 있던 사람들은 많은 사람들의 지지를 업고 하기도 한다. 그런데 우리나라는 정당 공천이라는 형식으로 되는 경우가 많기 때문에 정당에 충성을 하는 국회의원들과 시장들이 많다.

둘째, 엄청나게 큰돈을 버는 것이다.

즉 재벌이나 큰 부자들이 있다. 생각해 보면 삼성전자의 이건희 회장이나 마이크로 소프트의 빌게이츠 혹은 일본의 손정의 같은 사람들은 모두 사업으로 유명해졌는데 한 번도 공식에 참여한 적이 없다. 그러나 어떤 사람들보다도 사회적인 영향력은 엄청나다. 이와 같이 큰 부를 가진 사람들은 그들의 부를 가진 과정에 대한 존경심도 역할을 하지만 그들이 투자하는 모든 기업들과 개인들은 고마움을 표시하지 않을 수 없기에 그들의 말 한마디에 좌지우지되는 것을 쉽게 볼 수 있다. 다른 예로 작은 지역사회에서조차 동네의 유지가 그 동네의 의견을 대표하는 사람이 되는 경우가 많은 것을 볼 수 있다.

셋째, 대규모 사립단체의 장이 되는 것이다.

많은 사람들의 지지를 평소에 받는 방법이다. 물론 돈이 많은 사람이 돈으로 표를 오랜 시간 동안 사면 국회에 진출이 가능하겠지만 그랬다가 부자들만 대변하는 국회가 될 수 있다. 그렇기 때문에 국회의원 중에 비례대표를 뽑을 때는 비교적 시민들의 지지를 받는 사람들 중에서 부자가 아닌 서민층이나 중산층에서 선택하는 경우가 많다. 그렇게 비례대표가 아니더라도 자신만의 집단을 구축해서 정치세력화하거나, 정치집단은 아니더라도 지역이나 나라 전체에 영향력을 미치는 경우는 많다. 예를 들어서 종교집단의 장이라던가, 소상공회의소의 회장이라던가, 아니면 그 지역의 단체들의 장이라던가 하는 식으로 말이다. 대부분의 단체는 자신들의 이익을 위해서 만들어지지만 자선단체 같은 경우에는 많은 사람들의 이익이 아닌 자선으로 모이기 때문에 이익보다는 명분을 우선하는 경우가 많아 자선을 통해서 선행을 한 사람을 자신들의 장으로 뽑아서 운영하기도 한다. 따라서 꼭 선거나 부자가 아니더라도 얼마든지 사회적 영향력이 있는 사람이 될 수 있는 방법은 많이 있다.

● 전문적 지식의 권위를 가지는 방법

전문적 지식의 경우에는 세 가지로 볼 수가 있는데, 높은 학위 획득과 자격시험과 오랜 경험 등이다.

높은 학위의 경우 우리나라에선 서울대학교 나온 것을 최고로 치지만, 세계적으로는 하버드나 예일대학교를 나온 사람을 더 친다. 그리고 박사학위를 받더라도 더 권위가 높은 대학원에서 받은 사람의 학위를 높게 친다. 실제로 도올 선생은 하버드대학교 철학박사학위가 있는데 사람들이 자신의 말에 더 많은 관심을 갖게 하기 위해서 하버드대학교 학위가 필요했다고 한다. 그리고 실제로 그 학위를 딴 다음에 많은 강연과 집필 요청이 들어왔다고 한다. 굳이 그런 경우가 아니더라도 회사에서도 학위를 높여서 회사 자체의 수준을 높이려고 대학원비를 지원해주는 경우는 많다. 그리고 그렇게 딴 학위가 최종학력이 되기 때문에 실질적으로 높은 학위를 가진 사람이 사회의 권위를 가지는 선출직에 나가기에 더 유리하다. 실제로 친구 중에 무역에 많은 경험이 있지만 학사밖에 되지 않아서 강단에 서기 위해 일부러 대학원에 나가는 경우도 있었다. 그 이유는 오랫동안 시간을 들여서 공부한 친구들이 강연을 하기 위해서 기다리고 있기 때문이라고 한다.

자격증 획득이라는 것은 쉽게 예를 들어서 말하면 운전을 하기 위해선 운전면허증을 따야만 한다. 더 어려운 시험으로는 변호사나 검사를 하기 위해선 사법고시를 치러야만 한다. 그리고 의사의 경우에는 높은 경쟁률을 뚫고 의대에 들어가서 오랜 시간을 공부해서 의사고시를 합격해야만 의사면허증을 딸 수가 있다. 이처럼 남들이 인정할 수 있을 정도의 전문성을 받기 위해서 높은 경쟁률을 뚫고서 받은 자격증이 그 사람의 전문적 지식의 권위를 만들어 준다. 모든 사람이 이렇게 공부를 잘해서 전문적 지식의 권위를 가질 수는 없지만 누구나 한 가지 일을 오랫동안 한다면 전문적 경험의 지식을 가질 수 있다.

데이터와 정보 그리고 지식과 지혜의 차이에 대해서 누군가가 이렇게 말했다.

"데이터는 무의미한 정보의 나열이지만 정보는 필요한 것만을 골라서 추려놓은 것이다. 정보가 아무리 많아도 내가 그 정보를 활용할 줄 모른다면 아무런 의미가 없다. 지식이란 그 정보를 가공해서 내가 사용하는 것을 말한다. 그런데 지혜는 그 지식에 경험이라는 것을 통해서 걸러진 것이다."

경험이 지혜를 얻는 가장 중요한 요소임을 알려주고 있다. 사실 이 부분은 저자도 많이 공감하는데 책을 11년 동안 소개하고 몇 권을 출간하면서 어떻게 소개하면 좋을지 그리고 어떻게 쓰면 좋을지에 대해서 많은 노하우를 가지게 되었다. 따라서 어떤 일을 함에 있어서 뛰어난 머리나 자격증은 일단의 자격을 갖추어 줄 수는 있지만 지혜와 경험만큼 정확한 것은 없기 때문에 사람들은 경험을 오래 쌓은 사람을 선호하는 것이다.

이처럼 전문적 지식을 통해서 사람들을 움직일 수 있을 정도의 권위가 되려면 어떤 일을 하든 최소한 10년 이상의 경험이 필요하다. 왜냐하면 한 가지 일에 10년 이상의 시간을 투자하기가 굉장히 힘들기 때문인데, 일단 한 분야에서 일을 오랫동안 한 사람은 어떤 일이 발생하더라도 어떻게 벌어지고 상황이 어떻게 전개될지를 대부분 알기 때문에 경험에 따른 전문적 지식의 권위는 굉장히 강력한 설득의 촉매제가 된다.

● 사회적 지지(인기)의 권위를 가지는 방법

사회적 지지 즉 인기를 얻는 방법에는 크게 세 가지가 있는데, 첫 번째는 연예인이 되는 것이고, 두 번째는 책을 내거나 강연을 통해서 유명해지는 것이고, 세 번째는 자선행위나 많은 사람들을 도움으로써 자신의 명예를 높이는 것이다.

첫 번째로 연예인이 되는 방법은 어떤 것이 있을까? 요즘에는 어려서부터 소속사에 들어가서 오랫동안 연습을 한 후 데뷔하는 것도 있고, 서바이벌 프로그램 같은 곳에 나가서 우승하는 방법도 있다. 그 외에도 여러 가지 채널을 통해서 자신만의 방송을 하고 유명해져서 연예인이 된 사람도 있다. 김구라씨 같은 경우는 인터넷 방송에서 활동하다가 유명세를 타고 공중파까지 진출한 케이스이고, 슈퍼스타K 같은 프로그램은 일단 방송을 타서 알려지기만 하면 소속사에서 연락이 오기도 하고 우승을 하면 전국적인 스타가 되는 것을 많이 볼 수 있었다. 그런데 여기에 관해서 재미있는 일화를 한 가지 소개하겠다.

이것은 잘 아는 학원 원장님께 들은 이야기인데, 공부하는 학원이 기타학원하고 같은 건물에 있어서 두 군데를 다 다니는 학생이 있었는데, 시간이 없어서 한 군데만 들렀다 집에 가야 한다면서 공부하는 학원은 들르지 않고 기타학원만 들르고 가서 학생을 불러다가 이야기를 하게 되었다.

"너는 공부가 더 중요한데 왜 기타학원만 가니?"라고 묻자 학생의 대답이 기가 막혔다.

"우리 삼촌이 서울대를 나왔는데요, 10년째 조교수에요."

원장님은 학생에게 물어보았다.

55

"왜 너희 삼촌은 서울대를 나와서 조교수를 10년이나 하니?"

학생이 대답하기를, "하버드나 옥스퍼드 나온 사람들이 교수가 돼서 그런데요. 어차피 공부해 봐야 거기까지는 힘들 것 같고 차라리 서바이벌 프로그램에 기타 들고 나가서 가수 되는 게 더 낫지 않을까 싶어서 그래요." 이 정도니 뭐라고 할 수도 없었다고 한다.

그런데 이 이야기를 음악 하는 친구한테 하니 음악 쪽도 학력 인플레이션이 장난이 아니라고 한다. 서울 지역에서 보컬트레이너라도 하려면 싸이가 나왔다는 버클리 음대 정도는 다녀야 먹고 들어간다고 한다. 집에 와서 아내에게 이런 이야기를 하니 또 다른 학력 인플레이션 이야기를 들려주었다. 예전에는 그냥 무용학과 나와서 아이들 가르치면 됐는데 요즘 서울에서는 외국의 유명 무용학과를 나와서 유명 무용단에서 활동한 경력이 없으면 불가능하다는 것이다. 이제는 이렇게 유명인이 되기 위해서도 예능의 학력을 쌓아야 한다는 것이다.

이런 식으로 유명해지면 많은 사람들의 부러움과 젊은 나이에 많은 돈과 명예를 얻을 수 있지만 그런 사람들의 숫자는 극히 일부에 불과하고 대부분의 경우 많은 시간과 돈과 노력을 쏟아 붓지만 그에 걸맞은 대가를 받기가 어렵다는 사실은 반드시 인지하고 도전하는 것이 좋다.

두 번째로는 책을 쓰거나 강연을 하는 것이다.

우리가 익히 많이 들어서 알고 있는 김난도 교수나 김미경 강사 혹은 법륜스님의 경우가 있다. 원래 김난도 교수는 서울대학교 소비자 트랜드 학과의 교수였고, 김미경씨 같은 경우에는 피아노학원 원장이었다. 법륜스님 역시 작은 절의 스님이었는데 그들은 모두 베스트셀러 작가이자 최고의 강사들이라는 공통점을 가지고 있다.

물론 그들의 오랜 시간 동안의 경험과 능력이 그들을 그 위치에 올려놓았겠지만 연예인들과는 다르게 그들은 사람들의 마음을 움직이는 강연과 글 솜씨로 지지를 받게 된 것이다. 안철수씨 역시 수많은 재능으로 많은 사람들의 지지를 받았지만 실질적으로 최고의 지지를 받게 된 부분 역시 토크 콘서트로 전국강연을 다닌 것이 결정적이었다. 그렇다면 그들은 어떻게 뛰어난 강의력과 집필력을 가질 수 있었을까?

첫 번째로 일단 많은 종류의 책을 가지고 엄청난 양의 독서를 했다는 공통점이 있다. 즉 다른 사람들의 수십 배에 달하는 엄청난 양의 독서를 통해서 자신의 생각을 정리하고 자신만의 논리체계를 일찍이 완성했다는 공통점을 가지고 있다. 그렇기 때문에 그들의 말이 다른 사람의 마음에 와 닿을 수 있는 기초가 완성되었던 것이다. 독서는 단순한 데이터의 나열이 아닌 한 권 한 권이 지혜가 담겨져 있는 경험의 산물이기 때문이다.

두 번째로는 독서를 한 것으로 끝낸 것이 아니라 남들 앞에서 끊임없이 발표했다는 사실이다. 독서를 자신의 만족으로만 끝낸다면 다른 사람들에게 이야기할 수 없었을 것이다. 발표하고 집필하는 과정에서 깨닫게 되고 다시 한 번 확인해서 더 나은 강연과 집필이 가능했던 것이다.

세 번째로는 많은 사람들과 교감을 했다는 사실이다. 그들이 그냥 자신들의 강연과 집필을 발표로만 끝냈다면 그냥 그런 사람들로서 끝났을 것이다. 그러나 사람들의 물음에 끊임없이 답변하기 위해서 SNS와 답글을 통해서 자신들만의 글을 창작해 내면서 그것이 더 큰 시너지 효과를 만들어냈고 그 시너지가 현재 그들을 최고의 강사와 베스트셀러 작가로 만들었던 것이다.

사실 저자도 책을 발표하면서 단순히 책을 읽는 것보다도 많은 것을 알 수 있다는 사실을 깨닫게 되었고, 책을 쓰면서 어떻게 생각을 정리해야 하는지 배울 수 있었다. 그러나 이 경우에도 사람의 역량에 따라서 차이가 굉장히 크다. 그리고 자신의 이론이 아무리 뛰어나고 위대하다 할지라도 시대의 흐름에 맞지 않거나 알아주는 사람이 없다면 절대로 성공할 수 없다.

세 번째로는 자선행위나 공공이익행위 등을 들 수가 있다.
가수 김장훈씨 같은 경우 가수이지만 자선 기부 행위와 독도지킴이로 더 유명하다. 그리고 빌게이츠와 워렌버핏 같은 경우에도 세계 제일의 부자임에도 불구하고 자신의 재산의 절반을 내놓은 사람들로서 유명하다. 물론 돈을 많이 버는 사람들이 많이 낸다고 생각하면 쉽다고 생각하지만 입장을 바꿔 보면 쉽지 않은 결정임에는 분명하고 그런 그들의 결정 즉 기부와 공공이익행위 등으로 엄청난 사회적인 인기를 얻고 있는 것이다.

그렇다면 일반인이 공공이익행위나 자선행위 등을 통해서 유명해지는 방법은 없을까? 꼭 돈이 많다고 해서 가능한 것만은 아니다. 우리 주변에는 의외로 많은 봉사단체와 사회적 기업들이 활동하고 있다. 그들에게는 항상 지원을 필요로 하는 사람들이 많다. 그들에게 적극적인 도움을 주면 얼마든지 자신의 인기를 높일 수 있는 기회가 찾아올 수 있다. 예를 들어 오랜 시간 동안 같은 곳을 지원해 준 따뜻한 식당주인 이야기도 있고, 자신이 직접 봉사를 오랫동안 해서 많은 사람들이 칭찬을 해준 경우도 있다. 단순하게 명예만 생각하지 않더라도 봉사나 공공이익, 자선행위는 자신의 삶을 풍족하게 만들 수 있는 방법 중 한 가지로서 한번 생각해 보기 바란다.

권위를 얻는데 공통적인 팁이 한 가지 있는데 그것은 바로 기존의 권위 위에 자신의 권위를 올리는 것이다. 이것은 마치 산을 맨 밑에서 올라가는 것과 달리 케이블카를 타고 올라가서 정상까지 가는 것으로, 기존의 권위를 찾아보고 그 권위를 이용해서 올라간다면 보다 쉽게 자신의 권위를 올릴 수 있다. 어떤 권위가 되었건 사람들이 다 인정할 수 있는 권위를 얻는다는 게 쉽지 않다. 다음 장에선 조금 더 쉽게 권위를 빌리는 방법에 대해서 알아보도록 하자.

5. 권위를 빌리는 방법

사실 권위를 가지기도 힘들지만 모든 분야의 절대적인 권위를 가질 수 있는 사람은 이 세상에 존재하지 않는다. 우리가 대화를 하거나 강연을 하거나 책을 쓸 때 자신의 권위 분야가 아님에도 불구하고 그것에 관해서 권위를 잠깐만 빌리는 기술이 필요하다. 그럼 권위를 빌리는 방법에는 어떤 방법들이 있을까?

첫 번째는 권위가 있는 사람의 말이나 저서에서 내용을 인용하는 것

두 번째는 권위가 있는 사람과 같은 능력이 있음을 알리는 것

세 번째는 권위가 있는 사람은 고용하거나 부탁을 하는 것

첫 번째 인용은 어떻게 해야 하는 것일까? 우선 내가 설득하고자 하는 상대가 잘 아는 사람을 먼저 찾아야만 한다. 그리고 내가 이야기하고자 하는 내용과 유명한 사람이 이야기하는 것을 매치시켜서 이야기를 한다면 쉽게 상대를 설득할 수가 있다.

우선 일반적으로 인용을 하는 경우에는 논문을 쓸 때나 강의를 할 때 많이 사용하는데 이 경우 누가 언제 어디서 한 말 혹은 어떤 책에서 나온 내용이라는 것을 정확하게 밝혀야만 한다. 이것을 주석이라고도 하는데 댓글 형식으로 이야기를 풀어주는 것을 말한다. 요즘은 워낙에 인터넷이 발달해서 원하는 내용은 언제든지 찾아볼 수가 있는데 의외로 지식이 넘쳐나다 보니 정확한 지식을 찾기가 더 어려워지는 것 또한 사실이다.

한번은 아내와 아내 친구가 수면에 대해서 설전이 벌어졌다. 한 명은 오랫동안 많이 자는 것이 건강에 좋다고 주장하고, 다른 한 명은 너무 오래 자면 건강에 도리어 안 좋기 때문에 6시간 이내로 푹 자고 잠깐 잠

깐 수면을 취하는 것이 더 좋다고 이야기를 한다. 사실 별것 아닌 이야기지만 저자가 그 사이에 끼어들어 읽은 책을 인용을 했다. 수면의 과학이라는 책에 따르면, 사람에 따라서 수면시간과 수면의 종류가 전혀 다르다. 그래서 아인슈타인 같은 경우 12시간 이상 잠을 자는 잠꾸러기였지만 반대로 나폴레옹이나 에디슨 같은 경우에는 잠깐 잠깐 잠을 자면서 수많은 생각을 만들었다. 그래서 두 종류의 사람의 뇌를 비교해 보면, 수면을 깊게 자는 사람의 경우에는 뇌의 주름이 깊고, 많이 자지 않는 사람의 경우에는 뇌의 주름이 얇은 걸 볼 수 있다. 사람에 따라서 집중력과 선호하는 수면의 형태가 전혀 다르기 때문에 양쪽의 주장이 다 맞다고 했다. 사실 저자도 수면장애가 있어서 수면에 관한 책들을 많이 읽어서 알게 된 사실이었는데 만약 저자가 "그냥 제 생각에 이런 식일 것이다."라고 주장을 했으면 설전이 길어졌을 것이다. 하지만 확실히 근거가 있는 책의 내용을 이야기함으로써 상대방의 이야기를 확실하게 정리할 수 있었다. 또한 이야기 속에 유명한 사람들이 들어가서 상대가 수긍하기가 훨씬 더 쉽고, 이처럼 권위자의 책이나 말을 통해서 상대를 설득하면 보다 쉽게 설득할 수 있다.

두 번째 권위가 있는 사람과 같은 능력이 있음을 증명하는 것인데, 싸이가 다니던 버클리 음대는 나와야지 보컬 트레이닝 코치도 할 수 있고, 좋은 대학은 나와야지 책을 써도 나간다. 그런데 누구나 쉽게 어려운 권위를 가질 수가 없다. 그래서 차선책으로 가장 좋은 방법이 바로 유명인이나 권위자와 같이 찍은 사진이나 같은 수업이나 역할을 했음을 크게 써 붙여서 홍보하는 것인데, 이 경우 정말로 많은 사기꾼들이 정통적으로 사용하는 방법 중에 한 가지다.

예를 들어 싸이와 같이 공연한 적이 있던 아티스트들은 공연할 때마다 함께 공연한 사진을 붙여놓고, 유명한 탤런트나 출세한 사람이 나온 학교에선 플랜카드를 붙여 놓는다. 이처럼 유명한 사람을 한 명이라도 알고 있으면 홍보에 유리하기 때문에 사용하는 것인데, 애석하게도 실질적으로 이런 홍보 효과를 제일 잘 이용하는 사람들이 바로 사기꾼들이다. 전직 대통령이나 유명한 연예인들과 함께 찍은 사진을 보여주면서 자신이 같이 사업을 했던 사람이라고 주장하거나 실제로 그들이 같이 일을 한 동영상이나 기록들을 보여주면 큰 권위를 가진 사람이라는 믿음에 그만 넘어가는 경우가 많다. 실제로 많은 사기꾼들이 권력자 주위에서 맴돌면서 교회, 절, 모임 등을 따라다니면서 사진을 찍고 같이 활동을 많이 하는 것을 볼 수 있다. 게다가 그 분야의 전문가나 권력자가 아님에도 불구하고 유명하다는 이유만으로 억울한 사연을 맞게 된 사람도 많다.

세 번째 권위가 있는 사람에게 부탁을 하거나 고용을 하는 것이다.

우선 권위가 있는 사람에게 부탁을 하는 경우는 많다. 예를 들어서 교차로에서 사고가 났을 때, 서로 잘못했다고 이야기를 하는데 도저히 결판이 나지 않자 그때 보험회사직원하고 경찰이 와선 누가 잘못했다, 몇 대몇이다 라고 이야기하고 가면 그걸로 끝이 난다. 둘이서 아무리 이야기를 해봐야 서로의 권위가 충분치 못하고, 서로의 입장만을 주장하기 때문에 결판이 나지 않는다. 이처럼 의견이 상충될 때에는 전문가 혹은 권위자의 입장에서 이야기를 하면 쉽게 결판이 난다.

권위자를 고용하는 경우도 많다. 저자도 서점을 운영하면서 많은 사람들을 고용해야 했는데, 건물관리를 해주는 사람, 전기관리자, 세무관리인 등등이다. 우리가 일단 그 일을 하게 되면 엄청난 시간이 들어가야지만 가능한 일을 대신 맡기고, 그 시간을 줄여서 서점운영에 사용하는 것이다. 만약 내가 실수해서 법정에 서게 되는 경우에도 변호사라는 전문가를 고용해서 내 죄의 유무성과 경감을 만들 수 있기 때문에 본인이 직접 하는 것보다 높은 효과를 얻을 수 있다. 단 여기서 중요한 것은 본인이 정확하게 목표와 방법을 알고 있어야 된다는 것이다. 고용한 사람들은 단지 자신의 일을 돈을 받고 하는 것이기에 확인할 수 있는 능력이 반드시 필요하다.

지금까지 권위의 설득의 기술에 대해서 알아보았다. 권위의 설득의 기술을 총정리를 하면, 권위 판단, 상대에게 권위 인지시키기, 권위로 설득하기다.

첫 번째로 설득한 상대에 대해서 자신이 가지고 있는 권위가 무엇인지 판단을 하는 것이다. 권위는 크게 세 가지로 나누어서 사회적 지위, 전문적 지식, 인기 등이다. 물론 다른 것들도 얼마든지 가능하다. 권위는 상대적인 것이기 때문에 상대보다 직급이 높다던가 아니면 정확한 권한을 가지고 있다면 얼마든지 상대보다 높은 권위에서 상대에게 쉽게 설득을 할 수 있다. 사장이 사원한테 일과 시간에 정해진 회사 일을 시키는데 어려울 게 뭐가 있는가?

따라서 자신의 권위를 정확하게 파악하고 주장을 하는 습관을 들여야만 한다. 그러나 모든 사람보다 높은 상대적인 지위를 가질 수는 없기 때문에 필요한 것이 바로 권위를 빌리는 방법이다. 권위를 빌리는 방법은 바로 권위자를 인용하거나, 같은 능력이 있음을 홍보하거나, 권위자를 활용하는 것이다. 이런 식으로 권위를 통해서 상대를 설득할 수 있는 권위를 확보 해야만 한다.

두 번째로는 자신이 가지고 있는 권위에 대해서 상대방에게 정확하게 인지를 시켜야만 한다. 아무리 권위를 가지고 있다 하더라도 자신이 주장을 하지 않으면 무시를 당할 수 있다는 사실을 잊어서는 안 된다. 영화 '부당거래'에서 나오는 대사가 중에 "배려가 시나치면 권리인 술 알게 된다."는 말이 있다. 저자는 이 말에 굉장한 공감을 얻었다. 사람을 고용하면서 이런 일들을 정말로 많이 당해 보았기 때문이다. 너무 감정적인 사람이거나 순간적으로 화가 너무 난 사람들의 경우에는 '난 권위 따위는 필요 없어.'라고 생각하고 행동하는 사람들이 많기 때문에 정확하게 알려주는 행위가 반드시 필요하다. 마치 미란다 원칙처럼 경찰관이 범죄현장에서 범인을 체포하는 것은 확실한 권위이지만 그 권위에 관한 정보를 전달하지 않으면 권위를 남용한 것으로 판단해서 그 체포를 무효로 만들 수 있다는 법원의 판단으로 인해서 반드시 고지하게 되어 있다. 일상생활에서 예를 들자면 앞에서 수면의 과학에 관한 이야기를 한 것처럼 어디서 주워들은 이야기가 아닌 정확한 책이나 권위자의 이야기를 빌림으로써 설득을 쉽게 할 수 있는 것이다. 이것은 상대에 대한 예의이자 내가 보다 쉽게 설득을 하고자 하는 절차이기 때문에 반드시 알려주어야만 한다.

세 번째로 이제 상대에게 내가 가진 권위에 따라달라고 설득하는 과정이다. 즉 권위를 입증했으니 입증된 권위에 따라서 자신의 의견에 동조해 달라는 것인데, 마치 사장이 사원에게 지시하고, 경찰관이 음주단속을 하는 것과 같다. 아주 당연한 권리를 행사하는 것이지만 여기서 중요한 점은 자신의 권위라 할지라도 처음부터 무례하게 행사를 해선 안된다는 점이다. 내가 충분한 권위가 있기 때문에 굳이 처음부터 고압적으로 소리를 지르거나 무력을 사용하거나 혹은 거친 언사를 사용해서 상대를 제압할 필요는 없다. 그래서 설득의 기술이라고 하는 것이다. 그러고 나서 상대가 수긍하지 못할 때 자신의 권위에 따른 힘을 발동하는 것이다. 이것은 고대에서부터 내려오는 기초적인 설득의 기술하고도 맥을 같이 한다.

여기까지가 권위의 설득의 기술이었다.

그런데 우리가 살다 보면 사실상 내 권위가 부족하고 아무리 빌려도 설득하지 못하는 경우가 많다. 그래서 많이 사용하게 되는 것이 바로 감정의 기술이다. 다음 장에선 사람을 움직이는 감정의 설득의 기술에 관해서 알아보도록 하자.

감정의 설득의 기술

　우리에게 권위가 충분하다면 굳이 상대방의 감정까지 이용하면서 설득할 필요는 없지만 권위란 소수의 사람이 가질 수 있는 특권인 경우가 많다. 따라서 우리가 실생활에서 실제로 많이 사용해서 설득할 수 있는 방법은 '감정'이다. 감정은 무술에서 속도에 해당한다고 했다. 권위는 힘처럼 강력하지만 그 힘을 설명해야 하는 과정이 필요하므로 시간이 오래 걸리지만 감정은 마치 무술에서 빠른 속도처럼 상대의 마음을 순식간에 움직이는 힘을 가지고 있기 때문에 투자 대비 효과가 높고 언제 어디서나 누구에게나 사용이 가능하기 때문이다. 그렇다면 이렇게 훌륭한 설득의 기술은 어떻게 구사할 수 있을까? 감정의 기술의 장을 일단 4개의 장으로 나누어 보았다.

　첫 번째 – 왜 감정의 설득술이 필요한가?
　두 번째 – 감정의 설득술을 이용한 사례
　세 번째 – 감정의 설득술의 종류

1. 왜 감정의 설득술이 필요한가?

왜 감정의 설득술이 필요할까?

가장 먼저 생각할 수 있는 것은 우리에게 어떤 일을 설득하기에 충분한 권위가 부족할 때 사용할 수 있는 차선책이기 때문이다. 예를 들어서 슈퍼스타K 같은 서바이벌 오디션을 보면 실력이 출중한 사람만이 올라갈 수 있다고 생각한다. 그런데 의외로 실력은 별로인데도 올라가는 사람들의 면면을 보면 어려운 상황 속에서 열심히 한 사람이 올라가는 경우를 많이 볼 수 있다. 왜 그럴까? 그것은 바로 시청자들이 그들의 삶에 공감을 해서 그들에게 투표하기 때문이다. 만약 서바이벌 오디션이 실력만 가지고 경쟁을 한다면 그런 그들의 이야기를 알려줄 필요는 전혀 없을 것이다. 이처럼 감정이라는 면은 권위가 부족하거나 실력이 부족할 때 상대의 마음을 움직이는 강력한 도구가 된다.

그럼 왜 사람들은 논리보다 왜 감정의 설득술에 마음이 움직이는 것일까? 이것을 이해하기 위해서는 우선 인간의 뇌에 관해서 알아야만 한다. 인간의 뇌를 구성하는 방식을 보면, 맨 처음에는 파충류의 뇌, 포유류의 뇌, 그리고 인간의 뇌로 구성이 되어 있다. 어떤 일을 오감을 통해서 파악하는 순간 파충류와 포유류의 뇌를 지나서 마지막으로 인간의 뇌에서 결정을 내리게 된다. 그래서 감정은 항상 최초의 결정에 영향을 미치는 요소가 되고, 가장 빠르게 반응하게 되는 것이다. 따라서 감정에 호소하게 되면 생각하기 이전에 설득이 되기 때문에 이성보다 훨씬 더 강력하게 설득이 되는 것이다.

사실 감정적 설득은 권위보다 강력할 때가 많은데, 학교를 다니면서 교장선생님의 훈시를 몇 번씩 들어본 적이 있을 것이다. 그때마다 그 말을 새겨듣는 사람은 별로 없었다. 물론 교장선생님은 충분한 권위가 있고, 내용도 좋은 내용이지만, 감정적 공감이 되지 않는 내용을 이야기하기 때문에 들리지가 않는 것이다. 그런데 듣는 사람이 듣지 않는 연설이라니 얼마나 허무한 일을 하는 것인가? 상대에게 내 말이 들리게 하기 위해선 상대의 감정을 읽는 능력이 필요하다는 것을 알아야만 한다.

물론 이렇게 반론할 수도 있다.

"논리적이지 못한 감정적인 설득은 위험한 결과를 초래할 수 있다."

맞는 말이지만, 권위가 없는 사람이 아무리 논리적으로 이야기한다고 해도 사람들은 듣지 않는다. 누군지도 모르는 사람에게서 갑자기 전화가 와선 무조건 아프리카의 어린아이들을 돕는다고 만 원씩만 보내달라고 하면 그 전화를 믿고 돈을 보내겠는가? 아니면 월드비전 같은 거대한 단체가 TV에서 광고를 내서 하는 어린이 돕기 캠페인에 동참을 하겠는가? 권위가 부족한 사람은 아무리 논리적인 이야기를 해도 일단 사람들은 믿지 않기 때문에 감정의 접근을 통해서 자신의 논리를 전달하기 위한 기본적인 통로를 만드는 것이 매우 중요하다. 실제로 대부분의 강사들이 강의를 할 때 이런 식으로 감정적 공감의 통로를 만드는 것이 가장 중요한 부분이며, 가장 힘든 부분이라고 한다.

2. 감정의 설득술을 이용한 사례

첫째, 가장 많이 사용되는 사례는 공감의 기술이다.

주로 정치인들이나 유명 연예인들은 자신이 얼마나 서민적인지 보통 사람과 같은지에 대해서 설명을 한다.

사실 정치인들은 표가 필요한 선거철에만 사람들에게 고개를 숙이고 다니지만 사실 뽑히고 나선 다음번에 자신에게 공천을 줄 중앙당의 간부나 자신의 재선에 도움이 될 만한 부자들, 단체들의 장들과 더 친하게 지내게 되어 있다. 그래서 밥을 먹어도 좋은 곳에서 먹고, 골프를 쳐도 좋은 곳에서 치지만, 선거철만 되면 잠바를 입고 시장에 나가서 떡볶이도 먹고 순대도 먹고 안 하던 막노동도 하고 이런저런 일들을 많이 한다. 이런 식으로 자신이 서민들과 같은 사람이라는 공감을 알리는 방법으로 설득을 하는 것이다. 이처럼 공감의 기술은 감정의 가장 첫 번째 사용되는 기술이다.

둘째, 많이 사용되는 기술은 호감의 기술이다.

주로 칭찬을 하는 것인데, 공감의 기술이 효과는 좋지만 아무리 찾아봐도 공감할 만한 내용이 없을 때 사용한다.

예를 들면 이성을 유혹할 때 칭찬을 하는 것으로 상대의 마음을 사는 것을 말한다. 처음 만난 상대를 내 마음에 들게 하기 위해선 상대의 호감을 사야만 하기 때문인데, 그 호감을 얻는 가장 좋은 방법이 바로 칭찬이다.

그리고 회사에서나 사회에서 편하게 지내려면, 나보다 권위가 높은 사람과 평소에 친하게 지내는 것이 아주 중요한데 그 높은 사람과 친하게 지내는 가장 좋은 방법 역시 그 사람을 칭찬하는 것이다. 다른 말로 하면 아부야말로 사회생활의 최고의 처세술이다.

셋째, 쓰는 기술은 경고의 기술이다.

이것은 상대로 하여금 공포를 느끼게끔 만들어서 내가 하는 일에 협조하게 만드는 방법이다. 만약에 과속을 해서 단속 카메라에 찍혔다면 사진과 안내장이 집으로 날아온다. '벌금을 내지 않으면 일단 과징금을 더 물어야만 하며 그것도 안 내면 국가에서 자동차의 운행을 정지시킵니다.'

그리고 실제로 내지 않으면 차의 번호판을 떼어가고 그것도 안 지키면 차를 추징해 간다. 이렇게까지 강제적인 방법이 아니더라도 홈쇼핑에서도 '매진임박', '실시간 할인', '다시 오지 않을 기회' 등등 지금 아니면 절대로 다시 이런 기회를 가질 수 없다는 문구를 통해서 사람들의 구입을 압박한다. 경고의 기술도 역시 상대의 마음을 움직이게 하는 기술이기 때문에 많이 사용한다. 여기선 그 외에도 불만과 슬픔, 동정의 기술에 이르기까지 많은 부분을 알려줄 예정이다.

3. 감정의 설득술의 종류

앞에서 잠깐 살펴봤지만 감정의 기술의 종류는 굉장히 많아서 이것을
세 가지로 나누어서 살펴보고자 했다. 그리고 각 감정 안에서 다시 또
세부적인 감정의 기술의 방법을 구체적으로 살펴보겠다.

공감의 기술 – 체감, 소속감, 동질감
호감의 기술 – 듣기, 질문, 칭찬
경고의 기술 – 불만, 슬픔, 연민

● 공감의 기술

공감의 기술이라고 하는 것은 일단 상대와 나의 공통된 감정을 말한
다. 그런데 이 공감의 기술을 최고의 감정의 기술이라고 하는 이유는 일
단 상대와 나의 감정의 방향이 같을 때 설득하기가 훨씬 더 쉽기 때문이
다. 문제는 상대와 나의 감정의 방향을 맞춘다는 게 쉽지 않다는 점이다.
그래서 많은 사람들이 싸우게 되는 것인데, 특히 연인이나 부부 같은 경
우 공감의 문제 때문에 너무 힘들어 하는 사람들이 많다. 그래서 공감의
기술의 장에선 우선 왜 공감의 기술이 필요한지, 공감의 종류에는 무엇
이 있는지 그리고 마지막으로 공감으로 설득하는 방법은 무엇인지에 대
해서 알아보도록 하자.

■ 공감의 기술의 종류와 필요성
저자는 공감의 종류를 체감, 소속감, 동질감 등으로 나누었다.

첫째, 체감이 있다.

우선 체감의 필요성에선 이런 말로 설명을 하고 싶다. 백문이 불여일견이라는 고사성어가 있다. 이 말은 '한번 본 것이 백번 들은 것보다 낫다.' 라는 뜻이다. 그런데 우리가 상대를 설득하고자 할 때는 항상 우리가 오감을 통해서 받아들인 정보를 상대에게 보여주고자 하는 때가 많다. 아무리 내가 내 머릿속의 이야기를 해봤자. 직접 같이 가서 경험을 해보지 않고선 알 수가 없다. 불교에서 이런 이야기가 나온다. 부처에게 장님이 물었다. "당신은 깨달음을 얻어서 모르는 것이 없다는데 도대체 본다는 것이 뭔지 설명해 줄 수 있겠소?" 만약에 다른 선인들 같으면 기적을 일으켜서 눈을 뜨게 해주었을 것이나, 부처는 장님을 보더니 의사에게 가서 눈을 고치라고 했다. 그러고 나서 장님이 눈을 떴다고 한다. 이처럼 우리가 아무리 설명을 하더라도 불가능한 것들이 분명히 있다. 그래서 직접 보고, 듣고, 느끼게 해주는 체감이 최고의 공감이라고 하는 것이다.

둘째, 소속감이 있다.

인간은 집단을 이루면서 살아야만 하는 존재다. 인간이 대화를 하려고 하는 본능이 있을 수밖에 없는 이유 역시 집단을 이루면서 소통을 하지 못하면 죽음을 면할 수 없기 때문인데, 집단이라는 것이 이루어지는 형태를 보면 자신들과 비슷한 성질의 사람들끼리 이루려고 하는 성질이 있다. 마치 물과 기름을 한 곳에 넣어서 흔들었을 때 처음에는 섞여 있지만 시간이 지나면 물과 기름 층으로 분리되는 것과 같다. 그래서 따돌림이나 인종차별 같은 문제도 발생하는 것이다. 그렇다고 해서 소속감이 나쁜 의미만 있는 것은 아니다. 노동조합처럼 같이 어려운 처지의 사람들이 힘을 모아서 힘 있는 사람들과 대항하는 단체를 만들기도 하고, 혼자서는 돈이나 힘이 없지만 봉사하고자 하는 마음을 모은 사람들이 함께 봉사단체를 만들어서 더 많은 사람들을 돕는 일을 하는 경우도 있다. 따라서 소속감을 잘 활용하면 많은 사람을 내 편으로 만들어서 보다 쉽게 처리할 수 있는 능력을 만들 수 있다.

셋째, 동질감이 있다.

내가 경험한 일이나 상황을 공유할 수 있으면 상대방이 내 생각이나 의견에 쉽게 설득될 수 있다. 예를 들어 남자들은 술자리에서 가장 좋아하는 이야기가 군대이야기와 축구이야기다. 그 이유는 모두 다 군대를 가서 죽도록 고생했기 때문에 어디에서 근무하고 어떤 임무를 맡았는지 그리고 죽을 뻔한 일까지 이야기하고 거기에다 뻥까지 보태서 이야기하게 되어 있다. 축구도 마찬가지로 워낙 남자들이 좋아하는 스포츠이므로 안할 수가 없기 때문이다. 그 이야기 속에서 한 가지 동질감을 느껴서 감정적인 공감을 이루게 되는 것인데, 반면에 여자들이 가장 싫어하는 이야기 역시 군대에서 축구한 이야기이다. 왜냐하면 전혀 해본 적도 없고 할 일도 없는 일에 대해서 동질감이 전혀 없기 때문이다. 따라서 동질감은 자신과 같은 경험이나 상황에 처해 있는 사람에게 굉장히 파급력이 큰 공감의 기술이다.

그렇다면 여기서 잠깐 성공한 공감의 기술들에 대해서 몇 가지 사례를 들어보자. 우선 엄청난 베스트셀러 〈아프니까 청춘이다〉, 〈멈추면 비로소 보이는 것들〉 같은 경우 현세대의 아픈 젊은이들에 대한 공감이 없었다면 절대로 성공할 수 없었다. 원래 〈아프니까 청춘이다〉의 저자 김난도 교수는 서울대학교 소비자트랜드학과의 교수다. 그런데 학과장으로 많은 학생들과 면담하다가 그 답답한 마음을 글로 옮겨서 썼더니 많은 젊은이들이 그 마음의 파장에 공감을 한 것이다. 〈멈추면 비로소 보이는 것들〉의 저자 혜민스님은 열심히 공부해서 하버드대학교를 갔지만 자신의 인생이 이처럼 왜 노력해야 하는지도 모르고 노력만 하다가 죽을 사신이 너무나도 불쌍해서 일찍이 출가해서 자신의 잠깐 잠깐의 생각을 책으로 낸 것이 요즘 방향을 잃고 살고 있는 모든 이들에게 공감의 파장으로 다가와서 베스트셀러가 된 것이다.

그리고 〈인생수업〉의 저자 법륜스님이 자신의 저서에서 밝힌 이야기인데 자신이 젊었을 때 집시법 위반으로 감옥에 갇히게 되었는데 그렇게 억울할 수가 없었다고 한다. 그런데 그곳도 사람 사는 곳이라서 죄수들이 와서 걱정상담을 하는데 다들 억울하다는 것이다. 자신이 그런 일을 한 것은 사실이지만 다 사정이 있어서 그렇게 된 것인데 이렇게 감옥에 갇혀 있는 것이 억울해서 죽겠다는 이야기들만 다하는 것이 아닌가? 그래서 자신이 나중에 감옥에 와서 법회를 하게 되면 이 말을 꼭 하고 시작한다고 한다.

"억울하시죠?"

이 말 한 마디면 감옥이 울음바다가 된다고 한다. 즉 단순한 공감의 한 마디가 사람들의 마음의 문을 열어 놓는 것이다.

그리고 육아강사는 육아를 하는 엄마들에게 강의를 시작할 때 꼭 이 말을 한다.

"아기 키우기가 너무 힘드시죠?"

그러면 다들 "네."라고 대답을 하고 시작한다고 하는데, 원래 육아는 세상에서 가장 힘든 일 중에 한 가지이다. 세상에서 아무것도 모르는 아이를 씻기고 입히고 먹이고 재우면서 자신은 잘 먹지도 자지도 못하면서 하루 종일 매달려서 언제 끝날지 모르는 육아에 매달려 있으니 얼마나 힘들까? 게다가 아이가 크면 점점 말을 안 듣고 속을 썩이게 되니 그 또한 얼마나 힘들까? 그래서 육아강사는 앞에 시작을 할 때 아기들이 어떻게 힘들게 하는지 이야기를 하면서 힘드냐고 물어보면서 엄마들의 마음의 문을 열고나서 자신의 강의를 시작하는 것이다. 거기다 자신역시 아기를 키우면서 힘들었던 이야기들을 곁들여서 한다면 권위와 소속감과 동질감이 플러스 되면서 강력한 설득의 촉매제가 되는 것이다. 사실 가장 강력한 설득이나 강의는 내가 듣고 싶은 이야기를 듣는 것인데, 그 속에서 스스로 답을 찾을 수 있는 설득이나 강의가 좋은 설득이고 강의가 된다.

동질감을 이야기하다 보면 소속감과 같은 것이 아닌가 라고 생각하게 된다. 동질감과 소속감이 비슷해 보여도 큰 차이점이 있다. 즉 소속감은 같은 집단 안에 머물고 있는 사람 현재형이고, 동질감은 같은 소속으로 비슷한 경험을 했던 적이 있던 사람, 즉 과거형이라는 사실이다.

이와같이 공감의 설득술이 왜 필요한지 간단하게 마무리하면, 가장 강력한 공감은 체감 즉 오감으로 느끼게 해주는 것이고, 그 다음으로는 소속감 즉 자신의 소속과 같은 사람임을 어필하는 것이다. 마지막으로는 동질감으로 같은 경험이나 느낌 체험 등을 나누는 형태로 공감을 표시하면 금방 상대의 마음속에 들어갈 수 있다.

그렇다면 체감, 소속감, 동질감을 구체적으로 한 번 더 나누어서 어떻게 사용해야 되는지에 대해서 알아보도록 하자.

■ 체감 설득법(오감 자극법)

체감 설득법을 본격적으로 들어가기 전에 체감을 통해서 설득력을 높인 사례를 한 가지 들어보고 들어가도록 하자. 책 중에 〈팔지 마라 사게 하라〉 라는 책이 있다. 이 책의 저자는 장문정씨라고 우리나라 최고의 홈쇼핑 호스트다. 이분은 한 시간에 127억 원어치 물건을 팔아서 기네스북에 올라갔다고 한다. 그래서 그분이 호스트 교육을 다니던 중에 효과적인 교육법 중에서 체감에 관한 중요성을 설명하는 부분에 나온 사례중 하나를 소개하겠다.

장문정씨가 호스트들을 모아놓고선 교육을 하는데 프로젝터 화면에 탱크와 총을 보여준다. 그리고 호스트들에게 물어본다.

"탱크가 무섭습니까? 총이 더 무섭습니까?"

그러자 다들 "탱크가 더 무섭습니다."라고 이야기를 하자 장문정씨는 "진짜요?"라고 물으면서 품 속에서 화약총을 꺼내선 공중에다가 쏜다.

"탕!!"

조용한 강의실에서 총소리는 엄청 크게 들렸고 다들 깜짝 놀랐다. 그러고 나서 다시 물어보았다.

"탱크가 무섭습니까? 총이 더 무섭습니까?"라고 다시 묻자 이번에는 다들 "총이 더 무서워요."라고 이야기를 한다.

그러자 장문정씨는 이렇게 이야기를 한다.

"이처럼 체감의 힘이 무섭습니다. 실제로는 탱크가 더 무섭다고 해도 내 눈앞에 있는 총이 더 무서운 법이지요. 사람들을 설득할 때는 실제로 경험할 수 있는 이야기를 통해서 피부에 와 닿을 때 설득의 기술이 먹힙니다."라고 이야기를 하면서 마무리를 하는 장면이 나온다.

굳이 이렇게까지 극적인 효과를 사례로 들지 않더라도, 실제로 우리가 대화를 할 때 말의 내용에 관한 부분 중 실제로 대화에서 전달을 받는 내용은 10% 정도이고 다른 90%의 부분은 그 사람의 외모, 제스처, 향기, 음성 등 비언어적인 부분이 차지한다.

그럼 본격적으로 체감 설득법에 관해서 살펴보자. 체감 설득법은 오감을 자극하는 방법으로 우선 시각, 청각, 후각, 미각, 촉각의 순으로 설득하는 방법이 있다.

▶ 시각의 설득법

시각에서 가장 중요한 것은 바로 시간, 장소, 상황에 따라서 달라지다는 점이다. 그래서 첫 번째로 시간, 장소, 상황에 맞는 옷차림을 하는 것인데, 옷차림이 첫 번째로 가장 중요한 이유는 바로 인간은 옷을 입고 사회생활을 하기 때문에 그 사람의 옷차림에 따라서 그 사람의 지위나 현재 기분, 상태 등을 파악할 수 있는 기준이 되기 때문이다. 일반적으로 집에서는 잠옷을 입고 생활을 하고, 밖에 나갈 때는 외출복을 입는데, 면접이나 중요한 자리를 갈 때는 점잖은 옷으로 입고 간다. 그리고 놀러 갈 때는 편한 옷으로 입고, 파티나 나이트클럽 같은 곳을 갈 때는 튀는 옷으로 입고 가게 되어 있다.

즉 우리가 가서 활동을 해야 할 시간과 장소, 상황에 따라서 적절한 옷을 골라서 입고 가선 그곳에 자신의 위치를 알리는 것인데, 여기서 재미있는 사실은 그곳에서 어울리기 위해선 그 사람들과 비슷한 복장을 해야 한다는 것이다. 그런데 남들보다는 튀어야지만 그곳에서도 주목을 받을 수 있기 때문에 특별하게 튀지 않는 복장을 하되 비싼 명품을 써서 자신을 알리게 되는 것이다. 그래서 여성들이 명품가방을 들고 다니기 위해 카드빚을 지고서라도 사는 것이다. 가방은 어떤 상황이나 어떤 공간에도 가지고 갈 수 있는 아이템이기 때문이다. 남자의 경우에도 자신을 알리기 위해서 시계, 구두, 안경, 넥타이 등 명품을 사용하는 경우가 많다. 그러나 중요한 자리라고 너무 명품만 강조하다 보면 상대방에게 너무 사치스럽다는 인식을 줄 수 있어서 적당한 선의 가격대를 입는 것도 중요하다.

일반적으로는 단정하고 깔끔한 복장을 입는 것이 상대에게 자신의 이미지를 홍보하는 데 유리하다. 특히 첫 만남의 경우에는 첫인상의 80% 이상을 상대방의 옷차림에서 읽는다고 하니 일단 시간, 장소, 상황에 맞는 옷차림을 준비하는 것이 제일 중요하다.

두 번째로 시각적으로 준비해야 하는 과정은 바로 표정과 시선이다. 얼굴의 표정과 시선에 따라서 사람의 인식이 달라진다. 표정이라는 것은 그때 상황에 따라서 저절로 나오는 것이라고 생각하기가 쉽지만 그렇지 않다. 우리는 끊임없이 상대를 관찰하고 그 관찰에 따라서 표정을 짓는데 대부분의 경우 우리의 표정은 우리의 위치가 어떤 경우냐에 따라서 달라지게 되어 있다. 예를 들어서 면접을 보러 갔다면 상대방보다 내가 위치가 낮기 때문에 웃는 얼굴을 하는 것이 유리하다. 물건을 파는 상인이 손님을 보고 웃는 것도 같은 이치인데, 즉 얼굴에 웃음을 띠는 것은 항복의 의미를 가지고 있기 때문이다. 그래서 상대방의 심기를 건드리지 않고 좋은 기분을 유지하기 위한 방법인 것이다.

시선의 경우에도 마찬가지다. 우리가 최초로 사람을 쳐다볼 때 이런 이야기들을 많이 한다.

"남자는 여자의 가슴을 처음 보고, 여자는 남자의 엉덩이를 처음 본다."

그러나 이것은 사실이 아니다. '스펀지'에서 남녀의 시각의 차이를 눈동자관찰 카메라로 실험했는데 둘 다 얼굴을 먼저 보되 눈을 먼저 보았다고 한다. 즉 우리는 원하든 원치 않든 일단 상대방을 만나면 눈을 마주보게 되어 있는데 여기서 문제는 계속해서 눈을 들여다보는 것은 싸움을 걸 때와 사랑에 빠지는 경우 외에는 피하는 것이 좋다는 점이다. 눈에선 엄청난 양의 정보가 나오게 되어 있기 때문이다.

그래서 시선을 볼 때에는 눈을 처음에 보고 나서 이야기할 때 상대방의 입을 보면서 정확한 발음을 보는 것이 좋다. 사실 우리가 영어회화를 배울 때 정확한 발음을 배우기 힘든 이유도 사람의 입 모양을 보지 않고 테이프만 듣고 배우다 보니 입술 모양을 따라할 수 없어서 그런 것이다. 실제로 독순술이라고 해서 입술 모양만 보고 상대방의 말을 듣는 기술도 있는데, 놓친 발음의 경우에도 입술을 정확하게 보면 뜻을 유추할 수 있기 때문이다. 이처럼 상대방과 마주하고 있을 때에도 시간, 장소, 상황에 맞는 표정과 시선을 통해서 상대방의 주의를 집중시키고 호감도를 올려서 좋은 대화를 나눌 수 있다. 보통은 웃는 얼굴에 상대방의 눈과 입술, 그리고 강조하고자 하는 손 모양을 보면서 이야기를 하면 된다.

세 번째 시각적 설득의 기술은 바로 제스처다. 다른 말로 몸짓, 혹은 바디랭귀지라고도 할 수 있는데, 이 부분은 의외로 놓치는 사람들이 많다. 그 사람의 제스처는 그 사람의 마음을 읽는 아주 중요한 부분이기 때문에 어떻게 사용하느냐에 따라서 내가 말하는 내용을 살리느냐 아니면 죽이느냐 등 많은 이야기를 해줄 수 있다. 제스처 중에서 세 가지만 강조하고 싶다. 첫 번째로는 손동작의 활용, 두 번째는 몸의 움직임, 세 번째는 발의 방향이다.

첫 번째의 손동작의 활용 같은 경우 사람이 손을 보여주는 경우와 가리는 경우가 있다. 손을 보여주는 경우에는 자신감의 표시와 상대방에 대한 포용의 의미를 가지고 있고, 반대로 손바닥을 가릴 때는 겸손의 표시이며 혹은 자신의 위치를 높이기 위한 방법이다. 그래서 히틀러가 경례를 할 때 손을 높이 들어서 바닥을 밑으로 보였던 것이다. 실제로 실생활에서도 보면 높은 사람들이 낮은 사람들과 악수를 청할 때 손바닥이 보이지 않게 세로로 펴서 악수를 청하는 경우를 많이 볼 수 있고 악수를 받는 사람의 경우 악수를 손바닥이 보이게 하는 경우가 많다. 또 다른 예로는 강사가 강의를 할 때 자신의 의견을 강화시키기 위해서 팔을 앞으로 나란히 한 상태에서 작은 일은 작게 큰 일은 크게 강조를 하면서 이야기하는 것을 볼 수 있다. 여기서 손동작을 쓰는 법 중 주의해야 할 것은 바로 내 권위에 따라서 사용법을 달리 해야 한다는 것이다. 즉 나보다 높은 사람 앞에선 손을 가리고 겸손의 의미를 보이는 것이 좋고, 내가 적극적으로 표현하거나 나보다 낮은 사람 앞에서는 손바닥을 보이고 큰 동작으로 상대를 설득하는데 적극적인 표현을 하는 것이 효과적이다.

두 번째 몸의 움직임에 대해서 알아보자. 몸의 움직임은 의외로 놓치는 경우가 많다. 우리가 앉아서 대화를 할 때 적극적인 사람과 부정적인 사람의 경우가 있는데 적극적인 사람은 앉아 있을 때 몸이 앞으로 쏠려 있는 경우가 많고, 반대로 부정적인 사람의 경우에는 몸을 뒤로 젖히고 앉아선 팔을 교차하고 있는 경우가 많다. 그리고 이야기를 들으면서 호감이 가거나 그의 의견에 동조를 할 때는 앞에서 설득하는 사람이 하는 움직임을 따라하는 경향이 있다. 따라서 설득을 하고자 한다면 상대에 따라서 적극적으로 어필을 할 것인지 아니면 여유 있게 설득해야 하는 사람인지 파악을 하고 상대에 따라서 다른 형태의 몸의 움직임을 보여주는 것이 좋다. 그리고 가장 중요한 것은 상대의 몸의 움직임을 따라하는 것이 좋다.

세 번째로는 발의 방향을 주의해야만 한다. 우리가 대화할 때 주로 상체를 위주로 보게 되는데, 재미있게도 발의 방향이 몸이 가고 싶은 방향이라는 사실이다. 예를 들어서 소개팅자리에서 보면 남자가 이것저것 물어보면서 유머도 구사하고 분위기가 좋다. 그런데 여자가 다리를 꼬아서 문 쪽으로 계속해서 움직이지 않고 있다면 그 여자는 마음이 다른 곳으로 가 있을 확률이 높다. 따라서 누군가를 설득하고자 한다면 바른 자세로 발의 방향을 그 사람을 향해서 앉아 있는 것이 좋다. 이렇게 해야 하는 첫 번째 이유는 나 역시 발의 방향에 따라서 그 사람의 설득에 대한 집중도가 올라갈 것이고, 두 번째로는 상대가 만약 바디랭귀지를 읽을 줄 아는 사람이라면 이런 것을 놓칠 리가 없기 때문이다.

이렇듯 시각적 설득의 기술은 상황, 장소, 시간에 맞는 옷차림이 가장 중요하고, 상황에 맞는 표정과 시선으로 상대의 마음에 들어가야 한다. 그리고 손과 몸짓, 발의 방향 등을 신경써서 상대가 설득이 될 수 있는 준비를 해놓는 것이 중요하다.

여기선 단순하게 개인이 준비할 수 있는 최소한의 시각적 준비에 관해서 살펴봤지만 만약 여유가 되고 힘이 있는 사람이라면 상대가 들어섰을 때 마음의 준비를 할 수 있는 전체적인 시간, 장소, 상황을 마련해야만 보다 효과적으로 상대를 설득할 수 있다.

▶ 청각적 설득의 기술

청각적 설득의 기술 중에서 첫 번째로 소개드릴 내용은 높은 음보다는 낮은 음의 목소리가 더 설득적이라는 사실과 두 번째로는 조용한 곳보다는 시끄러운 곳이 더 설득적이라는 점, 그리고 세 번째는 상대방과 같은 말투가 훨씬 더 설득적이라는 사실이다.

첫 번째로 높은 음보다 낮은 음이 더 설득적인 이유는 무엇일까? 낮은 음이 높은 음보다 더 명확하게 들리기 때문이다. 같은 말을 해도 높은 음으로 듣는 것보다 낮은 음으로 들으면 그 말의 뜻이나 생각이 더 정확하게 전달된다. 전설적인 성우 돈 라폰테인(Don LaFontaine)이라는 사람이 있었다. 그의 목소리를 들으면 누군지 정확하게 알 수 있는데, 그가 바로 현존하는 미국 영화 광고를 거의 다 녹음하는 사람이다. 그는 일주일에 60편 정도의 녹음을 해서 매년 거의 6000편 정도의 영화광고 녹음을 했었다. 그런데 한 편 당 받는 돈은 거의 600달러나 되었다고 한다.

그래서 우리나라 성우들 역시 낮고 굵은 목소리에 명확한 발음을 하는 사람이 많다. 그래서 그런 성우들이 우스운 소리를 할 때나 혹은 재미있는 CM송을 하게 되면 유행을 타게 되는 것이다.

두 번째로는 조용한 곳보다는 시끄러운 곳이 더 설득력이 높다. 사실 앞의 내용과는 반대여서 혼란스러울 분들이 있을 텐데 이것은 주의 확산법이라는 형태의 설득법이다. 다음은 오하이오 주립대학의 로버트 오스터하우스 박사의 연구진이 시행한 실험이다.

대학생들을 두 종류를 나누어서 실험을 했다.

"대학수업료를 두 배 인상해야 한다."라는 설득의 메시지가 나오는 테이프를 들려주었다. 실험 집단에는 눈앞에 깜빡 깜빡이는 불빛을 보여주면서 테이프를 들려주었고, 다른 집단에는 그냥 들려주었다. 그랬더니 실험집단이 더 많이 그 의견에 동조하는 경향을 보여주었다. 그래서 연구진은 주의가 확산이 되면 그 의견에 대해서 정확하게 판단하는 능력이 떨어지기 때문에 더 설득적으로 듣게 된다는 실험 결과를 발표한 적이 있다. 이처럼 누군가를 설득하기 위해서 특히 반대할 만한 의견에 관해선 상대가 주의를 집중할 수 없을 때 찾아가서 이야기하는 것이 더 효과적이다.

세 번째로는 상대방과 쓰는 말투와 같은 말투가 더 설득적이라는 사실이다. 아마 인지하기는 힘들겠지만 우리는 사실상 상황에 따라서 다른 말투를 쓰면서 살고 있다. 말투는 크게 일상적인 말투와 격식적인 말투로 나눌 수 있다. 일상적인 말투는 말할 때 주의를 기울이지 않는 말투로 비공식적인 자리에서의 말과 제3자와의 대화, 질문에 대한 대답, 어렸을 때 부르던 노래, 그리고 죽을 뻔했던 이야기 등의 유형이 있다, 반대로 격식적인 말투는 취업 시험을 보기 위해서 보는 면접 상황에서의 말투나 책을 읽어보라고 시켰을 때 읽는 형태 즉 긴장을 하고 말하는 형태의 말투다.

그런데 여기서 중요한 것은 내가 설득하고자 하는 상대의 말투가 무엇인지 파악하고 그 말투를 그대로 사용하는 것인데, 설득하고자 하는 상대가 현재 사투리를 쓰는 사람이라고 하면 그 사람의 사투리를 따라서 이야기하는 것이 설득적이다. 왜냐하면 그의 일상적인 말투 안으로 들어감으로써 상대의 일상 속에 들어가게 되기 때문이다. 그러면 더 친근감을 느끼게 되고 그 친근감을 바탕으로 이해를 더 많이 하게 된다. 단 이것은 충분한 연습이 되어서 자연스럽게 되어야지 안 되는 것을 억지로 하려고 하다가는 이상한 사람으로 오해받을 수도 있기 때문에 조심해야 한다.

이렇듯 청각적 설득의 기술은 높은 음보다는 낮은 음이 더 명확하게 들리기 때문에 설득적이며, 시끄러운 곳이 조용한 곳보다 주의를 분산하기 때문에 반대 의견을 설득하기 쉽다. 그리고 상대방의 말투를 같이 따라하면 상대방의 일상적인 말투 안으로 들어갈 수 있기 때문에 더 설득적인 것이다.

▶ 후각의 설득술

최고의 설득의 향수는 바로 상대방과 같은 냄새가 나는 것인데, 이것을 증명하는 재미있는 실 사례가 있다. 바로 냄새 제거제 페브리즈이야기다. 우선 P&G 최고의 히트상품이라고 하는 페브리즈의 경우에는 냄새를 완전하게 제거하는 완벽한 화학물질이었다고 한다. 그래서 이 물건은 대단한 히트상품이 될 것이라고 판단을 해서 일단 임상 실험을 했다고 한다. 그래서 임상 실험 지원자를 받는데 그중에 여성 스컹크사육사가 있었다. 그녀는 아름다운 외모를 가지고 있었지만 소개팅만 하면 알수 없는 냄새 때문에 항상 남자에게 퇴짜를 맞았다고 한다. 그리고 어떤 향수도 여자에게서 나는 스컹크 냄새를 덮을 수가 없었기 때문에 우울증에 빠져 있었다. 그런데 페브리즈를 사용한 후부터 연예를 하고 결혼에 성공하게 된다. 이 실험의 성공을 바탕으로 P&G는 이 상품을 선전

하기 위해서 임청난 광고비를 쓰게 된다. 회사는 성공을 의심치 않았다. 페브리즈는 완벽한 냄새 제거제였기 때문에 모든 냄새를 걱정하는 사람들이 쓸 것이라고 생각했던 것이다. 그러나 1년이 지난 시점에 P&G는 팔리지 않는 페브리즈 때문에 엄청난 손해를 보게 된다. 결국 회사는 페브리즈를 다시 회수하라는 명령을 내리고 다른 영업 기획팀에 무엇이 문제여서 판매가 안 되는지에 대해서 알아보라고 명령을 내린다.

영업 기획팀에선 실제로 페브리즈를 사용하는 가구를 찾아다니면서 언제 페브리즈를 사용하는지 탐구를 하게 된다. 그 많은 가구 중에서 냄새제거용으로 사용하는 가구는 거의 없었고, 단지 청소를 끝내고 마지막에 상쾌한 기분을 유지하기 위해서 사용을 했던 것이다. 그래서 왜 냄새제거제로 사용하지 않는지에 대해서 연구를 하다 보니 재미있는 사실을 알게 되었다. 그것은 사람들은 비슷한 냄새가 나는 사람들과 같이 어울리게 되어 있다는 사실이다. 그런데 페브리즈를 사용해서 냄새가 제거되면 그들로부터 알 수 없는 거리감을 두게 된다는 사실까지 알게 되었다. 즉 냄새는 보이지 않는 소속의 신호였던 것이다. 그래서 페브리즈 팀은 광고의 방향을 청소 후 마무리용으로 사용을 하게 되었다. 그후 판매가 급증했고 최고의 히트상품으로 남게 되었다고 한다.

재미있게도 파트리트 쥐스킨트의 소설 〈향수〉에서도 같은 내용이 나온다. 소설의 주인공 이름이 그루누이인데 그는 태어나면서부터 몸에서 냄새가 나지 않아 모든 사람으로부터 알 수 없는 거부를 당해서 아름다운 향기가 나는 여성들을 살해해서 그들의 몸에서 향기를 채취해서 자신에게 최고의 향수를 만들려는 이야기가 나오는데 같은 맥락의 이야기가 아닌가 싶다. 따라서 최고의 향수는 샤넬 넘버5도 아니고 비싼 향수가 아니라는 사실이다. 진짜 제일 좋은 향수나 향기는 자신들이 어울리는 사람들과 같은 향기가 나는 것이 가장 좋다는 사실을 알 수가 있다. 그렇다면 어떻게 해야 상대하고 같은 냄새가 날 수 있도록 할 수 있을까?

첫 번째로 상대가 먹는 음식과 같은 음식을 먹는 것이 좋다. 실제로 박찬호선수 같은 경우에도 메이저리그에 처음 진출했을 때 몸에서 김치 냄새가 난다고 따돌림을 많이 받아서 그들하고 같은 햄버거만 먹고 생활을 하다 보니 그때서야 비로소 조금씩 어울려 주기 시작했다고 한다. 이렇게 같은 음식을 먹으면 비슷한 냄새가 나는 이유는 바로 우리 몸에선 항상 조금씩 땀이 흐르게 되어 있는데 땀이 분비될 때 나오는 냄새가 바로 체취의 정체이기 때문이다. 그 체취는 역시 먹은 음식이 분해되어서 나오는 것이기에 음식과 체취는 깊은 관계가 깊다.

그리고 다른 후각의 기술에는 어떤 것이 있을까?

두 번째로는 입 냄새가 나지 않도록 주의해야 한다. 설득을 하려면 우선 말을 해야 하고 말을 하려면 가까운 곳에서 입을 열어야만 한다. 아무리 몸에 체취가 비슷하다고는 하나 입에서 냄새가 많이 나면 보통 난감한 게 아니다. 입 냄새를 제거하는 방법에는 어떤 것이 있을까? 우선 칫솔질이나 가글을 활용하는 것도 좋지만 일단 음식을 먹을 때 꼭꼭 씹어서 물 없이 삼키는 법을 연습하는 것이 좋다. 음식을 소화시키는 최초의 단계인 씹는 단계가 침과 같이 음식을 분해할 수 있어서 입 안에서 충분히 침과 같이 섞여서 잘 분해가 된 음식물이 소화가 잘 되기 때문에 입에서 냄새가 안 나게 된다.

세 번째로는 상대방이 좋아할 만한 향수를 사용하는 것도 도움이 된다. 역사적으로 클레오파트라가 줄리어스 시저와 안토니우스를 유혹할 때 향수를 사용했다고 한다. 이때 향수는 강렬한 향을 내는 것보다는 상대방의 마음을 움직일 수 있는 은은한 향기가 좋다. 특히 후각의 경우에는 시각이나 청각과는 달리 한번 기억이 되면 영원히 변하지 않고 기억하는 특징을 가지고 있기 때문에 상대에게 각인시키기 좋은 방법이다.

▶ 미각의 설득법

미각의 설득법은 다른 말로 런천 테크닉이라고 할 수 있다. 즉 같이 점심을 먹으면서 이야기하는 것이다. 그런데 왜 하필 디너 테크닉도 아니고 런천 테크닉일까? 일단 저녁의 경우에는 파티나 초대처럼 확실하게 아는 사람이나 안정된 사람하고만 같이 하기 때문이지만, 점심의 경우에는 아직 확실하게 알 수 없는 사람하고도 잠깐 같이 먹을 수 있기 때문이다. 즉 권한이 강한 사람과의 점심은 그 사람을 설득할 수 있는 굉장한 기회다.

예를 들어서, 워렌버핏 같은 경우에는 자신과의 점심을 경매로 내놓아서 기부를 한다. 2000년부터 시작을 해서 2013년에는 263만 달러라는 최고가를 경신하기도 했는데, 이렇게 권위가 높은 사람과의 식사만으로도 많은 사람들이 선호하는 이유는 역시 같이 식사를 하면서 나누는 이야기의 설득력이 높다는 사실을 증명한다. 그렇다면 어떻게 미각의 설득술을 높일 수 있을까? 세 가지로 나누어 보면, 맛있는 음식, 편안한 식사 장소, 충분한 식사 시간이 필요하다.

맛있는 음식편에선 우리의 기억에 대한 이해가 필요한데, 우리의 기억은 상황을 분리해서 기억하는 것이 아니라 이야기를 나누면서 어디에서 어떤 상황에서 그런 대화를 나누었는지가 같이 동시에 기억에 남기 때문에 중요하다. 따라서 우리가 음식을 먹을 때 맛있는 음식을 먹으면서 대화를 나누어야지만 그 음식을 먹은 기억과 대화를 나눈 내용이 같이 기억이 되면서 상대에게 긍정적인 기억으로 남는다.

편안한 식사장소편에선 상대방과 대화하기가 좋은 공간에서 먹는 것이 유리한데, 비싼 음식점에서 좋은 장소에서 먹는 것도 나쁘지는 않지만 상대방이 편하게 식사할 수 있는 곳을 잡는 것도 좋다. 점심을 먹어야 하는데 최고급 레스토랑에서 스테이크를 썰면서 먹는 것도 조금 어색하지만, 반대로 중요한 이야기를 해야만 하는데 햄버거집에 가서 이야기를 하는 것도 좋지 않다. 가장 중요한 것은 대화의 격에 맞는 장소를 물색해서 상대방이 편하게 이야기할 수 있는 곳으로 정하는 것이다.

충분한 식사시간편에선 설득에서 가장 중요한 것이 바로 충분한 시간을 들여서 상대에게 가까워지는 과정이라고 할 수 있다. 일단 부탁을 한다는 것은 권위가 낮은 사람이 높은 사람을 상대로 감정을 움직이는 과정이다. 이때 감정에 동조될 수 있는 시간을 확보하고 들어가기 위해서는 충분한 식사시간을 확보하는 것이 유리하다.

끝으로 한 가지 팁을 더 드리자면 식사비는 부탁하는 쪽이나 설득하는 쪽이 내는 것이 좋다. 상대를 빚진 상태로 만드는 상호성의 법칙에 따라서 조금 더 설득력을 높일 수 있다.

▶ 촉각의 설득법

마트나 백화점에 가면 많은 물건들을 만질 수 있도록 전시를 해놓은 것을 볼 수 있다. 심지어는 홈쇼핑 같은 곳에선 물건을 직접 일주일 동안 사용해 보고 나서 결정을 하라고 이야기를 하는데, 심지어는 사지 않는다고 해도 상관이 없다면서 한번 써보고 판단을 하라고 한다. 사실 이렇게 체험을 하라고까지 하는 경우는 파는 사람의 입장에선 굉장히 힘든 결정이다. 왜냐하면 전시된 물건을 팔지 못하면 손해가 나기 때문이다. 그럼에도 불구하고 왜 그렇게 힘든 결정들을 쉽게 하는 것일까? 그것은 바로 인간의 촉감이 바로 인간이 결정하는데 가장 결정적인 역할을 하기 때문이다. 왜 그럴까? 그 이유는 바로 인간의 뇌는 손에서 나오는 촉감에 의해서 자극을 받게 되는데 손에 의해서 물품을 사용하는 모습이 머릿속에서 상상하게 되고 그 물건을 현실생활에서 사용을 하는 자신의 모습을 떠올리게 되기 때문이다. 즉 촉감을 통해서 일상에 환상을 파는 것이다.

촉각의 설득법은 간단하다. 직접 만져볼 수 있는 기회를 제공하는 것이다. 예를 들어서 자신이 전자제품 매장에 카메라를 판매하는 경우, 카메라를 들고서 설명만 하는 것보다는 손님이 직접 들고서 시연할 수 있도록 도와주는 것이 훨씬 더 설득적이다. 실제로 물건을 팔 때 매장 밖에서 볼 때와 들어와서 살 때의 구매율이 30% 이상 올라가고, 직접 시연을 해보고 나서 구매율은 거기서도 30% 이상 올라간다. 그래서 실질적으로 물건을 직접 시연한 사람들의 구매율이 60~70% 이상 되기 때문에 다들 그렇게 전시를 하고 직접 만져보라고 광고를 한다.

단 여기서 주의할 점이 있다. 너무 많은 것을 만져 보게 해선 안 된다는 것이다. 선택할 수 있는 물품의 숫자가 너무 많이 늘어나게 되면 구매자가 혼란스러워져서 결국에는 포기하고 나중에 구매하게 되는 경우가 많다. 따라서 시연할 수 있는 물건의 숫자는 3~4개 정도로 한정을 하고 물건을 싸고 나쁜 것, 비싸고 좋은 것, 적당한 것 세 가지 정도로 보여주고 시연하게 해서 대부분의 경우 적당한 것을 고르도록 하는 것이 중요하다.

설득에 촉각의 기술을 사용할 때는 상대가 설득해야 하는 물건에 직접시연이 가능한 경우 직접 시연할 수 있도록 해서 그 물건의 유용성에 대해서 공감할 수 있는 기회를 마련하는 것이 좋지만, 너무 많은 물건을 보여주는 것이 별로 좋지 않기 때문에 좁혀서 만질 수 있게 하는 것이 중요하다.

▶ **체감의 설득법 전체 정리**
시각 – 상황, 시간, 장소에 맞는 옷차림, 시선, 표정, 제스처를 사용한다.
청각 – 낮은 음으로, 주의가 분산되는 곳, 상대방과 같은 말투를 사용한다.

후각 – 상대와 같은 음식을 평소 섭취, 입 냄새, 체취에 주의, 매력적
　　　향수를 사용한다.
미각 – 맛있는 음식, 편안한 장소, 충분한 시간을 투자한다.
촉각 – 직접 시연할 수 있게 하되 선택권을 한정한다.

■ 소속감의 설득법

소속감의 설득법에 들어가기에 앞서서 유명한 소속감을 이용한 설득
의 기술을 한 가지 알려주고자 한다. 이 이야기는 베스트셀러 작가이자
유명 강사인 김미경씨가 자신의 강의 중에서 자신의 피아노 학원 성공
담을 이야기하는 중간에 나오는 이야기다.

연세대학교에서 음악을 전공했지만 세상에 대해서 잘 몰라서 페스트
푸드점에서 아르바이트를 했다고 한다. 그런데 어느 날 생각해 보니 자
신이 음악을 전공했는데 굳이 이런 아르바이트를 할 필요성이 없음을
깨닫고 피아노 학원에서 피아노선생님을 시작하였다. 그런데 아르바이
트보다는 좋지만 그래도 돈을 버는 게 노력에 비해서 너무 모자라다는
느낌이 들게 된다. 원장은 가르치지도 않는데 돈은 전부 원장이 벌고 자
기는 조금만 주는 것 같은 느낌이 든다는 것이 아닌가? 그래서 조금 더
돈을 벌 수 있는 방법을 생각한 것이 바로 직접 피아노 과외를 하는 것
이다. 자신이 학원에 있을 때 잘 치는 애들이 대부분 피아노 과외를 한
다는 것을 알고 시작했는데 막상 해보니 몇 명 되지도 않는 애들을 관리
하는 것에 시간과 노력이 너무 많이 들었다. 또 한 명이 떨어지면 다른
학생이 올 때까지 기다려야 하는 게 아닌가. 그때 갑자기 머릿속에 기가
막힌 생각이 들었다고 한다.

그것은 바로 교회에 나가는 것이었다. 교회에 나가서 "제가 연세대학

교 음대를 다니는데 피아노를 연주해 드리겠습니다."라고 이야기를 해서 교회에 다니는 많은 피아노 학생들을 과외하게 되고 나중에는 그 학생들을 바탕으로 나중에 피아노 학원을 하게 되었다고 한다. 그리고 피아노 학원을 하던 중에 그 피아노 학원을 잘 경영한다고 소문이 나서 강의를 시작하게 되었고 현재의 최고 강사 위치까지 올라가게 되었다고 한다. 만약 그때 김미경 강사가 교회가 나가지 않았다면 현재의 최고의 강사 위치에도 올라갈 수 없었을 것이다. 개인의 능력이 아무리 뛰어나도 어떤 소속에 들어가게 되면 그 능력이 극대화되는 것을 알 수 있는데, 이처럼 소속감의 설득법은 굉장한 위력을 가지고 있다.

저자는 소속감의 설득법의 구성을 다음의 순서로 나누어 보았다. 첫번째로는 소속감의 필요성을 살펴보고, 두 번째로는 소속감을 통한 설득의 사례들, 세 번째는 소속감을 이용한 설득의 기술에 관해서 구체적으로 살펴보겠다.

▶ 소속감의 필요성

왜 소속감을 이용해서 설득하는 방법이 강력할까? 안정감을 추구하면 더 나아가 존경 및 자아실현을 이루기 위한 가장 좋은 방법이기 때문이다.

아마 학교를 다닐 때 욕구의 피라미드를 배웠던 기억이 남아 있을 것이다. 이것이 바로 매슬로우의 욕구의 피라미드라는 것인데, 맨 밑이 5단계 생리의 욕구, 다음이 4단계 안정의 욕구, 3단계 소속감과 인정의 욕구, 2단계 존경의 욕구, 1단계가 자아실현의 욕구로 구성이 되어 있다. 그런데 일단 먹고 사는 문제가 해결된 다음에는 인간은 3단계 이상의 소속감과 안정의 욕구를 원하게 되어 있기 때문이다.

그래서 인간은 자신에게 맞는 집단을 원하든 원치 않든 선택해야만 하는데 만약 집단을 선택할 수 있다면 그 기준은 자신의 신체적, 정신적인 안정 및 자아성취를 할 수 있는 집단이 선택된다. 이러한 예는 굳이 멀리서 찾지 않아도 우리의 입시시스템만 보더라도 알 수가 있다. 대한민국에선 유치원에서부터 공부를 시작해서 중학교, 고등학교 때까지 아침 6에 기상을 해서 밤 12시까지 공부를 하는 것을 쉽게 볼 수가 있다. 왜 그렇게 열심히 공부를 해야만 할까? 그것은 바로 좋은 대학을 가기 위해서다. 좋은 대학을 가면 좋은 직장이나 직업을 얻을 수 있고 그 이야기는 바로 먹고사는데 남들보다 더 유리한 위치에 올라가는 집단에 소속될 수 있다는 뜻이기 때문이다. 그리고 사회에 나와서도 행세를 할 수가 있기 때문인데 실제로 선거에 나오는 사람들의 경우 학력이 좋은 경우가 많다. 그 외에도 종교적인 단체에 소속된 사람들의 소속감도 상당히 강력하다는 것을 알 수가 있는데 그들은 들어가기가 쉽지만 같은 정신적으로 깊은 교감을 가지고 단체행동을 하기 때문이다. 그 외에도 직업의 단체 같은 경우 자신들의 직접적인 이익에 관련된 문제에 대해선 단체행동을 하기 때문에 혼자서 아무리 뛰어난 사람일지라도 어떤 단체에 소속이 되어야지만 실제로 힘을 발휘할 수 있다.

그런 집단 내에서도 구성원간의 불화가 잦게 되면 구성원으로서 평판이 떨어지는 것을 알 수가 있다. 평판이 떨어지면 구성원으로서의 가치가 떨어지므로 집단 내에서의 자신의 가치를 높이기 위해선 좋은 평판이 필수적이다. 소속감을 자극하면 쉽게 설득을 할 수 있는데 그렇다면 소속감의 사례에는 어떤 것들이 있는지 알아보도록 하자.

▶ 소속감의 사례들
소속감의 사례들은 혈연, 학연, 지연으로 찾아볼 수 있다.

우선 혈연의 경우에는 가족들과 친척들, 그리고 사촌들까지 포함한다. 우리나라의 경우에는 이 혈연에 관한 집착이 강해서 재벌들까지도 대대로 기업을 물려주고 심지어, 북한의 경우에는 나라까지 물려주면서 전달을 하고 있고, 대부분의 기업들 역시 성공한 사람의 경우 자신의 사업체를 자식에게 물려주는 경우를 볼 수 있다. 우리나라사람들만 그러는 것이 아니라 외국의 오래된 명품 기업체의 경우 수백 년을 내려오면서 전문화되는 경우도 있다.

학연의 경우 "국적은 바꿀 수 있지만 학적은 바꿀 수 없다."라는 말이 있다. 그만큼 졸업한 학교가 중요하다는 뜻인데, 실질적으로 우리나라는 서울대, 고대, 연대는 나와야 중앙에서 활동하기가 좋을 정도로 학력에 관한 차별이 존재한다. 이것은 미국의 경우에도 다르지 않은데, 과거 클린턴, 부시 대통령은 예일대 출신이고, 많은 행정부 관리들과 현 오바마 대통령은 하버드대학교 출신이다. 결과적으로 현대사회에서 학력은 일종의 신분상승의 과정이라는 것을 생각해 볼 수 있다.

지연의 경우, 우리나라에서도 볼 수 있지만 어떤 지역에서 같은 생활을 했는지 꼭 물어보게 되는데, 같은 지역에서 같은 경험을 하고 자란 사람의 경우 같은 사고방식을 갖고 있을 것이라는 판단 때문이다. 이런 것들을 경험할 수 있는 곳이 바로 예비군 훈련장이다. 일단 같은 지역의 사람들끼리 모이고 그중에서도 같은 학교 사람들끼리 모이고, 거기서 더 가까이 지내려는 사람들은 족보를 파다 보면 같은 지역에서 먼 친척에 해당하는 사람들이 더 가깝게 지내게 된다. 이런 소속감이 큰 회사에서나 국가기관 안에서도 그대로 작동하기 때문에 파벌이 형성되는 문제점도 있다.

그 외에도 종교모임, 취미모임, 봉사단체의 경우에도 역시 같은 목적을 가진 소속감에 강한 공동체 의식을 가지고 있는 경우가 많다.

저자가 한번 경미한 접촉사고를 낸 적이 있었다. 앞에 있던 트럭을 살짝 치고 지나갔는데 마침 그 트럭에 유명한 봉사단체 마크가 붙어 있는 것을 보았다. 마침 제 아버지께서 그 봉사단체의 강원총제까지 지내신 적이 있으셔서 아버지 성함을 알려드렸더니 금방 웃으시면서 그냥 가라고 한 적이 있다. 이처럼 작은 일에 있어서나 아니면 내가 필요한 일을 부탁할 때 소속감을 파고들어서 부탁을 하면 친밀감을 바탕으로 보다 쉽게 설득할 수 있다.

▶ 소속감을 이용한 설득의 기술 방법

그렇다면 소속감을 이용한 설득의 기술의 절차는 어떻게 되는지 알아보자. 우선 내 권위가 상대를 설득하기 충분치 않을 때 먼저 상대방과 나의 공감할 수 있는 부분 중에서 소속이 같이 있을 수 있는 곳을 찾아보아야만 한다.

소속을 찾을 때에는 거꾸로 접근하는 것이 빠른데, 우선 지연, 학연, 혈연순으로 들어가는 것이 좋다. 그 이유는 지연이 가장 크고, 그 다음이 학연, 혈연이 가장 좁기 때문이다. 사실 생각해 보면 우리는 대한민국이라는 나라라는 지연이 있고 모두 다 학교를 다닌 적이 있고, 마지막으로 혈연으로 연결이 되어 있는 경우가 있기 때문이다. 특히 좁은 지역사회의 경우에는 한집만 건너서 이야기를 나누다 보면 다 선배, 후배, 친척 등으로 연결이 되어 있기 때문에 어디 가서 함부로 이야기를 못하는 경우도 많다.

그리고 그 소속감을 상대방에게 확인하고 나서 소속감을 통해서 조금이라도 친밀한 감정을 만든 다음에 본격적으로 상대에게 자신의 사정을 이야기하고 부탁을 한다면 보다 쉽게 내 논리나 부탁을 설득할 수 있게 된다.

여기서 중요한 점은 실제로 친하지도 않으면서 소속감을 너무 무리하게 사용을 하면 역효과가 나올 수 있기 때문에 과장하지 말고 내가 아는 한 접근할 수 있는 소속감을 사용해야 하며, 소속이 없는 사람이라면 동질감으로 넘어가는 것이 좋다.

■ 동질감의 설득술

이번에는 동질감의 설득술에 관해서 알아보도록 하자. 이 부분은 우선 첫 번째 왜 동질감의 설득술이 필요한가? 두 번째는 동질감의 설득의 사례 그리고 마지막으로 동질감의 설득의 기술에 관해서 소개를 하겠다.

▶ 왜 동질감의 설득술이 필요한가?

앞에서 소속감의 설득술에서 사람들이 자신의 집단을 선택할 때 자신과 지연, 학연, 혈연, 나이, 모임 등의 가까운 사람들과 집단을 이룬다고 이야기를 했는데 항상 이렇게 같은 집단이 어울리기는 정말 힘들다. 그렇다면 그 다음에 집단을 선택할 때는 항상 자신과 비슷한 경험을 한 동질감을 가진 사람들과 집단을 이루고 그들과 대화를 하는 것을 편하게 하는 성향이 존재한다. 같은 일에 대해서 같은 경험을 가졌거나 혹은 같은 문제에 대해서 같은 생각을 가지고 있는 사람들의 경우 다른 문제에 대해서도 감정적 공감으로 인해서 조금 더 설득적으로 인식을 하게 된다.

▶ 동질감의 사례

그럼 이렇게 동질감을 느낄 수 있는 사례들에 대해서 알아보도록 하자. 동질감을 가장 잘 느낄 수 있는 세 가지가 바로 추억, 취향, 의견이다.

주로 군대이야기, 운동이야기, 여행이야기 등 고생한 이야기로 동질감을 이야기한다. 이렇게 힘든 이야기를 하는 이유가 바로 추억이 있기 때문인데, 동질감에서 가장 중요한 요소 중에 한 가지가 바로 추억이다. 남자들의 경우 군대이야기를 빼놓을 수 없는데, 부모로부터 독립해서 완전히 낯선 곳에서 혼자서 서야 하는 어린 남자가 가장 두려운 것은 군대에서 받는 얼차려도 군사훈련도 아니다. 부모가 도와줄 수 없는 곳에서 생활을 하는 것 자체가 가장 힘들다. 아무도 투정을 부린다고 받아주지도 않고, 하기 싫다고 도망갈 수도 없기 때문에 그곳에서의 하루하루가 새롭고 힘들 수밖에 없다. 그러다 보니 평생의 기억에서 지울 수 없는 곳이 되고 사회에 나가선 군대이야기를 할 수밖에 없는 것이다. 그리고 무전여행을 가서 고생한 이야기라던가, 자신이 힘들게 운동을 배우다가 다친 이야기 등 지금 생각해 보면 너무 힘들었던 과거나 잊을 수 없는 이야기들을 이야기하면서 서로간의 감정을 교환하면서 동질감을 키우는 경우가 많다. 그 외에도 자신이 어려서부터 힘들었던 이야기 혹은 잘나갔던 과거에 대한 회상 역시 상대방과의 동질감을 나타낼 때 많이 사용한다.

취향의 경우에는 취미, 스포츠, 쇼핑 등이 있는데 저자 같은 경우에는 책을 많이 읽는 편이라 책을 많이 읽는 분들하고 이야기를 하다 보면 시간 가는 줄 모르고 이야기를 하는 경우가 많고, 운동을 좋아하는 분들은 축구이야기를 하다가 시간 가는 줄 모르고 이야기하는 경우도 많다. 사실 2002년도에는 모두가 축구에 미쳐 있는 해였다. 당시에 저자의 서점에 손님이 없어서 카운터를 비우고 뒤쪽에 있는 테이블에 모여서 TV를 보면서 하루를 마쳤던 기억이 있다. 그리고 여성분들의 경우에는 쇼핑에서 많은 동질감을 얻곤 하는데, 특히 홈쇼핑과 백화점에서 나오는 신상물건들에 대해선 많이들 보고 와서 한마디씩 하다 보면 하루가 훌쩍 지나가곤 한다. 온라인게임에 관심이 많은 분들은 동호회를 결성하고 게임 안에서 단결을 해서 자신들만의 공성전이나 전투를 벌이기도 한다. 이처럼 자신하고 비슷한 취향을 발견하는 것 역시 동질감에 강력한 공감을 일으킨다.

세 번째로는 의견이나 철학 등이라고 할 수 있다. 우리가 살면서 정치적인 의견이나 사회적인 의견을 가지게 되는 경우가 많은데, 무상보육에서부터 시작을 해서 대통령선거에 이르기까지 정치적 의견을 가지고 이야기하면서 살게 되어 있다. 그런 복잡한 의견이외에도 음식에 대한 철학이나 패션에 대한 철학 등 수많은 철학과 의견을 가지고 살게 되어 있는데 자신의 철학과 의견에 대해서 동조하는 사람을 만나게 되면 그렇게 반갑게 친밀감을 느끼기 때문이다. 일단 상대방의 의견이나 철학이 파악이 된다면 그 방향에 동조를 하는 것만으로도 강한 설득력을 가질 수 있게 된다.

그렇다면 이러한 사례를 바탕으로 동질감의 설득의 기술의 방법에 대해서 알아보자.

▶ 동질감의 설득의 기술

첫 번째 - 상대방과 나의 공통된 경험, 취향, 의견 등을 찾는다.

두 번째 - 당시의 구체적인 상황, 느낌, 감정 등을 이야기하면서 친밀감을 높인다.

세 번째 - 동질감을 통한 친밀감이 높아진 상황에서 설득이나 부탁을 하면 보다 쉽게 할 수 있다.

예를 들어서, 한 남성이 소개팅에서 마음에 드는 여성이 나왔을 때 무슨 말로 이야기를 시작하는 것이 좋을까? 앞에서 말한 소속감의 기술을 사용하기에는 나이, 성별이 다르기 때문에 군대이야기, 축구이야기를 하면 안 된다. 여성이 관심을 가질 만한 취미, 경험, 의견 등을 천천히 물어보면서 이야기를 하다가 둘이 공통적으로 관심을 갖거나 많이 알고 있고, 의견이나 철학이 비슷한 공통점을 찾기 위해서 노력하는 것이 좋다. 그래서 대부분 식사를 하면서 같이 대화하는 시간을 벌고 그 시간 사이에 "취미가 뭐에요?", "주말에는 무엇을 하고 지내세요?"라는 질문을 던지게 된다. 만약 취미가 비슷하다면 같이 시간을 보내자는 신호이며, 상대가 그 취미가 비슷하고 시간을 같이 보낼 수 있다고 하면 에프터가 신청 된다. 대부분 영화를 같이 보러 가자, 혹은 볼링을 한번 같이 치러 가자 등 이야기를 하게 된다. 이처럼 우리가 인식하지 못하고 있지만 이미 오랫동안 동질감의 기술은 사용이 되어 왔다는 사실을 알 수 있다.

● 호감의 기술

감정의 기술 중에서 사실상 가장 강력한 것은 공감의 기술이라고 했는데 아무리 봐도 공감하기가 쉽지 않은 상대라면 차라리 호감을 통해서 가까이 가는 것이 가장 좋고, 권위가 있는 사람일지라도 무조건 권위만을 내세운 강압적인 설득보다는 호감을 통한 설득을 할 때 보다 부드럽게 상대를 설득할 수가 있다. 그렇다면 호감의 기술은 어떻게 하는 것이 좋을까? 우선 이것을 다시 또 세 가지로 나누어서 살펴볼까 한다. 첫 번째 듣기의 기술, 두 번째 질문의 기술, 세 번째 칭찬의 기술이다.

■ 듣기의 기술
듣기의 기술은 왜 호감의 기술일까? 그래서 왜 듣기가 호감의 기술인지 살펴보고, 무엇을 들어야만 하는지, 그리고 듣기의 방법에 관해서 알아보자.

▶ 왜 듣기가 호감의 기술인가?

우리가 대화를 나눌 때 일반적으로 말을 하는 쪽이 주도권을 가지고 있는 경우가 많다. 예를 들어서 직장에서 회식을 하든지, 아니면 교장선생님 훈시처럼 우리나라뿐만 아니라 전 세계 어디에서나 권위가 높은 사람이 낮은 사람에게 더 많은 이야기를 가르치듯이 하게끔 되어 있기 때문이다. 따라서 듣기를 잘한다는 이야기는 상대방의 권위를 올려주는 행위이기 때문에 일단 최고의 호감의 기술이라고 할 수 있다.

두 번째로는 상대방에 대해서 호감을 얻기 위해서 상대방에 대한 정확한 정보가 필요하기 때문이다. 정확하게 상대방이 어떤 상황에 있는지도 모르고 무조건 상대방을 칭찬했다가는 도리어 역효과를 가져올 수 있다. 예를 들면, 상대방이 성형수술을 해서 코를 올린 여성인데 그것도 모르고 얼굴 중에서 코가 예쁘다고 자꾸 이야기를 한다면 상대방은 그렇지 않아도 콤플렉스인데 반감을 가질 수도 있다. 이처럼 상대방에 대한 기초적인 정보 판단 없는 칭찬은 위험하기 때문에 가장 좋은 방법은 일단 상대방에게 많은 이야기를 듣는 것으로 호감을 얻는 것이 최상인 것이다.

세 번째로는 유명한 명언을 통해 알 수 있다. "침묵은 금이고 웅변은 은이다."라는 말이 있다. 듣기는 대화의 기술 중에서 유일하게 말하지 않고 침묵하면서 상대방의 마음을 얻을 수 있는 방법이다. 그렇다고 해서 무조건 듣기만 하라는 것이 아니다. 상대방이 이야기가 끝날 때까지 침묵을 지키고 경청해서 잘 들으라는 것이다. 모든 대화의 기술은 내 입을 통해서 말을 해야 하는 것이지만 듣기의 기술은 말을 하지 않고도 사용하는 유일한 대화의 기술이다. 말을 하면 할수록 그것도 상대방에 대한 이해가 없이 많은 말을 할수록 상대와의 문제가 생길 확률이 높다.

정확한 듣기와 침묵을 통해서 상대방의 마음을 헤아릴 수 있는 시간과 마음의 준비를 하는 것이 좋은데, 예를 들어 고해성사 같은 경우에도 신부님이 그 고해를 사는 사람의 모든 해결책을 내놓지는 않는다. 그냥 듣기만 하고 나서 "당신의 죄를 사해 주실 것입니다."라고 이야기한다. 이처럼 듣기란 듣는 것만으로도 충분히 상대방의 마음을 살 수 있는 최고의 호감의 기술이다.

▶ 무엇을 들어야 하나?

첫 번째로는 상대방이 내게 말하고자 하는 목표가 무엇인지 파악해야만 한다. 원하는 목표가 내게 협조가 필요한 것인지 아니면 내 하소연을 들어달라는 것인지, 그것도 아니면 나 대신에 이 문제를 해결해 달라고 하는 것인지에 대한 기초적인 목표를 정확하게 파악하는 것이 가장 중요하다. '응답하라 1994'에 나오는 연기자들의 얘기를 예로 들어보면, 한 여성이 자신의 남자친구에게 물어본다.

"방 안에 페인트칠을 해서 머리가 아파서 문을 열어 놓으려고 하는데, 문을 열어 놓으면 매연이 들어와서 머리가 아프다면 어떻게 해야 할까?"라고 물었을 때 남자친구의 제대로 된 정답은 무엇일까?

정답은 "너 괜찮아?"다. 아마 말도 안 된다고 이야기하는 분들도 많을 텐데 저자도 그렇게 생각했다. 이때 여자 친구가 답을 원하는 것이 아니라 내가 힘들기 때문에 자기가 힘든 것을 알아달라고 질문을 한 것이다. 만약 다른 사람이 물어보았다면 그냥 문을 열든지 닫으라고 이야기했겠지만 남자친구이기 때문에 마음을 알아달라고 한다는 복잡 미묘한 여자의 마음에 대해서 파악해야 하는 것이다. 사실 이 정도까지 파악하려면 오랜 시간 사귀어야 가능하겠지만 어쨌든 상대방의 목표파악이 가장 중요한 듣기의 목표가 되어야만 한다.

두 번째 상대방의 욕망을 들어야만 한다. 우리가 의식하지 못하지만 모든 대화에는 자신의 욕망을 투영하고 있다. 대부분의 욕망의 방향은 돈, 명예, 사랑, 꿈 등이 있는데 문제는 사람들이 자신의 이러한 욕망을 제대로 이야기하지 않는다는 데 있다. 앞에서 든 예처럼 자신이 힘들다는 말을 빙빙 돌려서 하는 여자 친구에서부터 오늘 야근 좀 같이 하자는 부장님의 메시지까지 상대방의 욕망을 들을 수 있어야만 한다는 것인데, 그렇다면 이러한 욕망의 메시지는 어떻게 들을 수 있을까?

대화에 있어서 바디랭귀지와 말투에서 실질적으로 욕망이 전달된다. 상대방의 현재의 차림새나 바디랭귀지를 통해서 상대의 마음을 읽을 수 있어야 하는데, 상대의 몸의 상태를 읽는 데서 시작해야 한다. 이처럼 단순하게 말을 말의 뜻만 가지고 생각하지 말고 상대방을 종합적으로 분석할 수 있는 공부를 하는 것이 중요하다.

세 번째는 상대방의 생각 또는 의견을 들어주어야 한다. 우리가 대화를 나누다 보면 대부분 어떤 결론에 대해서 추론을 하게 되는 경우가 많다. 그런데 사람이 모든 부분에 전문가가 될 수 없다 보니 나름대로 추론을 해도 사실 근거나 그 근거에 대한 검증이 부족할 수밖에 없다. 그렇다면 내놓은 추론을 어떻게 뒷받침하느냐에 따라서 상대에게 나의 능력을 증명하게 되는데, 재미있는 사실은 그런 이야기할 때 그 이야기가 옳고 그른 것은 상관이 없다. 단지 그 상대가 이야기하는 것을 그럴 수도 있다는 표정으로 들어만 준다면 얼마든지 상대에게 자신의 호감을 전달할 수 있다.

여기서도 쉬운 예를 한 가지 들면 소개팅을 나갔을 때 남자들은 자신이 잘난 이야기를 하는 경우가 많은데, 그때 여자들은 그냥 그렇습니까? 라고 들어주는 것이 남자에게 좋은 호감을 남기는 방법이다. 그런 이유는 남자는 사회에서 자신의 능력을 인정받지 못하면 선택받지 못한다는 강박관념이 있기 때문이다. 여성의 경우에는 아이를 키우는 것만으로도 어떤 사회에서도 충분히 인정을 받기 때문에 나오는 문화적인 현상으로 이해하면 될 것 같다. 마찬가지로 사회적으로 권위가 높은 사람들이 낮은 사람들에게 이야기하는 것도 같은 방식으로 이해하면 좋을 것 같다. 듣기 기술이라 생각하고 상대방의 잘난 척하는 것을 잘 들어주는 것만으로도 충분히 듣기의 기술은 효과를 발휘한다.

▶ 어떻게 들어야 하는가?

대부분의 사람은 자신이 말하는 것을 좋아하지 듣는 것을 별로 좋아하지 않는다. 그래서 듣기의 전략적인 기술에 대해서 알아야만 하는데, 일단 듣기의 기술을 알고 나면 듣기가 조금 더 쉬워진다.

우선 첫 번째 듣는 방법에 대해서 알아보도록 하자.

듣기를 할 때 가장 먼저 신경을 써야 하는 부분은 바로 시선이다. 만약 상대방이 이야기를 하는데 다른 곳을 보고 있다면 얼마나 기분이 나쁠까? 그렇다고 상대방이 이야기하는 동안 뚫어지게 상대방의 눈만 바라보는 것도 역시 부담스러울 것이다. 대부분의 사람들은 자연스럽게 시선을 처리한다고 생각하지만 이 역시 상황, 시간, 장소에 따라서 조금씩 달라질 수밖에 없다. 상대방이 이야기할 때는 눈을 먼저 쳐다보아야 한다. 일단 눈을 통해서 대화의 끈이 연결되기 때문인데, 그러고 나서 상대방의 입을 보면서 상대방의 발음에 신경을 쓴다. 그리고 조금 더 있다가 상대방의 얼굴 전체와 제스처를 보고 상대방이 강조하고자 하는 곳을 보면서 이야기를 들으면 자연스러운 시선처리가 가능해지게 된다.

두 번째로는 리액션에 관한 부분이다. 상대방이 이야기한다고 해서 그냥 쳐다만 보면 안 된다. 상대방의 이야기에 리액션을 하면서 들어야 하는데, 좋은 리액션은 상대방이 강조하고자 하는 부분에서 고개를

떡이거나 질문을 통해서 이야기를 정리하면서 듣는 것을 말한다. 만약 상대가 "그렇지 않아요?"라고 질문했을 때 "맞습니다."라고 맞장구치는 방식이다. 혹은 질문을 하지 않더라도 상대방이 강조해서 말하는 부분에서 고개를 끄떡이거나 "맞아."라는 혼잣말을 하면서 재미있게 듣고 있다는 느낌을 전해 주는 것이 굉장히 중요하다. 이 부분에 있어서 많은 강사들은 이런 이야기를 한다.

"좋은 강사는 좋은 청중이 만든다."

그래서 개그프로그램에서 웃음소리를 삽입을 하고 강사들이 강의하면서 청중으로부터 호응을 얻으려고 노력하는 이유가 바로 여기에 있는 것이다.

세 번째로는 들어야 하는 포인트의 정리 및 질문이다. 이렇게 시선을 처리하고 리액션을 잘해 주어서 잘 듣는 것처럼 보일 수는 있으나 문제는 실질적으로 내용을 놓쳐버리면 아무 소용이 없다. 들을 때 이야기를 전부 다 일일이 들을 수 있다면 좋겠지만 내가 잘 모르는 이야기를 전부 이해하면서 들을 수는 없다. 이때는 중간 중간에 상대방이 실질적으로 강조해서 전달하고자 하는 포인트를 파악해서 들을 때 비로소 제대로 된 듣기가 완성이 된다. 상대방 역시 자신이 하고자 하는 이야기가 어느 방향으로 튈지 알 수 없기 때문에 중간 중간 자신이 정확하게 이해하지 못하는 부분은 질문을 하거나 정리를 하면서 들으면 상대나 본인 역시 제대로 된 이야기를 완성해 나갈 수 있다.

듣기의 기술을 완성하기 위해선 반드시 필요한 것이 있는데 그것이 바로 질문의 기술이다. 다음엔 질문의 기술에 관해서 알아보도록 하자.

■ 질문의 기술

이번에는 대화에서 가장 중요한 부분이라고 할 수 있다. 질문은 모든 것을 열어주는 만능의 열쇠도 될 수 있고 파멸로 가는 열쇠도 될 수 있다. 이런 중요한 질문의 기술에 관해서 세 개의 장, 첫 번째, 왜 질문의 기술이 필요한가? 두 번째, 어떤 질문을 해야 하는가? 세 번째, 어떻게 질문을 해야 하는가로 나누어서 살펴보도록 하자.

▶ 왜 질문의 기술이 필요한가?

첫 번째로 가장 중요한 이유는 상대방이 원하는 정확한 목적을 묻기 위해서인데, 너무 당연해서 멍청한 이야기 같지만 질문에는 이것이 가장 중요하다. 우리가 너무 복잡한 사회 속에서 살다보니 현재 내가 상대하고 있는 사람이 하는 이야기의 의미를 정확하게 모를 수도 있다. 물론 모든 사람에게 모든 상황을 질문을 해댄다면 그것도 힘들 수 있겠지만 내가 말을 못 알아듣고 엉뚱한 짓을 하는 것보다는 훨씬 더 현명한 선택이 아닌가? 물론 연애를 하는 연인 사이에선 힘들어 할 수도 있지만 언제나 엉뚱한 대화를 하면서 살 수는 없다. 그래서 정확한 대화를 하기 위해선 정확한 질문을 통해서 의미를 확인하는 과정이 필수다. 이것은 설득, 협상, 거절 모든 대화의 기술 중에서도 가장 중요한 부분이다.

두 번째로 질문의 기술이 필요한 이유는 내가 궁금한 것을 파악하기 위해서인데, 〈지도를 보지 않는 여자 말을 듣지 않는 남자〉라는 책에서 보면 남자는 이상하게도 모르는 동네에 가서 지도를 보면서 스스로 길을 찾아가려고 한다. 모르면 물어보면 되는데 이상하게 물어보지 않고 찾아가려는 무모한 도전을 한다. 반대로 여성의 경우에는 길을 찾을 때 지도를 읽지 못해서 일단 사람을 붙잡고 물어보려고 하는 남자와 반대되는 습성이 있다고 한다. 그 이유는 바로 남자는 원시시대부터 사냥을 해서 방향감킥이 뛰어나서 지도를 잘 읽고, 그런 능력이 남성성이 있다고 생각하고 자랑하고 싶어하는데, 특히 여성이 옆에 있으면 더 안 물어본다고 한다. 반대로 여성의 경우에는 원시시대부터 아이를 키우고 목축을 하다 보니 방향감각이 없어 지도를 잘 읽지 못하게 되어서 그런다고 한다. 그런데 흥미로운 것은 그렇게 방향감각이 없는 여성들이 모르는 곳을 더 잘 찾아간다는 것이다. 즉 물어보는 것이 더 빠르다는 것이다. 인생을 산다는 것은 내가 모르는 곳에서 길을 찾아가는 것과 비슷하다. 아무리 뛰어난 능력이 있어도 경험이 있는 사람만큼의 지혜를 가질 수는 없다. 내가 모르는 것을 알고 인생의 수많은 문제를 해결하기 위해선 경험한 사람들에게 질문을 하면 지혜를 얻을 수 있게 된다. 이렇듯 질문을 통해서 원하는 곳에 도달할 수 있기 때문에 질문의 기술이 필요하다.

세 번째 상대방을 저항 없이 움직일 수 있는 방법이기 때문이다. 이것은 청유형에 해당하는 것으로 예를 들면, "이것 좀 해주실 수 있나요?"라는 형태의 말을 뜻한다. 만약 군대라면 장교가 사병에게 일을 시킬 때 "작업을 해라." "훈련을 하라."라고 명령하듯이 이야기할 수 있으나 사회에선 아무리 높은 직위의 사람일지라도 부드럽게 말을 하는 것이 좋다. 예를 들면 "작업 좀 해주시면 안 될까요?", "오늘만 부탁드리면 안 될까요?" 등등. 사실상 이것은 상대방에게 일을 시키는 말이지만 상대방이 듣는 어감은 전혀 다르기 때문이다. 그렇다고 해서 상대방에게 매여서 일을 시키는 것은 아니다. 자본주의 사회에선 돈을 지불하는 사람이 권력을 가지고 있고 굳이 억지로 일을 시킬 필요가 없기 때문에 말은 부드럽게 해도 결과는 결코 부드럽게 나지 않는다. 이것은 상대방을 저항 없이 움직이고 평판을 높일 수 있는 꼭 필요한 질문의 기술이다.

▶ 어떤 질문을 해야 하는가?

첫 번째로 상대방의 의도를 파악하는 질문을 해야 한다. 다른 말로 상대방이 나에게 말하고자 하는 것에 대한 질문을 해야만 한다. 의외로 상대방도 정확한 의도가 없이 이야기할 수도 있고 혹은 이야기를 하다가 잠깐 딴 생각을 하는 동안 왜 그런 이야기를 하는지 잊어버릴 수도 있기 때문이다. 마찬가지로 듣는 사람도 열심히 듣다가 잠깐 다른 생각을 하면 이야기를 놓치고 잊어버릴 수도 있기 때문이다.

"내가 어디까지 이야기했더라?"라고 말이다. 그런데 듣는 사람도 말하는 사람도 어디까지 이야기했는지 기억을 못하는 경우가 가끔씩 있다. 물론 중요한 이야기라면 그렇게 흘려듣지 않겠지만 상대방에게 내가 현재 이야기를 이해하고 있는지를 확실하게 물어보면서 듣는다면 이런 경우는 생기지 않는다. 게다가 상대방 역시 자신의 말에 경청을 하고 있다는 확신을 하고 말을 하게 되기 때문에 일단 상대방의 의도파악 질문이 매우 중요하다.

두 번째로는 구체적으로 필요한 질문만 해야 한다. 질문은 주로 내가 상대방으로부터 궁금한 것을 하게 된다. 상대방이 알고 있는 사실을 정확하게 파악하기 위해서 질문을 하는 것이다. 선생님이 학생에게 공부를 제대로 했는지 질문을 할 수도 있고, 반대로 학생이 선생님께 자신이 정확하게 모르는 사실을 질문할 수도 있다. 한쪽은 상대방의 지식의 상태가 궁금한 것이고, 반대쪽은 지식을 몰라서 묻는 것이다. 어떤 경우든 자신이 궁금한 것을 확인하기 위한 질문을 해야 하는데 여기서 중요한 것은 바로 구체적으로 질문을 준비해야 한다는 것이다. 질문이 정확하게 준비되지 않은 상태에선 질문의 방향이 엉뚱한 곳으로 갈 수도 있다. 따라서 질문을 준비할 때는 구체적, 종합적으로 대답을 들을 수 있는 질문을 메모 등을 통해서 준비했다가 꼭 필요한 시기에 질문하는 것이 좋다.

세 번째로는 상대방을 부드럽게 움직일 수 있는 질문을 해야 한다. 앞에서 말한 청유형처럼 상대방으로부터 진심으로 움직이거나 내재된 깨달음을 얻을 수 있도록 도와주기 위해선 질문을 부드럽게 다듬어서 이야기하는 것이 좋다. 같은 질문형이라고 해도 "내일까지 해라, 알았나?"라고 묻는 것과 "내일까지 해주시면 안 될까요?"라는 말은 어감에서 어마어마한 차이가 있다. 이처럼 질문에는 상대방을 부드럽게 움직일 수 있는 힘이 있지만 그 말을 어떻게 하느냐에 따라서 상대방이 받아들이는 느낌이 전혀 다를 수 있다.

▶ 어떻게 질문을 해야 하는가?
그렇다면 이런 질문들을 어떻게 해야 할까?

첫 번째로는 긍정의 답변이 나올 수 있는 질문부터 시작하는 것이 좋다. 어떤 경우든지 질문은 상대방의 마음의 문을 여는 첫 번째 단계다. 따라서 어려운 질문이나 대답하기 힘든 질문을 던지는 것은 대화를 위해서 좋지 않다. 쉽게 "yes"를 할 수 있는 질문을 통해서 상대방의 마음을 연 다음 그 다음에 천천히 상대방에게 필요한 질문으로 넘어가는 것이 중요하다. 예를 들어 아주 중요한 협상 자리에서 일상적으로 안부를 묻는 과정에서도 쉽게 이야기를 하면, "오늘 날씨가 좋지 않나요?" 혹은 "날씨가 너무 춥지 않나요?" 등 상대방이 동의할 수 있는 질문으로 시작하는 것이 쉽고 편하다. 처음부터 너무 딱딱하게 바로 본론으로 들어가는 것은 언제 어떤 경우에도 좋지 않다. 어차피 대화란 나누다가 결정을 하는 것이지 만약 결정된 사항을 통보하는 것이라면 대화를 할 필요 자체가 없기 때문이다.

두 번째는 상대방이 자신의 말을 충분히 할 수 있도록 질문하는 것이 좋다. 재판을 받을 때 변호사나 검사는 피고인을 향해서 "네, 아니오. 로만 답하시오."라고 이야기를 하는데 그 이유는 자세한 진실관계만을 밝히기 위해서다. 그런데 일상에선 그렇게 질문을 할 일은 별로 없다. 대부분의 경우 복잡하게 얽혀 있기 때문인데, 상대방이 어떤 문제에 대해서 자신이 이야기하고 싶은 부분이 있다면 더 이상 말할 수 없을 정도로 충분하게 답변할 수 있도록 질문하면 된다. 소크라테스의 산파론 같은 경우에도 상대방에게 충분히 설명할 시간을 주면서 그 자신 스스로의 오류를 찾을 수 있도록 함으로써 질문의 기술을 사용했다.

세 번째는 상대방의 이야기의 방향을 파악하면서 질문해야 한다.
상대방이 이야기할 때 그냥 자신이 궁금한 사항이라고 해서 이것저것 마구 물어보아선 안 된다. 어떤 사항이든 주제가 있을 것이고 그 주제에 관한 서론, 본론, 결론을 이야기하고 있는데 궁금하다고 해서 주제를 벗어나서 이것저것 마구 물어본다면 상대방이 자신의 말을 듣지 않는다고 짜증을 내지 않을까? 대화란 두 사람 이상이 같은 주제를 가지고 주고받으면서 이야기하는 것인데, 이때 질문은 대화의 새로운 물꼬를 트는 방식이다. 대화 안에서 한 가지 주제에 너무 많은 물꼬를 트다 보면 이상한 방향으로 갈 수밖에 없게 된다. 따라서 상대방과 내가 가는 방향을 파악하고 질문하는 것이 중요하다.

■ 칭찬의 기술
칭찬의 기술에 대해서 재미있는 예가 있어서 한 번 사례를 들어보면, 춘추전국시대에 왕들은 많은 식객을 거느리고 있었다. 그중에서 한 식객이 도저히 발탁이 될 것 같지 않자 한 가지 꾀를 낸다. 왕이 미색을 좋아했기 때문에 왕에게 세상에서 가장 아름다운 여인들을 데리고 오겠다고 보고를 한 것이다. 그러면서 노잣돈을 두둑하게 달라고 했다. 그러자 미색을 좋아하는 왕은 그에게 두둑한 노잣돈과 더불어서 경호원을 붙였다. 만약 거짓이면 죽이겠다는 뜻일 것이다.

그런데 그날 밤 식객한테 왕후에게서도 사람이 왔다. 왕후의 심부름 꾼은 식객에게 만약 왕이 준 노잣돈을 가지고 그냥 도망을 가면 더 많은 돈을 주겠다고 했다. 그렇게 도망을 갈 수도, 여자를 찾으러 갈 수도 없는 상황에 놓인 식객은 씩 웃었다. 그리고 그 다음날 출발을 하는데 왕에게 이렇게 이야기를 한다.

"폐하, 왕후를 뵈어야만 더 아름다운 여인을 데리고 올 수가 있으니 왕후를 한 번만 뵙게 해주십시오."

그리고 왕후를 만나자 왕에게 이렇게 말을 한다.

"소인을 죽여주십시오. 소인은 왕후께서 그렇게 아름다운 분이신 줄 몰랐습니다. 세상 어디에서도 더 아름다운 여인을 데리고 올 수 없을 것 같습니다."

그런데 이 말을 들은 왕은 옆에 왕후가 있으니 식객에게 벌을 줄 수가 없었다. 대신에 그의 뛰어난 아첨의 기술을 높이 사서 그를 참모로 썼다고 한다.

이처럼 칭찬은 호감의 기술 중에서 가장 많이 사용되는 기술이면서 동시에 가장 고난도의 테크닉이 필요한 기술인 것이다.

이러한 칭찬의 기술에 대해 다음 세 가지로 나누어서 살펴보기로 하자.

첫 번째, 왜 칭찬의 기술이 필요한가?

두 번째, 무엇을 칭찬해야 하는가?

세 번째, 어떻게 칭찬해야 하는가?

네 번째, 상대에 따른 칭찬의 방법

▶ 왜 칭찬의 기술이 필요한가?

우선 첫 번째로는 감정 중에서 공감의 기술이 가장 좋겠지만 공감의 여지가 전혀 없는 상대나 시간이 부족할 경우 칭찬을 하게 되면 상대방의 호감을 얻을 수 있기 때문이다. 즉 상대방에 대한 정보가 부족할 경우나 무조건 상대방의 호감을 얻어야만 하는 상황에서는 사용을 하면 좋은 감정을 얻을 수 있기 때문인데, 사람은 의외로 인간관계에 대해서 간단한 공식을 적용할 때가 많다. 그냥 자신에게 좋은 사람 혹은 나쁜 사람으로 나누어서 생각하는 경우가 많기 때문인데 나를 칭찬해 주는 사람은 내게 좋은 사람의 범주로 일단 넣어서 생각을 하는 경우가 많다. 일단 상대방의 호감을 통해서 좋은 사람의 범주 안에 들어가기만 하면 쉽게 상대방과 친해질 수 있다.

두 번째로는 모든 사람은 자신을 칭찬하는 사람에게 호감을 가지게 되어 있다. 그 이유는 바로 인간은 사회 속에서 자신의 명예나 권위를 올리려고 항상 노력하게 되어 있는데 그 욕망을 채워주는 행동이기 때문이다. 우리가 어려서부터 부모님이나 선생님에게 칭찬을 받기 위해서 열심히 공부를 하거나 심부름을 하던 것을 기억하면 쉬운데 어른이 되어서도 다르지 않은 것이 남자들의 경우 문제해결 능력이 곧 남성성의 증명이기 때문에 남자는 무엇을 물어보든 문제의 해결책에 대해서 고민을 한다. 그래서 여자들이 그냥 들어달라는 이야기를 못 들어주고 어떻게든 해결을 해주려고 노력하는 점 때문에 문제가 생기기도 한다. 여성의 경우에도 육아나 가정살림에 관한 문제해결 능력이 높은 여성이 인기가 많다고 한다. 상대방이 필요한 정보를 많이 가진 사람으로 인정을 받음으로써 자신의 가치가 올라가기 때문이다.

세 번째로는 칭찬을 통해서 상대방의 긍정적인 면을 파악할 수 있다.

비록 상대방의 호감을 얻기 위한 목적으로 상대방에 대한 칭찬을 시작했다고 하더라도, 무조건 말도 안 되는 상대의 행동을 칭찬할 수는 없다. 일단 객관적으로 판단을 할 때 상대방의 행동이 칭찬받을 만한 행동인지 찾아야만 한다. 그 다음 그 칭찬할 만한 행동을 찾아야 하기 때문에 이 과정에서 상대방의 긍정적인 면을 파악하게 되고 상대방을 공감할 수 있는 기본이 마련되기 때문이다. 저자도 이 경우를 많이 당하게 되는데 누군가의 호감을 이끌어 내려고 칭찬할 만한 것을 찾아도, 찾아도 없을 경우에는 도저히 설득할 수 없는 사람을 본 적이 있다. 그런데 책을 읽고 공부를 하다 보니 내 마음이 그 사람에게 닫혀 있어서 그렇다는 사실을 알게 되었다. 그래서 "칭찬할 수 없는 사람은 설득할 수도 없다."는 점을 알아야만 한다.

▶ 무엇을 칭찬해야 하는가?

그렇다면 무엇을 칭찬하는 것이 좋을까? 첫 번째로는 상대방의 칭찬받고자 하는 부분을 칭찬하는 것이 좋다. 두 번째로는 그 사람이 이루어 놓은 성과를 칭찬하는 것이 좋으며, 그리고 세 번째로는 상대방이 생각지도 못한 그 사람의 면을 칭찬하면 된다.

첫 번째로 상대방이 칭찬받고자 하는 부분이라는 것은 대부분의 사람들이 잘하려고 노력하는 부분을 칭찬하면 된다. 열심히 공부하는 학생에게는 공부를 잘한다는 칭찬을 하면 된다. 만약 성적이 좋지 않더라도 열심히 하는 과정 자체를 칭찬하면 좋다. 마찬가지로 누군가가 자신이 노력하는 부분이 아무도 알아주지 않는데 그 노력을 칭찬하면 그 효과는 배가 된다. 그 사람은 나름대로 그 분야에 대해서 자신의 성공을 예상하고 노력을 하고 있기 때문이다.

두 번째로 그 사람이 이루어 놓은 성과를 칭찬해 주면 된다. 이것은 주로 성공한 사람들에게 이야기를 하면 좋은데, 특히 어려운 과정을 거쳐서 성공한 사람들의 경우에는 이러한 칭찬이 굉장한 훈장처럼 들리기 때문이다. 그래서 많은 사람들이 그런 사람들을 모델로 삼고 성공하라고 이야기하는 것이다. 일단 성공한 사람에게는 눈앞에 보이는 성과들이 많기 때문에 그중에서 큰 것들만 골라서 칭찬을 하다 보면 쉽게 호감을 가지게 된다.

그렇다고 해서 성공하지 못한 사람들은 성과가 없느냐? 그렇지는 않다. 모든 사람은 자신의 인생을 최선을 다해서 살기 때문에 그 최선의 성과들을 칭찬해 주면 누구라도 호감을 가지게 된다.

세 번째로는 상대방이 생각지도 못한 면을 칭찬하면 효과가 아주 크다. 예를 들면 내가 잘 못하지만 상대방은 잘하는 것을 칭찬하는 것이다. 상대방은 일상적으로 하는 일이라서 별로 의식하지 못하지만 내 입장에선 대단해 보이는 것으로 칭찬을 하는 것이다. 그래서 여자들이 남자들한테 자신들이 할 수 없는 육체적으로 힘든 일을 시키고 칭찬하는 것과 반대로 남자들이 할 수 없는 꼼꼼한 일을 여자들이 하는 것을 보고선 칭찬을 하는 방식인 것이다. 물론 이것은 상대방에 대한 분석을 엄청나게 한 후에만 가능한데, 그냥 칭찬을 해선 효과가 별로 없을 사람에게 사용하면 효과가 좋다. 재미있게도 칭찬을 받는 상대방역시 자신의 생각지도 못한 면을 보면서 "상대방이 나에게 관심이 깊구나."라는 생각을 통해서 호감을 가지게 되어 있다.

▶ 어떻게 칭찬해야 하는가?

그렇다면 어떻게 칭찬을 해야 효과가 클까?

첫 번째로는 상대방에 대해서 진짜로 관심을 가지고 관찰을 해서 진짜 장점을 찾아서 칭찬을 해야만 한다. 칭찬의 기술이라고 하니까 그냥 무조건 아무거나 칭찬하면 상대가 좋아할 것이라고 착각하면 곤란하다. 그래서 앞에서 무엇을 칭찬해야 하는가에 대해서 설명한 것이고 그 장점이라는 것은 주관적인 것이 아니라 객관적으로 상대방이 받아들일 수 있는 것이어야만 한다는 점이다.

두 번째로는 구체적으로 디테일하게 칭찬을 해야만 한다. 상대방이 업무 능력이 뛰어나면 뛰어난 업무 능력이 어떻게 뛰어난지 또는 그 업무능력을 가지기 위해서 어떤 노력을 했는지 등에 대해서 정확하게 칭찬을 해야 한다는 것이다. 또한 어떤 사람이 나이가 들어서 많은 돈을 벌고 업적을 남겼다면 구체적으로 어떤 어려운 상황에서 어떻게 뛰어난 수완을 발휘해서 그렇게 큰돈을 벌 수 있었는지를 칭찬해 주고 상대방은 그 칭찬에 대해서 엄청난 공감과 호감을 가지게 된다.

세 번째로는 상대방이 좋아하는 형태로 칭찬을 해야만 한다. 예를 들면, 학생이 좋은 성적을 받으면 학력우수상이라는 것을 학생들 앞에서 선생님이 수여하고 그리고 학생들에게 이 학생처럼 열심히 공부를 해서 좋은 성적을 내라고 격려를 한다. 이런 방식은 사회에서도 다르지 않은데, 회사에서도 뛰어난 업무성과를 낸 우수사원을 추천을 하고 그 우수사원을 회사원들 앞에서 보너스나 휴가 등을 주면서 칭찬을 하는 이유다.

그래서 그 사람이 많은 사람들 앞에서 뛰어난 능력이 있음을 널리 알림으로써 명예를 높여주는 것이기 때문에, 꼭 이렇게 상을 주거나 명예를 높여줄 필요는 없다. 대신에 그 사람이 좋아하는 형태로 칭찬을 해주면 높은 자리에 있는 사람들도 역시 그 마음에 호감을 가지고 좋아하게 된다.

▶ 상대에 따른 칭찬의 방법

남성의 경우에는 그 사람의 구체적인 업적에 관해서 칭찬을 한 다음 그 업적을 어떻게 이룩했는지에 대해서 칭찬을 하면 쉽게 얻을 수 있다. 예를 들어서 그 사람이 어떤 학위를 가지고 있는지, 아니면 타고 다니는 차가 무엇인지, 혹은 현재 돈은 얼마나 벌고 있는지 등 그 사람의 능력을 증명할 수 있는 것이 좋다. 재미있게도 이런 남자들에게 얼마나 아름다운 여성이 여자 친구인 것도 능력의 증명이 된다.

여성의 경우에는 그 사람의 능력보다는 외모를 칭찬하는 것이 좋다. 여성에게 아름다운 외모 자체가 남성의 권위나 능력만큼 중요하기 때문이다. 그래서 여성의 경우에 자신의 외모를 꾸미기 위해서 어떤 노력을 했는지 칭찬을 하면 효과가 좋은데 예를 들어 헤어스타일, 귀걸이, 옷, 손톱 등의 노력을 칭찬할 때 여성은 자신의 패션센스를 이해해 주는 사람의 마음에 쉽게 동화되어서 호감을 가지고 이야기를 하게 된다.

마지막으로 사회적 지위가 낮아서 힘든 사람들의 경우에는 얼마나 힘든 상황 속에서 분투를 하면서 열심히 살아가는지에 대해서 칭찬과 격려를 해주는 것이 반드시 필요하다. 이런 칭찬이 앞에서 사람들을 치켜세우는 칭찬보다 훨씬 더 많은 효과를 나타낸다는 사실을 잊어서는 안 된다. 사람은 자신이 노력한 일에 대한 칭찬을 항상 최고의 칭찬으로 받아들인다는 사실을 잊어서는 안 될 것이다.

● 부정적 감정의 기술

여기에서 불안, 분노, 슬픔의 감정의 기술에 관해서 세 가지로 나누어서 살펴보겠다.

첫 번째, 불안, 죄책감의 장에선 상호성의 법칙, 풋 인 더 도어, 풋 인 더 페이스

두 번째, 분노의 장에선 불평의 기술

세 번째, 슬픔의 장에선 동정심의 기술로 나누어서 분류를 해보았다.

■ 불안, 죄책감의 장

사람은 기본적으로 불안한 감정을 안고 살아간다. 또한 어떤 면에선 죄책감을 항상 가지고 있는데, 이것은 마치 우리가 행복한 감정과 불행한 감정을 같이 가지고 있는 것과 같지만, 이러한 기본적인 감정들을 이용해서 사람들을 설득하는 방법들이 있다.

우선 상호성의 법칙이라는 것이 있는데, 이것은 상대방을 빚진 상태로 만든 다음에 부탁을 하는 방식을 말하는 것이다. 사례를 복잡하게 들 것도 없이 앞에서 말한 미각의 기술에서도 부탁하는 사람이나 설득하는 사람이 식대를 내는 것처럼 상대방에게 빚을 지게 만듦으로서 자신이 가지고 있는 부탁을 할 때 쉽게 거절하지 못하도록 하는 방식이다. 이렇게 상대방의 호의에 대해서 항상 부채의식을 가지고 불안하게 만드는 것이다. 이 세상에는 공짜란 없다. 그래서 반드시 언젠가 대가를 치러야만 한다고 우리는 배우고 있는데 이렇게 이유 없는 호의를 받다보면 그 불안감을 채우기 위해서 보답을 하게 될 것이라는 점이 바로 상호성의 법칙의 핵심이다. 그래서 상호성의 법칙을 활용하는 설득의 달인들은 평소에 자신이 호의를 베풀면서 살아야지만 상대방에게 부채의식을 주어서 쉽게 설득을 하고, 누군가가 자신에게 베풀면 반드시 그만큼을 돌려주어서 자신의 심리적 부채를 만들지 않는다고 한다.

▶ 풋 인 더 페이스 기법

이것은 문을 닫으려고 할 때 얼굴을 밀어 넣어서 문을 닫지 못하게 하는 방법을 본떠서 만든 설득의 기법이다. 이 기법은 처음에는 일부러 들어주기 힘든 큰 부탁을 했다가 들어주지 않으면 줄여서 다른 부탁을 하는 방식으로 상대방이 문제를 해결해 주지 못했을 때 느끼는 죄책감을 이용하는 방식인데, 예를 들어서 친구에게 돈을 빌릴 때 이렇게 이야기하는 것이다. 만약 지금 당장 필요한 돈이 3만 원이라고 하면 친구한테 지금 당장 돈이 없어서 5만 원을 빌려달라고 이야기를 하는데 5만 원은 분명히 거절을 할 것이라는 것을 알고 있다. 그래서 다시 새로운 부탁을 하는데 이번에는 3만 원이라도 빌려달라고 말하는 것이다. 그러면 미안한 김에 3만 원은 빌려준다는 것인데, 이것이 실생활에서 의외로 많이 사용되고 있다. 특히 협상을 할 때 협상조건을 필요 이상으로 더 세게 내 놓은 다음 협상 시에 자신들의 조건에 맞추어서 협상을 할 때 많이 사용한다.

▶ 풋 인 더 도어 기법

이 경우에는 문을 닫기 전에 발을 들이 밀어서 상대방이 문을 닫을 수 없게끔 고정을 한 다음에 이야기를 하는 방식이다. 이 경우에는 풋 인 더 페이스와 반대로 조금씩 부탁의 크기를 늘려가는 방식인데, 이 경우에는 도박에 중독된 사람들의 사례에서 많이 볼 수 있다. 외국에선 카지노에 가는 공짜버스가 있는데, 그 공짜버스를 타면 그 안에서 쿠폰을 나누어 주는데 그 쿠폰을 가지고 가면 5달러짜리 칩을 공짜로 준다. 그리고 카지노 안에 들어가면 그 5달러짜리 칩으로 슬롯머신 한 게임을 할 수가 있다. 그래서 수백 달러까지 따서 돌아온 사람은 그곳에 중독이 되어서 결국 그 느낌을 잊지 못하고 모든 돈을 날리는 사람까지 나오게 되는 것이다. 반대로 처음부터 한 푼도 못 따고 돌아온 사람들은 다시는 안 가게 된다. 이처럼 조금씩 행운이라는 것에 중독되다 보면 결국 도박 중독자가 되는 것처럼 우리가 생각하는 것보다 조금씩 부탁을 해서 늘리는 방식의 중독의 기술은 많이 있다.

사실 생각해 보면 신용카드도 처음에는 한 장만 만들어서 사용해 보라고 시작을 하지만 나중에는 TV 살 때 할인받으려고, 또 자동차 살 때 만들다 보면 그 한도까지 다 써서 결국 파산하는 사람들 역시 이 기법에 조금씩 중독이 돼서 그런 결과까지 가게 되는 것이다.

■ 불평의 기술

이 장은 사실상 어떻게 분노하는 것이 좋은지에 대해서 설명하고 있다. 그래서 어떻게 불평을 해야 되는지에 대해서 자세하게 설명을 하고 있다. 우선 분노라는 감정에 대해서 정확하게 알아야만 한다. 분노라는 감정을 다른 말로 하면 화라고 할 수 있다. 이 화라는 감정은 마치 불과 같기 때문에 일단 번지면 막을 수가 없다. 그래서 모든 것을 태우고 자신마저 태워버리기 때문에 화를 내어선 문제를 해결할 수 없다. 그래서 제대로 불평하는 기술이 필요한데, 여기선 왜 불평의 기술이 왜 필요한지 알아보고, 다음에는 무엇을 불평해야 하는지, 그리고 어떻게 불평해야 하는지를 알아보고, 마지막으로 화를 참는 3단계를 알아보도록 하자.

▶ 왜 불평의 기술이 필요한가?

왜 불평의 기술이 필요할까? 가장 먼저 생각할 수 있는 이유는 바로 갈등 없는 인간관계는 존재하지 않기 때문이다. 가장 사랑해서 결혼했던 남녀가 이혼을 하게 되면 세상에서 둘도 없는 원수가 된다. 그런데 그렇게 사랑해서 결혼까지 했던 사람들이 왜 이혼을 하고 원수가 되었을까? 이것은 욕망의 이론으로 생각하면 쉽다. 앞에서 인간을 포함한 모든 생물을 생존과 번식을 기초로 살아간다고 이야기를 했다. 그래서 태어났기 때문에 생존 자체가 가장 중요한 이유가 되며, 영원히 살 수 없기에 번식을 한다고 이야기한 것을 기억할 것이다.

그 번식의 욕망의 이론을 여기에 적용하면, 남녀가 한눈에 반해서 결혼했을 때 우리는 사랑이라는 이름으로 포장을 하고 있지만 사실은 내 욕망을 채워줄 상대로 선택을 한 것이다. 남자는 유전적으로 뛰어난 아름다운 여자에게 자신의 아이를 낳아서 키워줄 사람이 필요하기 때문에 선택을 했으며, 여자도 자신의 아이를 키우는 동안 잘 돌봐줄 수 있는 경제적인 능력 있고 잘생긴 남자를 찾다보니 선택을 하게 된 것이다. 만약 남녀를 불문하고 직장도 없고 돈도 없는데, 아무 사람을 보여주고 사랑에 빠지라고 하면 아무도 사랑에 빠지지 않을 것이다. 즉 남녀 간의 사랑은 아주 이기적인 욕망의 방향이 일치해서 만난 사람들이 시간이 지나 자신의 욕망의 방향과 상대방의 욕망과 충돌하기 때문에 결국 싸우고 더 나아가선 원수가 되는 것이다.

인간은 이처럼 욕망하는 존재이기 때문에 그 욕망은 반드시 어느 지점에선가 충돌하게 되어 있다. 그 충돌을 중재하기 위해선 대화의 기술이 반드시 필요하며, 어느 시점에선 불만을 이야기함으로써 중재를 해야만 한다.

두 번째 이유는 불만을 참기만 하면 더 큰 화를 불러들이기 때문이다. 불평은 사람이 사는데 필요 없는 것이라고 생각하면서 사는 분들이 의외로 많다. 이런 분들이 진짜로 큰일을 내는 경우가 많은데, 미국에서 교내 총기 사건의 내용을 들여다보면 대부분 따돌림을 당하던 학생이 자신을 괴롭힌 아이들에게 복수하기 위해서 총기를 몰래 들여와 죽이다 보니 사건의 규모가 엄청나게 커지고 결국 자신이 자살을 하는 사건으로 끝나는 것을 볼 수가 있다. 눈앞의 화를 참아서 문제를 덮을 생각을 하지 말고 제대로 된 불평을 통해서 문제를 제기하고 해결하는 것이 문제를 제대로 해결하고 내가 원하는 결과를 얻을 수 있다.

세 번째 이유는 그렇다고 화만 내면 내가 원하는 결과를 얻을 수 없기 때문이다. 우리를 화나게 하는 사람들의 대부분은 나와 가까운 사람들인데 그 이유는 가깝기 때문에 더 많은 욕망의 충돌이 일어날 수밖에 없고, 그 욕망의 충돌이 잦을수록 더 많은 화를 낼 수밖에 없기 때문이다. 그런데 처음에 한두 번 정도는 화를 내서 상대를 제압할 수는 있을지 몰라도 내가 원하는 것을 얻을 수는 없다. 또한 상대가 나보다 권위가 높은 사람인 경우 내 생활이 점점 더 불편해질 수 있기 때문이다. 그래서 상대에게 제대로 된 불평을 통해서 상대방에게 내가 왜 이렇게 힘든지를 정확하게 이야기를 하고 상대방으로부터 내가 원하는 행동이나 협상의 결과를 얻을 수 있도록 할 때 비로소 제대로 된 인간관계가 형성될 수 있다.

▶ 무엇을 불평해야 하는가?

그렇다면 무엇을 불평해야 할까?

첫째, 내 권위가 침해당하거나 침해당할 위험에 처할 때

사람은 누구나 사회적인 지위에 따른 권위를 가지고 살아가게 되어 있다. 그런데 그 권위에 맞지 않는 대우를 받았을 때는 반드시 이야기를 해야 한다. 많은 소비자들이 물건을 쓰다가 잘못된 물건에 대해서 불평을 제기하면 기업은 그 불평을 받아들이고 고쳐주거나 교환을 해준다. 그래도 문제가 해결되지 않으면 기업은 잘못된 물건에 대해서 사과를 하고 환불 및 더 나아가선 피해보상까지 해주게 되어 있다. 물론 이런 경우는 많은 사람들이 불평을 할 경우지만 불평을 하지 않은 사람은 보상을 받을 수가 없다는 사실만 보더라도 내가 권위나 권리가 침해당한 것에 대해서 불만을 제대로 이야기해야 한다.

둘째, 내 몸이나 내 물건이 침해를 당할 때

내 몸이나 내 물건이 침해를 당했을 때도 역시 그 물건에 대해서 불평을 해야 한다. 만약 내 물건을 누군가가 망가뜨려도 아무 말도 하지 않는다면 그는 내 물건을 우습게 알 것이다. 그리고 물건의 가치가 많이 나간다면 반드시 피해보상에 대해서 이야기를 해야 한다. 또한 내 몸에 관한 문제도 마찬가지인데, 지하철에서 치한들이 여성을 고를 때 여러 번 터치를 해서 크게 반응하지 않는 여성을 더 노린다고 한다. 즉 자신의 몸에 대한 정확한 주장을 해야지만 상대방이 더 이상 건드리지 않는 것처럼 자신의 몸과 물건에 대해서 침해를 당할 때 정확한 불평을 하는 것이 필요하다.

셋째, 내 노력이나 성과가 무시당할 때

또 다른 눈에 보이지 않는 것들은 바로 노력이나 성과다. 대부분의 경우 노력하는 것은 별로 눈에 띄지 않기 때문에 무시되는 경우가 많다. 그러나 일정한 시간 동안 그 사람이 노력한 것에 대한 대가를 임금으로 치르는데 그 사람의 노력이나 성과에 대해선 반드시 인정을 해주어야 할 것이다. 만약 누군가가 내가 만들어 놓은 노력의 성과물을 무시한다면, 반드시 왜 그런 말을 하는지 이야기를 정확하게 들어보고, 그 사람의 주장을 꺾어놓는 것이 좋다. 그렇지 않으면 내가 평생을 바쳐서 만든 물건이나 시스템이 한 사람의 이상한 의견으로 무너져 내리는 현상이 생겨도 어떻게 복구할 수 없는 경우까지 생기기 때문이다.

무엇을 불평해야 하는지에 대해서 알아보았는데, 여기서 중요한 점은 무조건 이런 이야기를 들었다고 불평하지 말고 일단은 자신의 감정 상태를 파악한 후 상대방의 권위나 논리를 듣고 나서 거기에 맞는 불평을 해야 한다는 점을 잊어서는 안 된다.

▶ 어떻게 불평을 해야 하는가?
첫 번째로는 순간적인 화를 참아야만 한다. 두 번째로는 내가 화가 나는 이유와 불편한 이유를 정확하게 파악을 해야만 한다. 세 번째로는 상대방에게 내가 화가 나는 이유를 설명하고 시정을 요구해야 한다.

첫 번째로 순간적인 화를 참아야 하는 이유는 앞에서 말한 것처럼 감정 대 감정으로 번지기 때문이다. 그렇다면 어떻게 하면 순간적인 화를 참을 수 있을까? 가장 먼저 그 화가 나는 장소를 다른 사람에게 맡기고 피하는 것이 좋다. 그래야지만 그 순간의 화를 피할 수 있기 때문이다. 성질 급한 나무꾼 이야기를 예를 들어서 생각해 보자.

옛날에 성질 급한 나무꾼이 살았다. 그는 하도 성질이 급해서 사람들하고 싸움이 끊이지 않자 산속에 들어가서 산신령께 기도를 했다. 그러자 산신령이 나타나선 이렇게 대답을 했다.

"일단 화가 나면 일곱 발자국 뒤로 걸어가서 다시 보아라."

나무꾼은 그 말을 마음속에 새기고 집으로 돌아와서 자려고 이불을 들여다보았더니 발이 4개가 아닌가? 순간 아내가 바람을 핀다고 생각을 한 나무꾼은 도끼를 들어서 찍으려고 했다. 그런데 산신령의 말이 갑자기 생각이 났다. 그래서 일단 일곱 발자국 뒤로 걸어가서 다시 보았다. 그랬더니 장모님의 신발이 문 밖에 있는 것이 아닌가! 잠깐의 판단이 사람을 살린 것이었다. 이처럼 분노는 순간적인 감정으로 모든 것을 파괴할 수 있기 때문에 위험한 것이지만 문제는 사람은 이것을 알고서도 분노라는 감정을 제어하기 힘들기 때문에 시간이라는 도구로 분노를 가라앉힐 수 있도록 해야 한다는 것이다. 일단 화가 나면 그 자리를 피하는 지혜를 발휘하는 것이 가장 중요하다.

두 번째로는 화가 나는 이유와 내가 불편한 이유에 대해서 정확한 분석을 해야만 한다. 과거에 방송에서 이영자씨의 집을 촬영하는 일이 있었는데 그곳에서 이영자씨가 남자하고 주먹다짐을 하는 일이 생긴 적이 있었다고 한다. 그 이유는 그 집에 일급장애인 조카가 있었는데 그 조카를 방송에 내보내지 않으려고 조심했는데 촬영기사 중에 한 명이 몰래 찍었던 것이다. 그런데 결국 화를 내서 싸우게 되었다는 것이다. 그래서 처음에는 자신이 조카를 지켜주려고 그랬던 것인데 나중에 생각을 해보니 자신이 조카가 부끄러워서 그랬다는 사실을 알게 되었다는 이야기를 했다. 이처럼 사람은 자신의 약점이나 감추고 싶은 사실이 드러나면 화를 내게 되어 있다. 사실 생각해 보면 그것이 그렇게 화를 낼 만한 일이 아님에도 당황하다 보면 순간적으로 화를 낼 수 있는 것이다. 화를 일단 참은 다음에는 내가 화를 왜 내는지에 대해서 정확하게 분석을 하면 상대방에게 이야기할 것이 준비될 것이다.

세 번째는 정확하게 책임질 수 있는 상대를 찾아서 정확한 방법으로 왜 내가 화가 나는지를 설명하고 시정을 요구하는 것이다. 앞에서 이미 권위, 감정, 논리의 방법을 다 같이 사용하는 것인데, 예를 들어 물건을 샀는데 하자가 있어서 바꾸러 갔는데 바꾸어 준다고 해놓고선 매장에서 연락이 없을 때 무조건 매장에 찾아가서 점원을 붙잡고 화를 낸다고 해서 내가 원하는 물건을 다시 구하기는 어렵다. 왜냐하면 그 점원은 내용을 모르고 있을 확률이 높기 때문이다. 따라서 이런 경우 그 매장의 책임을 지고 있는 점장이나 그 물건을 바꾸어준다고 답변을 한 직원을 찾아서 왜 이렇게 물건을 구하기가 어렵냐는 이야기를 하고 만약 더 이상

늦어질 시에는 소비자 고발센터에 신고를 해서 피해보상을 받겠다고 한다면 보다 쉽게 상대방으로부터 빠른 서비스를 받을 수가 있다. 즉 무작정 어떤 일이 벌어졌다고 상대방에게 화를 내는 것보다 빠른 길은 일단 누구에게 어떻게 이야기를 해야 하는지를 판단한 후에 상대방에게 불평을 하는 것이 가장 빠른 길일 것이다.

▶ 화를 넘기는 3단계

이 장에선 화를 참는 게 가장 중요한데, 중요한 화를 참는 3단계를 소개한다.

우선 화를 참는 첫 번째 단계는 앞에서 말한 것처럼 화가 나는 그 장소에서 벗어나는 것이 무엇보다 중요하다. 만약 누군가와 대화하는 도중에 대화가 원활하게 진행되지 못하고 내가 화를 조절하지 못한다고 판단되는 순간 일단 그 자리를 벗어나서 다른 사람에게 맡기거나 화를 가라앉힌 다음에 이야기하는 것이 좋다. 이렇게 피해야 하는 이유는 바로 화라는 감정은 어떤 목표를 향하기 마련인데 자리를 피하면 눈앞에서 당장의 목표가 사라지게 되고 화를 가라앉힐 수 있는 여유를 찾을 수 있기 때문이다. 또한 감정은 아무리 내가 조절하고 싶다고 해도 쉽게 조절이 되는 것이 아닐 뿐 아니라 화 같은 감정은 한번 터트리고 나면 후회를 많이 하는 감정이기 때문에 반드시 이 부분을 지키는 것이 매우 중요하다.

두 번째로는 내 분노의 감정을 이해해 주는 사람에게 이야기를 하는 것이다. 우리가 화가 나는 이유는 우리가 무시를 당하거나 내가 부끄러워하는 것을 남들이 알게 되었을 때 화가 난다. 그래서 우리는 큰일에는 침묵하지만 사소한 일에는 목숨을 걸고 화를 내게 되는 것이다. 그런데 순간의 화를 넘겼다 하더라도 그 화를 마음속에 담고 살다 보면 어느 순간 그 기억이 나를 끊임없이 괴롭히게 되어 있다. 그리고 그 기억이 기어이 더 큰 화를 부르게 된다. 그렇다고 스트레스를 해소한다고 다른 사람을 괴롭히거나 물건을 부수면 몸과 내 마음이 더 상할 수가 있다. 그리고 그렇게 스트레스를 해소하는 사람의 경우 극한 상황에서 사람을 공격하는 버릇이 나온다고 한다. 항상 그런 식으로 마음의 위기를 넘겼기 때문인데, 화를 부드럽게 다독여서 내 안에 놓아야 한다. 그렇게 다독이기 위해선 일단 나의 분노를 무조건 이해해 주는 사람에게 가서 이야기를 해야만 한다. 그래서 수많은 종교에서 종교의 지도자들이 듣기를 통해서 사람의 마음을 움직이는 것이다.

세 번째로는 나를 화나게 한 사람을 용서해야만 한다. 정말로 어려운 이야기가 아닐 수 없다. 특히 화가 난 당시에는 절대로 그 사람을 용서할 수 없을 것만 같지만, 이 용서라는 것은 그 사람을 위해서만 하는 것이 아니라, 나를 위해서 하는 것이다. 〈멈추면 비로소 보이는 것들〉이라는 혜민스님의 책에 이런 말이 나온다.

"이 세상 모든 사람이 나를 좋아해 줄 필요는 없다는 깨달음입니다. 내가 이 세상 모든 사람을 좋아하지 않는데 어떻게 이 세상 모든 사람들이 나를 좋아해 줄 수 있을까요? 그런데 우리는 누군가가 싫어한다는 사실에 얼마나 가슴 아파하나요? 사실 누군가가 나를 싫어한다면 그건 그 사람의 문제지 내 문제는 아니지 않나요?"

이처럼 누군가를 사랑하는 마음이 기쁨인 것처럼 누군가에게 분노하는 감정은 나에게 괴로움이다. 그 사람을 영원히 용서하지 못하면 나는 영원히 괴로움 속에 살아가야 하기 때문에 그 사람을 용서할 때 본인도 그 분노의 괴로움 속에서 벗어날 수가 있게 된다. 물론 당장은 안 된다. 시간이 지나고 많은 생각을 하고 많은 경험을 한 후에 저절로 잊히는 것을 있는 그대로 받아들이면 보다 쉽게 용서를 할 수 있게 된다.

■ 동정심의 기술(연민의 감정)

동정심의 기술에 들어가기에 앞서서 한 가지 동정심의 사례를 보자.

'연가시'라는 영화가 있었는데, 사람 몸에 들어가선 사람을 물 속으로 뛰어들게 만들어서 죽게 만든 후 자신들의 유충을 전파하는 이야기를 끔찍하게 본 적이 있다. 그런데 물론 이 영화에서 나온 연가시는 곤충에게만 그런 일을 시키지만, 실제로 사람에게 이런 명령을 내리는 촌충이 있다. 갈고리촌충이라고 들어본 적이 있는가? 이 곤충은 이 세상에서 가장 위험한 촌충으로 알려져 있다. 왜 그렇게 위험할까? 우선 이 촌충의 유충은 물 속에서 살고 있는데, 사람들이 물을 마시거나 씻을 때 사람의 몸 속으로 들어가서 몸 안 여기저기에 알을 낳고 기생한다. 문제는 이 촌충이 성충이 되어서 알을 낳게 될 때 발생한다. 갈고리촌충에게 감염된 사람의 경우 발이 불에 타는 듯한 느낌을 받게 되는데 신기하게도 물 속에 발을 담그면 그 통증이 사라진다고 한다. 사실은 이때 성충이 수천 개의 알을 물 속에 낳게 되고 그 물을 마시거나 씻는 사람은 다시 감염이 되는 것이다. 그래서 엄청난 속도로 전파를 하게 된다고 하는데 현대로선 이 촌충을 약으로 잡을 수가 없다. 그럼 갈고리촌충을 구제하는 방법은 없을까? 현재로서 유일한 방법은 일단 촌충 때문에 물에 감염된 사람을 붙잡고선 발에 물을 조금씩 묻혀서 조금씩 돌돌 말아서 끄집어내는 것이다. 촌충의 길이가 10m에 이르기 때문에 만약 중간에 끊어지면 사람 몸 속에서 수천 개의 알이 터져 감염되어서 실명에서 사망에 이르기까지 끔찍한 결과를 가져온다. 지구촌 곳곳에 식수난으로 고생하는 이들에게 깨끗한 물만 있다면 이런 촌충에 감염되지 않을 텐데 우리가 지금 쓰고 있는 수돗물의 원가가 1톤에 천 원 정도 한다는 사실을 안다면 그들을 도울 수 있는 생각을 하게 될 것이다. 물론 이런 곳에서 사용되는 물의 경우 정제를 하거나 운송비용까지 하면 훨씬 더 비싸지겠지만 세계보건기구에서 1인당 최소 물 사용량이 20리터인 것을 감안할 때 우리가 쓰는 천 원의 물의 양에 한 달 동안 두 사람 정도가 쓸 수 있다고 한다. 당신은 이들을 위해서 한 달에 천 원을 지원해 줄 수 있는가?

사실 돌려서 말해서 그렇지 한 달에 천 원만 지원해 주면 좋은 일에 쓰겠다는 이야기를 엄청난 사례를 들어서 설명을 한 것이다. 여기서 우리는 동정심의 기술을 사용한 것을 알 수 있다. 그럼 이런 동정심의 기술을 세 가지로 나누어 보았다.

첫 번째, 동정심 유발 기술의 필요성
두 번째, 동정심의 유발 방법
세 번째, 동정심 유발시 대화법

▶ 동정심 유발 기술의 필요성

첫 번째로 세상에 무슨 일이 벌어질지 알 수가 없기 때문이다.

책 중에서 노숙자에 관련된 책들이 있어서 읽어보게 되었는데 처음에는 충격을 받았다. 노숙자의 대부분이 고학력자들에 잘나가던 중소기업 사장이었거나, 대기업의 과장, 부장이었던 사람이었기 때문이다. 그래서 그들이 왜 노숙자가 되었나 알아보았는데, 원래 열심히 공부해서 사회에 좋은 직장이나 좋은 기업을 만들었던 사람들이었다. 그들은 열심히 일을 했고 사회가 발전할 동안에는 좋았다. 그런데 어느 날인가 엄청난 불황이 휩쓸고 지나가자 그만 기업은 부도가 났고, 기업은 퇴출시켜 버렸다. 그들은 가장이었고, 처자식으로부터 사정을 이야기하고 동정받기를 거부했다. 그래서 그들은 길거리에서 직장이나 사업을 찾아다니면서 돌아다니기 시작하다가 돈이 떨어지니까 그만 노숙을 하게 된다. 처음에는 오늘만 밖에서 자고 내일은 집에 들어가자 라고 생각을 한다. 그러고 나서 다음날 아침 다른 노숙자들이 줄지어서 어디론가 가자 같이 따라간다. 거기에는 공짜로 밥을 주고 있다. 일단 그 공짜 밥을 먹고 나서부터 사람이 바뀌기 시작한다. 일을 하지 않아도 밥을 먹을 수 있다는 심리가 작용한 것이다. 그리고 오늘 하루만 더 밖에서 자고 밥을 먹고 내일 들어가자 라는 생각을 하루 이틀 하다가 그만 1년, 2년이 지나서 그냥 노숙자로 전락해서 아무것도 못하는 사람이 되어가는 것이다.

이런 사람들의 가장 큰 문제는 자신들의 문제를 솔직하게 말하지 못하고 부끄럽게 생각해서 동정을 받으려고 하지 않는다는 점이다. 모든 사람은 권위가 있지만, 나름대로 높은 권위에 있던 사람은 자신의 옛날을 잊지 못하고 그 권위의 기억에만 매달리다가 그만 추락하게 되고 만 것이다. 애초에 자신이 회사에서 잘렸다, 아니면 회사가 부도가 나서 모든 것이 힘들다고 가족들에게 알리고 현재 상황에서 할 수 있는 일을 했다면 그렇게까지 추락하지는 않았을 것이다. 이처럼 동정심 유발의 필요성을 첫 번째로 들자면 우선 우리가 세상을 살면서 무슨 일이 벌어질지 알 수 없기 때문이다. 누구나 사고를 겪으면 장애인이 될 수 있으며, 누구나 불가항력적인 일로 인생이 무너져 내릴 수 있다는 사실을 알아야 하고 우리는 동정을 하고 받는 것에 거부감이 없어야만 한다.

두 번째로는 우리 사회는 불쌍한 사람을 법적으로 도덕적으로 돕게 되어 있다. 측은지심이라고 할 수 있는데, 우리가 약한 사람을 도우려고 하는 감정이 태어나면서부터 가지고 있는 것도 사실이지만, 사회적으로도 사회적 약자는 도와야 한다고 교육을 받고 있다. 그래서 길거리에서 다친 사람을 보면 도와주어야 한다고 배웠고, 이와 관련된 법도 있는데. 착한 사마리안 법이라고 한다. 전 프로야구 선수 임수혁이 제대로 응급처치를 받지 못해 식물인간이 된 것이 화두가 되었다. 대한민국 국회에서도 2008년 5월 23일 선한 사마리아인법의 취지를 수용하여 본회의에서 응급의료법 개정안을 통과시켰다. 그러나 대한민국의 선한 사마리아인 법의 경우, 외면에 대한 처벌 규정은 없고 선한 취지의 행위를 장려하기 위한 면책규정이라는 점에서 다른 나라의 법과는 차이가 있다. 영국 같은 경우 영국의 황태자비 다이애나 비가 교통사고를 당했을 때 도와주지 않고 사진만 찍은 파파라치가 이 법에 의해 처벌을 받았다.

이처럼 도덕적으로 법적으로 약한 사람을 돕게 되어 있기 때문에 만약 자신의 처한 상황이 위태롭다면 자신의 상황을 충분히 알려서 다른 사람으로부터 도움을 받아서 자신의 상황을 반전할 수 있는 기회로 삼아야만 한다. 오죽하면 거대한 재벌의 회장들이 법적 책임을 받을 때 약속이나 한 듯이 휠체어에 링거를 맞으면서 재판장에 등장할까? 이처럼 힘 있는 사람들조차 자신들의 사정을 어렵다고 어필하기 때문에 동정심을 유발하는 기술은 생존의 기술로서 반드시 필요하다.

세 번째 필요성은 바로 사회적 위치가 낮은 사람의 마지막 생존수단이기 때문이다.

요즘 사회적기업이 많이 생겨나고 있다. 사회적기업이란 이익을 우선으로 하는 것이 아니라 사회적 약자들을 돌보기 위해서 만들어진 것으로 일종의 복지의 민간버전이라고 할 수 있다. 사회적기업이 하는 일들 중에 몇몇 예를 보면, 도시락 배달이나 텐트배달 사업 등이 있다. 도시락 배달의 경우 혼자 사는 독거노인들이나 장애인들은 무료 식사를 제공하는 곳까지 와서 식사를 하고 돌아가는 것이 굉장히 힘들다. 그래서 도시락을 직접 집으로 배달하는 것인데, 국가에서 사람들을 직접 고용해서 하기 힘든 만큼 도시락을 배달하는 자원봉사원들이나 그들에게 돈을 주고 고용할 수 있는 사람을 모금을 통해서 하는 것이다. 텐트배달 사업 같은 경우에도 집의 난방이 너무 안 되서 추위에 떠는 사람들을 위해서 배달해 주는 서비스를 대행해 주는 것이다. 국민이 낸 세금으로 복지를 한다고 해도 분명히 복지사각지대가 생기기 마련인데, 이런 곳을 채워주는 것이 바로 사회적기업이다. 이러한 사회적기업들 역시 돈이 있어야 움직일 수 있다. 그들이 어떻게 돈을 모금할까? 동정심의 기술을 이용해서 홍보하고 그 모금을 통해서 사회의 약자들을 위해 좋은 일을 하는 것이다. 이렇게 동정심의 기술은 사회적으로 약자들이 할 수 있는 어찌 보면 마지막 생존수단이기 때문에 반드시 동정심의 기술을 알아야만 한다.

▶ 동정심 유발 방법

첫 번째로 동정심을 유발하기 위해선 공감의 기술이 필요하다. "원래 당신들처럼 편안하게 살았던 우리들이 어느 날 갑자기 재앙이 생겨서 이런 상태에 까지 왔다."라는 메시지를 전달하는 것이 중요하다. 처음부터 "못살았다." 혹은 "우리들은 원래부터 이렇게 살아왔던 민족이었다."라는 메시지가 전달이 되면 안 된다는 것이다. 우리가 아마존 강에서 사는 원시부족들을 보면서 문명의 혜택을 받지 못해서 힘들게 생활한다고 생각해 보자. 그런데 그들은 수천 년 동안 그렇게 살아왔는데 어느 날 갑자기 그들에게 문명의 혜택을 주어서 문명인처럼 살게 해주어야 한다고 메시지를 던지면 사람들은 공감하기 힘들다. 특히 우리는 우리가 느끼는 세상에 대해서만 이해하는 경우가 많기 때문에 우리가 이해하지 못하는 세상에 대해서 공감하려고 하지 않는다. 그래서 어떤 동정심을 유발할 때 "우리도 역시 당신들처럼 평화롭게 살고 있었다."라는 공감의 메시지를 던지는 것이 가장 중요하다.

두 번째로는 갑자기 찾아온 재앙과 그것을 혼자 힘으로 벗어나려는 노력을 보여주어야만 한다. 지구촌에는 항상 기상재앙이나 전쟁으로 많은 난민이 발생한다. 그래서 세계 월드비전에선 상시기구와 비상기구로 나누어서 사람들을 구재한다. 그중에서 기상재앙으로 모든 것이 파괴가 된 곳의 경우 광고가 이렇게 나온다.

"어느 날 갑자기 찾아온 재앙으로 모든 것을 잃어버린 사람들은 아무 것도 없기 때문에 자신들의 힘만으로는 아무것도 할 수가 없습니다. 이 런 사람들을 돕기 위해서 많은 자원봉사자들이 찾아가고 있지만 그들의 힘만으로는 부족합니다. 여러분이 나서야 할 때 입니다."

"외부의 재앙으로 어쩔 수 없이 자신들이 몰락을 했지만 현재 자신들 만의 힘으로는 그 불행의 굴레에서 벗어날 수 없다." 는 메시지를 던지 는 것이 중요하다.

세 번째는 도움을 주면 반드시 불행에서 벗어날 수 있다는 메시지다. 앞에서 이미 불행과 혼자 힘으로 벗어날 수 없다는 이야기를 했다. 그래 서 마지막에는 그러한 상황에 처했을 때 당신이 도와준다면 나는 분명 히 재기할 수 있을 것이라는 메시지가 필요하다. 모든 자선행위는 그 사 람에게 어떤 분명한 재기의 발판이 된다는 의미가 있을 때 사람들은 자 신의 자선을 투자라고 인식하고 하게 되어 있기 때문이다. 만약 그런 의 미가 없이 "그냥 도와주시면 조금 살아가는데 도움은 되지만, 결국은 벗 어날 수 없습니다."라는 메시지에 그친다면 많은 사람들이 도움을 꺼리 게 될 것이다. 이처럼 동정을 요청할 때도 분명한 메시지와 근거를 가지 고 이야기해야 한다.

▶ 동정심 유발시 대화법
동정심을 유발시킬 때 대화법에도 주의를 해야 한다.

첫 번째로 상대방의 위치와 능력을 높게 평가하는 것이 중요하다. 자 선이라는 것은 실질적으로 우월한 위치에 있는 사람이 낮은 사람에게 베푸는 것이 기본이다. 상대방에게 동정심을 바란다면 일단 상대방을 높은 위치에 올려놓아야지만 내가 동정을 받기가 쉽다. 상대방과 나를 같은 위치에 놓고선 바란다면 상대방은 쉽게 동정할 수 없을 것이다. 그런데 자신이 동정 받아야 할 위치에 있으면서도 그저 상대방을 예전에 내가 상대했던 사람이라고만 생각하고 했다간 필요한 부분의 도움도 받을 수 없게 된다.

두 번째는 도움을 받기 전에라도 상대방에 대한 감사 표시를 미리 하는 것이다. 영어로 치면 가정법인데, "만약 당신이 나를 도와주신다면 정말로 감사하겠습니다."라고 표현하는 것이다. 상대방에게 감사의 표시를 미리 함으로써 상대방의 마음을 움직이는 방법이다. 이 말은 나를 도와주지 않으면 감사하지 않고 도와주어야만 감사하다는 뜻을 품고 있어서 상대방이 일단 말을 들으면 일종의 부담감을 가질 수밖에 없기 때문에 움직일 확률이 높아진다.

세 번째는 도움을 받지 못하더라도 다른 사람 혹은 다른 방법이라도 알려달라고 부탁을 하는 것이다. 내가 아무리 도움을 청해도 상대방이 사정이 되지 않는다면 도울 수가 없다. 아무리 사이가 좋고 마음이 넓은 사람이라도 자신이 빚을 지고 가족이 위험에 처할 수 있는데도 불구하고 보증을 서고 돈을 빌려줄 수는 없다. 만약 그렇게 돈을 빌린다 하더라도 내가 만약 잘못돼서 갚을 수가 없게 된다면 그 사람하고는 영원한 원수가 되고 말 것이기 때문이다. 그래서 그 사람이 나를 도울 수 없다면 다른 사람이라도 알아봐 달라고 부탁을 하거나 다른 방법이 없는지에 대해서 알아봐 달라는 것이다.

예를 들어서 내가 보증을 받아야지만 은행에서 돈을 빌릴 수 있는데 아는 친한 친구한테 가서 사정을 해도 보증을 서줄 수가 없다고 하면 보증을 서줄 수 있는 다른 친구나 방법을 알아봐 달라고 부탁하는 것이다.

그래서 상호보증기금 같은 곳에서 돈을 빌리는 보증을 받거나 아니면 서민대출 업무 쪽에서 돈을 빌리는 방법에 대해서 알아봐 달라고 하는 것이다. 도움을 지금의 상대가 아니라 하더라도 다른 사람 다른 방법으로 알아봐야 내가 혼자 하는 것보다는 많은 도움을 찾을 수가 있기 때문인데, 실제로 많은 자선단체들은 큰 집단의 지원금보다도 이렇게 많은 사람들에게서 더 많은 지원을 받아서 활동을 한다.

논리의 설득의 기술

앞에서 무술의 3원칙이 힘, 속도, 기술이라고 했으며 그중에서 권위는 힘, 감정은 속도, 그리고 논리는 기술이라고 했는데, 논리를 많이 다듬으면 다듬을수록 강해지고 정교해진다. 이제 이러한 논리의 기술에 관해서 설명을 드릴 텐데 논리의 장은 3가지로 나누어서 전개한다.

첫 번째 왜 논리의 기술이 필요한가?
두 번째 논리의 3원칙
세 번째 논리의 설득의 기술들

1. 왜 논리의 기술이 필요한가?

왜 논리의 기술이 필요할까? 우선 수많은 이유들이 필요하겠지만 일단 이유를 알아보기에 앞서서 재미있는 사례를 한 가지 소개하겠다.

한 젊은 한의사가 은퇴한 대기업 임원의 딸과 결혼하기로 약속했다. 그런데 이 한의사의 어머니는 젊어서 혼자되었고 그래서 자신의 아들과 상대가 되는 여성에게 열쇠 3개를 해오라고 한 것이다. 여기서 열쇠 3개는 아파트, 병원, 자동차 키인데 이 이야기를 들은 장인이 될 사람이 화를 내면서 그런 전근대적인 집안에는 자신의 딸을 시집을 보낼 수 없다고 하였다. 그래서 어머니를 설득했으나 도저히 자신의 말이 통하지 않는 상황이었다. 게다가 이제 와서 열쇠 3개를 취소한다고 해도 이미 마음이 상한 장인의 마음을 돌릴 수 없을 것만 같았다. 자신의 어머니와 장인 될 사람 사이에 껴서 도저히 어떻게 할 수 없는 상황에 놓인 한의사는 주변의 결혼한 한의사의 선배들과 형수들을 찾아다니면서 조언을 얻고 방법을 상의했다. 분명히 자신과 비슷한 일을 겪은 사람들이 있었을 것이고, 그 문제를 상의한 결과 재미있고 분명한 논리를 얻게 되었고 그 논리를 완성해서 장인 될 사람을 찾아갔다.

무조건 그 집으로 찾아가선 큰절부터 하였다.

"제 어머님의 의도를 말씀드리고자 해서 이렇게 왔습니다."

"아니 열쇠 3개에 무슨 의도가 있나? 나는 내 딸을 돈까지 싸서 보내고 싶지 않네."

그 말을 들은 한의사는 기다렸다는 듯이 말을 하였다.

"그 열쇠 3개는 저를 위한 것이 아니라 따님과 외손자들을 위한 것들입니다."

"어째서 그런가?"

장인이 조금 의아한 눈빛으로 물었다.

"그 열쇠 3개는 집, 자동차, 병원입니다. 우선 첫 번째로 집은 내가 오래 머무는 곳이 아니라 따님과 외손자들이 오랫동안 거주할 곳입니다. 두 번째 자동차 역시 제가 타고 다니는 시간보다는 아이들을 태우고 다닐 일이 많을 것입니다. 끝으로 병원은 제가 의사이다 보니 돈을 벌어오는 공간입니다. 그 병원에서 벌어오는 돈으로 따님과 외손자들을 먹여 살려야 하지요. 그런 반면에 저는 의사입니다. 의사는 은퇴도 없이 죽을 때까지 일만 해야 합니다. 사실 의사를 만든 어머니보다 그 혜택을 보는 것은 따님과 외손자들이지 절대로 내가 혜택을 보는 것은 별로 없습니다."

이 말을 들은 장인은 보통사람 같으면 포기하거나 무조건 잘못했다고 할 텐데 이렇게 논리적으로 말하는 사윗감에게 탄복해서 열쇠 3개를 해 주었다고 한다. 아마도 장인 될 사람도 실제 의사들의 이야기를 확인해 보고 이런 결정을 내렸을 것이다.

첫 번째로 이처럼 논리는 권위도 통하지 않고 감정도 통하지 않는 상대에게 쓸 수 있는 마지막 수단이기 때문이다. 앞의 예에서 한의사는 장인에게도 자신의 어머니에게도 권위의 기술, 감정의 기술이 통하지 않는 상대였다. 그래서 마지막으로 논리의 기술로 설득한 것이다. 아리스토텔레스의 수사학에서 권위가 60%, 감정이 30%의 설득의 힘을 가지고 있다. 그러나 논리는 겨우 10%의 설득의 힘밖에 없지만 진실의 힘을 가지고 있다. 그래서 누군가를 설득할 때 내가 가진 권위로 그 사람을 설득할 수도 있지만, 상대방의 감정을 움직일 만한 능력이 없다고 해도 내가 가진 진실이 상대방의 마음을 움직일 수 있는 마지막 힘을 가지고 있다. 그 이유는 시간이 지나면 사람들은 그제야 진실을 깨닫기 때문인데, 링컨이 이런 말을 했다고 한다.

"모든 사람을 잠깐 속일 수는 있어도 영원히 속일 수는 없다."

두 번째로 나의 설득이 옳은지 점검해 보고 이야기해야 하기 때문이다.

만약 앞의 예에서 한의사가 자신이 생각해 보았을 때 자신의 주장이 말도 안 됐다면 이런 이야기를 할 수 있었을까? 많은 선배 의사들의 말을 듣고 나서 자신의 주장이 논리적으로 예측이 가능하다는 것을 판단한 것이다. 반대로 권위를 가지고 상대방에게 내 주장을 관철시킬 수 있다. 사실 역사상 많은 일들이 그런 식으로 진행되어 왔다. 서양에선 교황에 의해서 지배되었던 시기를 역사적 암흑기라고 한다. 한 예로 갈릴레오 갈릴레이는 지구가 돈다는 주장을 했지만 교황청의 권위에 눌려서 자신의 연구결과를 부정했다. 이처럼 권위를 가진 사람이 빠지기 쉬운 함정이 바로 비논리다. 내가 아무리 권위가 있어서 모두를 설득할 수 있다 하더라도 비논리적이라면 순간일 뿐 역사는 그 오류를 바로잡게 되어 있다. 이처럼 권위를 가진 사람일수록 내가 내세우는 논리의 정확성에 대해서 꼭 생각하고 설득을 해야 한다.

세 번째로 논리가 진실을 밝히는 최상의 방법이기 때문이다. 사람은 거짓말을 한다. 거짓말을 하는데 여러 가지 이유가 있을 수 있다. 가장 큰 이유는 자신의 이익을 위해선 상황에 따라서 얼마든지 거짓말을 할 수 있다. 그런데 그 거짓말이 더 큰 거짓말을 불러와선 더 많은 사람들이 다친 적이 역사적으로도 많았고, 현재도 이루어지고 있다. 그리고 또한 미래에도 이러한 일이 벌어질 것이다. 그러나 정확한 논리에 의해서 진실을 밝힐 수 있다. 권위도 감정도 사람을 설득하는 데는 논리보다 훨씬 더 강력하지만 권위나 감정은 진실을 밝히는 데 별로 도움이 되지 않는다. 도리어 그 권위와 감정의 기술에 취해서 진실을 덮을 수도 있다. 앞의 예에서 만약 한의사가 거짓말을 했다면 장인 될 사람은 감흥하지 않았을 것이다. 그러나 그는 진실을 말했고, 그 진실이 장인을 움직인 것처럼, 이처럼 논리란 진실을 밝히는 최고의 방법이다.

2. 논리의 3원칙

이런 논리에는 3원칙이 있다. 수많은 책 속에서 많은 논리적인 기술에 관해서 읽어보았다. 그런데 수많은 논리에는 세 가지 공통점이 있었다. 그것은 바로 객관적 근거, 검증된 과정, 높은 확률의 결과 예측이다.

우선 객관적 근거에서 객관이라는 말에 주목해야만 하는데, 객관이란 우리가 알고 있는 객관식, 주관식 문제의 객관이 아니라 다른 사람들의 눈으로 본 것이란 뜻이다. 즉 설득의 당사자인 나와 상대가 아닌 다른 모든 사람들이 보았을 때 같아야 한다는 것이다. 우리는 지구에서 살지만 지구의 진짜 모습을 볼 수가 없다. 지구를 벗어나야만 지구의 전체적인 모습을 볼 수가 있다. 마찬가지로 우리는 우리의 삶 속에 갇혀서 살기 때문에 우리의 문제를 진실 되게 볼 수가 없다. 그래서 객관적인 관점에서 우리의 문제를 볼 때 비로소 답을 찾을 수 있기 때문에 객관적인 근거가 굉장히 중요하다.

두 번째는 검증된 과정이다. 객관적 근거가 있다고 생각해 보자. 그런데 그 객관적 근거를 어떤 과정으로 알게 되었는지를 찾는 것이 바로 검증된 과정인 것이다. 예를 들어서 경찰이 함정수사를 통해서 범인을 끌어들이고, 불법으로 도청한 자료를 가지고 법정에 제출하게 되면 그 증거는 인정받을 수가 없다. 이처럼 아무리 객관적인 자료라 할지라도 과정을 검증하지 않으면 소용이 없다.

세 번째는 높은 확률의 결과 예측이다. 어떤 논리라 할지라도 모든 논리는 예측을 기본으로 하고 있다. 그래서 미래예측이나 과거를 유추할 때 많이 사용한다. 그런데 이것이 중요한 이유는 아무리 객관적인 근거와 검증된 과정이 있다고 할지라도, 예측 결과가 낮다면 아무 소용이 없다. 예를 들어 살인사건이 났는데 프로파일링을 통해서 면식범에 힘이 센 남자라고 알 수는 있지만 용의자가 너무 많아서 범인을 확정하는데 확률이 너무 낮다면 아무 소용이 없는 것과 마찬가지인 것이다.

● 객관적 근거

객관적 근거의 첫 번째 요소는 바로 녹음, 녹화, 사진, 증거 등 물질적인 자료들이어야 한다. 즉 사람의 오감으로 직접 보고, 듣고, 만지고, 맛보고, 냄새 맡을 수 있어야만 한다는 것이다.

두 번째는 역사적 기록, 법률상의 기록, 과학적 기록 등을 말한다. 즉 확실한 기록을 통해서 검증할 수 있어야만 한다.

세 번째는 통계학적 자료 및 과학적 공식이 완료된 사항을 말한다. 오감으로나 역사적 기록이 아닐지라도 이미 완성된 형태의 통계학적 자료 및 과학적 공식의 경우 객관적인 근거로서 누구에게나 증명이 가능해진다.

● 검증된 과정

어떤 객관적 증거라 하더라도 그 검증 과정이 투명하지 않으면 안 된다. 그래서 세 가지로 나누어서 살펴보겠다.

첫 번째로 과학적 검증이다. 물리학이나 화학적 법칙으로 설명될 수 있는 경우인데, 예를 들어서 살인사건이 났는데 살인사건의 용의자가 살인사건의 도구를 어떻게 사용해서 피해자를 살해했는지 증명하지 않으면 안 된다. 여기서 사용하는 것이 바로 과학적 검증인 것이다.

두 번째로는 통계학적 검증이다. 충분한 시간과 숫자를 가지고 많은 실험을 했을 때 나타나는 현상을 말하는 것이다. 성적이 좋은 학생은 IQ가 높다는 가정하에 실험을 한다고 했을 때 어차피 모든 학생들을 전수 실험을 할 수 없어서 일정한 실험집단을 대조집단과 분류하고 실험을 통해서 증명을 한다. 이때 필요한 것은 그 결과가 충분할 수 있을 만큼의 숫자와 극단적인 상황은 배제해야 한다는 것인데, 많은 설득의 기술에 극단적인 상황만 찾아서 이야기를 과장하는 경우가 많다.

세 번째는 법률로서 검증이 되어야만 한다. 즉 규칙이 검증되어야 한다는 것이다.

만약 운전을 하다가 사람을 치어서 죽였다고 가정해 보자. 법률상 살인죄를 지으면 최고 사형에서 무기징역까지 받을 수가 있지만, 특수한 경우에 그 죄를 경감시켜주는 특례법이 있다. 그중에 한 가지가 교통사고특례법이다. 운전 중 사람을 죽였다 할지라도, 합의가 된 사항에 대해서 보험을 든 사람의 경우 고의성이 인정되지 않을 때 그 죄를 가볍게 처벌한다는 조항이 있다. 이처럼 어떤 일을 처리할 때 법률로서 과정을 검증할 수 있어야만 한다.

● 높은 확률의 결과 예측 가능

이 부분은 논리적 설득의 가장 중요한 요소다. 앞에서 말한 객관적 근거와 검증된 과정은 사실상 필요조건일 뿐이고 실질적으로 설득의 가장 중요한 요소는 바로 높은 확률의 예측 가능성이다. 상대방에게 어떤 결과가 나올지를 미리 알려줌으로써 상대방의 생각을 바꾸기 때문이다. 논리적이지 않지만 설득적인 사례가 한 가지 있다. 그것은 바로 점쟁이들의 예언이다. 점쟁이들은 신의 계시다 혹은 주역으로 풀어서 답이 나왔다고 하지만 사실상 알 수는 없다. 점쟁이들만 그러는 것은 아니다. 주식시장에서 증권투자상담사 역시 마찬가지인데, 단 한 번도 주식이 떨어질 것이기 때문에 사지 말라고 이야기하는 사람을 본 적이 없다. 그런데 1998년에는 전체 주식이 절반까지 떨어지고, 2008년도에는 절반 이상이 떨어져서 거의 나라가 부도 직전까지 갔지만, 그것을 예상하고 주식을 팔라고 이야기한 사람은 없었다. 도리어 주식이 3000선까지 간다고 광고하고 다니는 사람들이 많았다. 저자도 그 말에 속아서 샀다가 후회를 한 막차 탄 사람 중에 한 사람이었다. 이렇게 논리적인 이야기의 마지막엔 항상 높은 확률의 결과 예측이 있기 때문에 반드시 앞에 있는 두 가지를 논리적으로 검증했는지를 확인한 후 결과 예측을 판단해야만 한다.

3. 논리의 설득의 기술

첫 번째로는 로우볼 테크닉이 있다. 이것은 쉬운 공을 던져준다는 뜻으로, 상대방에게 일단 이익이 되는 아주 쉬운 조건으로 접근하는 것을 말한다.

두 번째는 일관성의 법칙이다. 늘 하던 일은 어떤 경우에도 논리적인 근거가 되기 때문에 상대방을 설득하기가 쉽다는 법칙이다.

세 번째는 희귀성의 법칙인데, 희소성이 있는 물건은 항상 비싼 가격을 받아도 된다는 법칙을 이용한 기술이다.

이 세 가지 법칙의 기술들을 자세하게 살펴보자.

● 로우볼 테크닉

로우볼 테크닉은 당장의 이익을 주는 방법이다. 마트에서 최저가 할인세일을 하는 것과 또 신용카드의 혜택이나 포인트를 주는 서비스를 예로 들 수 있다. 이러한 방법들은 아무리 생각해도 이익이다. 당장 이익을 줌으로써 상대방으로부터 자신을 선택하게끔 만드는 방법이다.

이 방법을 사용하려면 상대방에게 이익이 되는 방법을 설명하는 것이 좋다. 그래서 상대방으로부터 일단의 승낙을 얻어내고 후에 이익을 도모하는 방식으로 진행하는 것이 좋다. 예를 들면 어떤 물건을 최저가로 팔다 보면 사람들이 그 집에서만 물건을 사기 때문에 주변 상가에선 그 물건을 취급하지 않게 된다. 그 뒤에 조금씩 물건의 값을 올려서 이익을 취하는 방식이다. 이 방식은 독과점 규제로 우리나라에서는 힘들지만 실제로 미국에선 월마트가 이 방식으로 시장을 거의 다 독점하다시피해서 세계에서 가장 큰 기업이 되었다. 이 방법은 논리적으로는 순간의 이익을 보장하기 때문에 논리적인 설득법이 될 수 있다.

● 일관성의 법칙

'일단 정해진 약속은 바꾸기가 힘들다.'라는 사람의 심리를 이용한 법칙이다. 간단한 몇 가지 사례를 보자. 왜 우리나라에선 남자의 성씨만을 자신의 아이들에게 주고 있을까? 왜 남자는 치마를 입으면 안 되고 여자는 치마하고 바지를 둘 다 입어도 될까? 관습으로 굳어져버린 아주 간단한 사례지만 대답하기는 힘들다. 이처럼 사회적 관습의 경우에는 오랜 시간이 지나야 바뀔 수가 있다. 개인적으로는 개개인의 신념이나 생각, 약속 같은 것도 마찬가지로 바뀌기가 정말 힘들다. 미국에선 총기 사고로 매년 11,000명 정도가 죽거나 다친다고 하지만 미국인 대부분은 이 숫자가 자동차사고나 계단에서 굴러 떨어지는 사람의 숫자보다 적다고 해서 총기 규제에 반대를 하고 대신 게임을 규제한다고 한다.

이처럼 개인의 신념이나 약속 역시 쉽게 바뀌지 않는다. 그래서 일단 상대방으로부터 어떻게든 약속을 얻어내면 바꾸기가 쉽지 않기 때문에 어떻게든 약속을 얻어내서 상대방을 움직이는 방법인 것이다. 사실상 한번 한 약속을 바꾸기에는 많은 노력이 필요하기 때문에 강력한 설득법이다. 이 방법의 경우 역시 약속이라는 객관적 근거를 통해서 상대방을 움직이기 때문에 논리적인 설득법이다.

● 희귀성의 법칙

'희귀한 물건은 항상 비싸다.'라는 논리적인 원칙을 통한 설득법인데, 많은 사람들이 금, 보석, 명품 등을 비싸게 사는 이유는 무엇이라고 생각하는가? 그것은 그 물건들이 희소성이 있기 때문인데, 우리가 가지고 있는 비싼 물건을 상대한테 팔 것도 아닌데 어떻게 이 방법을 쓸 수 있을까? 그것은 바로 시간, 공간, 자원을 한정해 버리면 된다.

홈쇼핑에선 항상 '매진임박', '현장판매세일', '다시 없는 기회' 등의 문구가 나올 때, 주부들의 가슴이 뛴다고 한다. 그리고 전화기를 붙잡고 어떻게든 사고 싶게 만든다고 하는데, 이처럼 상대방을 설득할 때 내가 할 수 있는 최선의 조건을 제시한 후 시한을 정해 버리는 것이다. 그러면 상대방은 그 시한 안에 어떻게든 선택을 하려고 노력하게 된다. 문제는 여기서 상대방에게 너무 많은 시간적 여유를 주어선 안 된다는 것인데, 사람은 내세운 조건보다 더 좋은 방법을 찾아낼 수가 있기 때문에, 상대방으로부터 생각할 여유를 주지 않기 위해서 우선 시간을 빼앗는 것이다. 또 한 가지 방법은 자신이 가지고 있는 공간과 자원을 한정해 버리면 상대방이 찾아오게 만들 수도 있다. 그래서 명품은 조금이라도 파손된 것은 모두 파기해버린다고 한다. 다른 물건들은 안 팔리면 반값에 넘기고 또 싸게 팔고 하지만 명품의 경우 수량을 한정해서 사람들로부터 가치를 인정받을 수 있기 때문이다. 이 방법 역시 소량의 물건으로 시간, 공간, 자원을 한정함으로써 객관적 근거를 확보한 논리적인 설득법이라고 할 수 있다.

여러분께서 만약 누군가를 설득하고 싶다면 지금까지의 순서대로 상대방에게 이야기를 한다면 분명히 설득에 성공할 수 있다고 생각한다. 그리고 설득만 알아서는 대화가 부족하다. 설득이 창이라면 거절이라는 방패도 반드시 필요하다. 그래서 다음 장에는 거절의 기술에 관해서 살펴보도록 하자.

Ⅱ 거절의 기술

대화에 있어서 거절이 중요하다고 생각한다. 왜냐하면 설득은 대화의 기술 중에서 창에 해당하지만 거절은 방패와도 같은 기술이기 때문이다. 그래서 상대방의 부탁이나 설득을 적절하게 거절하지 못하면 현재의 생활을 유지할 수 없게끔 만들어 버리기 때문인데, 그래서 저자가 처음에 쓴 책도 거절에 관한 책이었다.

대화의 상대가 어떤 타입인지 살피지 않고 말하는 사람은
상대방에게 거부를 당한다.
대화 상대가 어떤 마음 상태인지 살피지 않고 말하는 사람은
상대방에게 배척을 당한다.
귀곡자(鬼谷子)

거절의 기술

　거절의 기술에 들어가기에 앞서서 저자는 대화에 있어서 거절이 중요하다고 생각한다. 왜냐하면 설득은 대화의 기술 중에서 창에 해당하지만 거절은 방패와도 같은 기술이기 때문이다. 그래서 상대방의 부탁이나 설득을 적절하게 거절하지 못하면 현재의 생활을 유지할 수 없게끔 만들어 버리기 때문인데, 그래서 저자가 처음에 쓴 책도 거절에 관한 책이었다. 그럼 본격적으로 내용으로 들어가도록 하자.

　우선 이번 장에선 거절의 필요성과 왜 거절이 힘든가에 대해서 살펴보고, 거절시 주의 사항에는 어떤 것이 있는지 살펴볼 것이고 상황별 거절의 기술에 대해 알아보자.

거절의 기술의 필요성

거절의 필요성에 들어가기에 앞서서 거절하기 힘든 사례를 한 가지 소개하겠다. 이것은 법륜스님의 〈인생수업〉에서 나온 이야기다.

자식을 다 키운 노부부가 있었다. 자식이 어려서부터 키우다 보니 무슨 일을 해도 어린아이라고 생각하고 돌봐주었는데 세월이 많이 지나서 자식의 나이가 50이 넘었다. 어느 날 자식이 사업이 망하게 되었다면서 부도가 날 것 같다며 돈을 빌리러 와서 노부부는 부랴부랴 자식의 사업을 구하기 위해서 선산을 팔고, 빚을 얻어서 주었는데 결국 아들은 돈을 갚지 못하게 되었다. 그런데 문제는 선대 대대로 내려온 선산이 팔리고, 자신의 집까지 저당잡고 빌린 돈이다 보니 노부부가 생활을 할 수 없게 되어서 아들에게 빚 독촉을 하게 되었지만 도저히 갚을 수 없는 아들은 연락을 끊어버렸다는 답답한 이야기다. 결국 부모자식간이 원수지간이 되고 말았다고 한다.

이야기를 들은 법륜스님은 자식을 독립시키지 못한 본의의 과보가 그런 결과를 가지고 오게 되었다면서 안타까워하였다. 원래 사업하는 사람들은 돈을 빌릴 때 우선 1차금융, 그것이 안 되면 2차금융, 그리고 그것도 안 되면 사채까지 손을 대고, 그것조차도 빌릴 수 없을 때 일가친척을 찾게 된다고 한다. 다시 말해 갚을 수 없는 돈을 빌릴 때가 되어서

146

온 것이기 때문에 그때는 돈을 빌려주지 말고 파산을 하던지, 스스로 갚던지 해결하게 두었어야만 했다고 이야기를 한다. 그래서 자식은 성인이 되어서 결혼을 한 다음에는 일체의 손을 떼어야만 한다고 이야기를 해준다. 스스로 밥벌이를 할 수 있도록 해주는 것이 바로 부모 된 도리인데 그렇지 않으면 부족한 자식을 안타까워하면서 돌아가시면서도 걱정하게 될 거라고 한 이야기가 나온다. 저자는 이 이야기 속에서 거절의 필요성을 깨달을 수 있었다.

첫 번째 이유는 승낙은 쉬우나 거절은 어렵기 때문이다.

앞의 사례처럼 어려서부터 키운 자식을 완전하게 독립시키기 위해선 혼자 설 수 있도록 거절을 했어야 한다. 그런데 그것을 하지 못한 것이 문제다. 감정에 끌린다고, 또 안타깝다고 무조건 승낙을 해선 서로에게 더 나쁜 영향을 미칠 수밖에 없다. 돈을 갚을 수 없는 사람에게 빌려주면 돈도 잃고 사람도 잃게 된다는 사실을 알 수가 있다. 게다가 자식이라면 안 볼 수가 없기 때문에 더더욱 힘들어지게 된다. 또 다른 예를 들어보면 밤에 들어가서 야식을 먹는 것은 쉬우나 몸무게를 줄이기 위해서 다이어트를 하는 것은 힘들다. 또 카드를 할부로 써서 갖고 싶은 물건을 사는 것은 쉬우나 사고 싶은 것을 참는 것 또한 힘들다. 누군가가 부탁을 간곡하게 하면 승낙을 하면 마음이 편하기 때문에 쉽지만 막상 거절을 하려면 이런 저런 핑계를 대야만 하고 쉽지가 않다. 그래서 거절의 기술이 설득의 기술보다 어렵고 꼭 필요한 것이다.

두 번째 이유는 수많은 설득의 기술에 넘어가지 않기 위해서다.

앞에서 살펴본 설득의 기술 중에서 권위, 감정, 논리에 이르는 체계적이고 집요한 설득의 기술에 걸리면 웬만한 사람이라면 그곳에서 빠져나가기가 힘들다.

앞에서의 예에서도 알 수 있지만 부모자식간의 정에 끌려서 빌려주어서는 안 되는 돈을 선산을 팔고 돈을 억지로 빌려서 만들어서 갖다 주다 보니 결국 안 좋은 결과를 가져오게 된다. 그래서 우리가 카드를 쓰고 나서 후회를 하고, 부탁을 억지로 들어주고선 후회를 하며, 사람의 심리라는 것이 이렇게 약하기 때문에 정확한 설득의 기술에 대해서 파악을 하고 그 설득의 기술에 대항하는 법을 알아서 상대방에게 필요할 때 필요한 거절을 해야지만 내 생활과 가족들의 생활을 유지할 수 있다. 보증을 서다가 본인뿐만 아니라 가족들까지도 거리로 내몰리는 사람들이 얼마나 많은가? 보증서는 사람들은 그 보증을 자신이 믿을 수 있기 때문에 서주었다고는 한다. 사람은 상황에 따라서 얼마든지 약속을 어길 수 있는 존재임에도 불구하고 그 사람의 상황을 믿지 않고, 그 사람자체를 믿어서 더 큰 후회와 고통을 받게 되는 것임을 알게 되면 거절의 기술이 얼마나 필요한지 알 수 있다.

세 번째 이유는 모든 인간관계의 기본은 거절이기 때문이다.

이 말은 〈나는 죽을 때까지 재미있게 살고 싶다〉라는 책에서 나온 이야기다. 책 속에선 "거절할 수 없는 인간관계는 유지될 수가 없다."라는 이야기를 한다. 그래서 사람은 자신이 싫은 것을 거절할 수 있을 때 자유로울 수 있다. 사람이 인간관계 속에서 갈등하는 이유는 모든 사람이 욕망하고 있기 때문이고 그 욕망에 충돌이 일어나면 갈등이 발생할 수밖에 없다. 그런데 거절을 못하는 사람들이 있다. 아니 못하는 경우도 있다. 그런 경우를 저자도 살면서 많이 겪었는데 그럴 때마다 후회에 후회를 거듭하게 되었다. 하도 사정해서 돈을 빌려주었다가 돈도 잃고 사람도 잃게 되고, 누가 사람을 쓰게 해달라고 부탁해서 쓰다 보니 이건 직원도 아니고 상사도 아닌 경우를 겪기도 했다. 그런 경우를 당하면서도 항상 왜 나는 그때 거절하지 못했을까 라는 고민을 하게 되었다. 그리고 내린 결론은 제대로 된 거절이야말로 내 인생의 행복을 지켜주는 최후의 보루라는 사실을 알게 되었다. 여러분도 아마 저자와 같은 경우를 많이 겪었을 것이라고 생각한다. 그때 제대로 된 거절의 기술을 사용해서 상대를 거절했다면 아마도 그런 후회는 없을 것이다.

거절이 어려운 이유

그럼 거절이 어려운 이유에는 어떤 것들이 있을까? 여기서도 설득의 기술과 같은 이유로 힘들다.

첫째, 권위 때문이다.

설득의 기술에서도 무술에 비유해서 설명을 했는데, 무술에선 세 가지가 중요하다. 힘, 속도, 기술인데 가장 중요한 것은 바로 힘이다. 힘이 약하면 어떤 속도와 기술도 소용없기 때문이다. 거절에서도 마찬가지로 사회적인 힘인 권위가 가장 중요한데, 내가 상대보다 권위가 있어야지만 설득도 할 수 있고 거절도 할 수 있다. 일단 상대에게 내가 가진 권위와 자격으로 거절할 수 있다면 선택을 할 수 있지만, 내가 거절할 자유가 없다면 거절하기 정말 힘들다. 그래서 나보다 힘이 있는 사람이 일을 시키거나 부탁을 하면 뒷감당이 힘들어서 도저히 거절할 수 없을 때가 분명히 있다. 그래서 어떻게 하면 상대방의 권위를 무력화시킬 수 있는지에 대한 권위적 방법과 권위에 대항하는 비 권위적 방법에 대해서 살펴보자.

둘째, 감정이다.

무술로 치면 속도에 해당한다. 이 감정은 사람의 마음을 가장 빨리 흔드는 기술로, 내가 결정하고도 후회하게 만든다. 이렇게 되는 이유는 인간은 단체에서 떨어져 나올 때 뇌가 고통을 느끼는 것과 마찬가지로 자신이 좋아하는 사람이나 가까운 사람이 자신의 결정으로 고통을 받거나, 그 일로 자신을 미워할 때 뇌에 고통이 느껴진다고 한다. 그래서 그 고통을 피하기 위해서 안 되는 일임에도 불구하고 우리는 승낙을 하는 것이다. 그래서 사실 이 부분이 우리가 거절에 있어서 가장 갈등을 하는 부분인데, 내가 거절할 권위가 있지만 상대방이 감정적으로 너무 가까운 사람이거나 너무 좋아하는 사람이라면 거절할 권위가 있음에도 불구하고 어쩔 수 없이 거절을 못하는 경우가 있기 때문이다. 감정의 경우 30% 이상의 설득의 힘이 있는데 앞에서 설득에서 공감, 호감, 비호감의 기술 등을 동원해서 친해진 감정을 바탕으로 부탁을 한다면 정말로 힘들다. 그래서 이 부분에서 감정의 진실을 알아야 할 필요가 있고, 그 감정의 진실을 바탕으로 어떻게 감정의 설득술을 넘어설 수 있는지에 대해서 알아보자.

셋째, 논리의 힘이다.

이것은 무술로 치면 기술에 해당한다. 무술에서 기술 자체는 승패에 큰 영향을 미치지 않으나 오랜 시간 동안 반복적으로 훈련을 하다 보면 어느 순간 상대를 힘이나 속도에 상관없이 제압할 수 있는 실력을 갖추게 된다. 거절에서도 마찬가지다. 이것은 처음에는 우리에게 그렇게 강한 설득의 힘은 없다. 그러나 반복적으로 오랫동안 쌓이다 보면 결국 그 논리에 넘어가게 된다. 이것은 10% 정도로 크지는 않지만 상대방의 논리에 끌리면 저절로 끌려가는 경우가 많다. 그래서 우리가 쓰고 싶지 않지만 많은 돈을 쓰게 되어서 빚을 지게 되는 설득의 기술에 넘어가게 되는 것이다. 이처럼 논리적이라고 생각되는 설득법들을 한 가지씩 분해를 하고 그 논리를 파괴하고 넘어서 그 논리를 뒤집는 논리를 펼쳐서 상대방을 거절할 수 있는 방법에 대해서도 살펴보자.

거절시 주의 사항

첫째, 내 권위를 판단해야만 한다.

　내 권위가 거절을 해도 되는 상황인지 파악하는 것이 가장 중요한데, 무조건 싫다고 했다가 더 큰 문제를 당할 수도 있기 때문이다. 예를 들어서 음주운전을 하고선 음주측정을 하는 경찰관의 요구를 거부하면 감옥에 간다. 또 일하기 싫다고 해서 회사에 나가지 않거나, 공부하기 싫다고 해서 학교를 가지 않으면 쫓겨나는 더 큰 문제에 봉착하게 된다. 그러나 보이스피싱처럼 무작위로 전화가 와선 이런 저런 이야기를 하는 경우에는 나에게 분명히 전화를 끊을 수 있는 권위가 있기 때문에 가차 없이 끊는 것이 좋다. 이처럼 내가 가진 권위로는 도저히 감당할 수 없는 상황이나 문제는 반드시 있다. 그러나 내가 가진 권위로서 분명히 상대방을 거절할 수 있는 상황인지 반드시 판단을 한 후에 거절의 기술을 활용하는 것이 최우선임을 알아야만 한다.

둘째, 자신의 순간의 감정 상태를 파악해야만 한다.

　대부분 후회하는 승낙의 경우 순간의 감정 상태를 이기지 못하고 해주었다가 결국 후회하는 결과가 나오기 때문인데, 저자도 순간적인 감정에 흔들린 판단을 하고 반드시 후회하게 된다는 사실을 몸으로 체험한 적이 있다. 그런 경험을 하고 나서부터는 많은 사람들과 상의하고, 상대방의 정확한 이익을 판단한 후에 결정을 내리도록 했다. 즉 감정은 항상 순간적이기 때문에 그 순간의 감정을 판단하고 나서 결정을 하는 것이 중요하다.

셋째, 상대방과 나의 논리를 점검하는 것이다.

권위와 감정이 설득력이 강하기는 하지만 항상 미래예측의 기능을 가지고 있는 것이 바로 이 논리다. 어떤 일을 결정할 때 특히 거절을 하려고 할 때 가장 중요한 것이 바로 이 논리인 것이다. 내가 그 일을 승낙했을 때 과연 논리적으로 정확한 행동인지에 대해서 판단을 해야만 한다. 그래서 설득에서 말한 상대방의 객관적 근거와 그 근거를 뒷받침하는 검증된 과정, 그리고 그것들로 예측할 수 있는 미래에 대해서 정확하게 판단을 한 후에 결정을 내리는 것이 필요하다.

지금까지 거절할 때의 주의 사항을 살펴봤는데, 상황이 어떠냐에 따라 거절의 기술도 달라야만 한다. 상황별 거절의 기술은 권위의 거절의 기술, 감정의 거절의 기술, 그리고 논리의 거절의 기술이 있다.

권위의 거절의 기술

1. 권위의 약점

첫째, 모든 권위는 상대적이다.

앞에서 권위에 대해서 설명할 때 크게 사회적, 전문적, 인기의 권위가 있다고 했는데, 이러한 권위들은 모두 상대적인 힘을 가지고 있다는 사실을 알아야만 한다. 즉 절대적인 권위란 존재하지 않는다는 뜻인데, 교회에 다니는 사람에게 예수님 말씀이나 성경에서 나온 구절은 절대적인 권위를 나타내지만, 다니지 않는 사람에게는 효과가 없다. 그리고 부처님의 말씀은 교회에 다니는 사람들에게는 통하지 않는다. 또한 우리나라 대통령의 명령이 미국에 있는 사람에게 통하지는 않는 것과 같다. 이처럼 모든 권위는 절대적이지 않으며 상대적이다. 그래서 그 권위가 누구한테 정확하게 통하는 권위인지 알아야 할 필요가 있다.

둘째, 모든 권위는 그 능력이 한정적이다.

그 어떤 누구도 자신의 능력이 모든 곳에 다 미칠 수가 없다. 특히 자신의 주변의 가까운 사람에게는 더더욱 그런데, 현재 세계에서 가장 위대하다고 평가받고 있는 역사적 인물들은 대부분 자신의 고향이나 민족으로부터 버림을 받았기 때문이다. 소크라테스는 사형을 언도 받았고,

공자는 자신의 고향 노나라를 떠나서 평생을 떠돌아 다녔고, 예수는 자신들의 민족에게서 버림을 받고 십자가에 못 박혀 죽었다. 그리고 부처도 역시 자신의 고향인 인도에서는 별로 권위를 내리지 못하고 되레 다른 나라들에 가서 절대적인 권위를 만들게 되었다. 이런 식으로 아무리 위대한 사람도 자신들과 가까운 사람들 앞에선 자신의 권위를 발휘하지 못하는 경우가 많다. 따라서 권위가 강력한 사람일수록 주변 사람들의 영향력이 커질 수밖에 없기 때문에 이 부분이 약한 부분이라는 사실을 알 수가 있다.

셋째, 모든 권위는 시간이 정해져 있다.

앞에서 절대권위는 없다고 했다. 그리고 그 한정된 권위조차도 시간이 정해져 있다는 사실을 알아야만 한다. 사회적인 권위에서 대통령, 국회의원, 시장 등을 언급했는데 모두 다 임기가 정해져 있고 전문적인 권위인 의사, 검사, 판사, 전문기사 등도 모두 다 자신이 일할 수 있는 시간이 정해져 있다. 심지어는 법조차도 집행 기간이 존재하는데, 그것을 공소시효라고 한다. 즉 세월이 바뀌면 그 권위조차도 바뀐다는 것이다. 인기의 경우에는 시간의 영향을 훨씬 더 많이 받는데, 지금 아무리 유명한 가수나 연예인이라고 할지라도 1년만 지나면 왜 그때 그렇게 사람들이 좋아했는지 알 수가 없는 것이 바로 인기라는 것이다. 이처럼 모든 권위에는 시간이 정해져 있기 때문에 어떤 일을 할 때 권위에 눌려서 못한다고 하면 일단 시간을 기다리는 것이 좋다. 상대방의 권위가 언젠가는 없어지거나 소용이 없게 될 때를 기다리면 되는 것이다.

2. 권위별 거절의 기술

권위의 거절의 기술에 들어가기에 앞서서 밀그램 교수의 권위에 대한 복종실험 이야기를 다시 한 번 생각해 보자. 그 실험에서 대부분 약 70%의 사람들이 복종해서 사람이 죽을 수 있을 때까지 버튼을 눌렀다고 했는데, 이 거절의 기술 부분에서는 나머지 30% 사람들의 거절의 생각과 기술에 대해서 이야기하고 있다.

권위별 거절의 기술에선 첫 번째로 사회적 권위에 대한 거절의 기술에 대해서 설명하고, 두 번째로는 전문적 권위에 대한 거절의 기술에 대해서, 세 번째로는 인기의 거절의 기술에 관해서 알아보도록 하자. 그리고 한 가지 더 소개를 하면 권위를 빌리는 경우에 대한 거절의 기술도 알아보도록 하자.

● 사회적 권위의 거절의 기술

사회적 권위의 기술을 들어가기 전에 실제로 있었던 권력의 견제 사건을 한번 이야기하고 들어가 보자. 노무현 정부 때 국회에선 대통령 탄핵을 결정했다. 그래서 대통령의 직무가 정지되고, 당시 고건 국무총리가 헌법재판소의 결정이 날 때까지 대통령 직무를 대행한 적이 있다. 직무정지 기간은 40일로 그렇게 길지 않았지만 이 일로 인해서 우리나라의 많은 사람들의 절대 권력으로만 알고 있었던 대통령에 대한 인식이 바뀌는 계기가 되었다. 이처럼 우리가 사는 세상에는 절대 권력이란 존재하지 않고 그 권력을 서로 견제토록 되어 있기 때문에 우리가 권위에 눌렸을 때 그 권위를 물리칠 수 있는 견재 수단을 파악하는 것이 아주 중요하다. 그래서 파악해야 하는 것들에 대해서 지금부터 살펴보겠다.

첫째, 모든 사회적 권위에는 적이 있다.

사회적인 권위란 일단 사회적으로 인정을 받은 권위다 보니 그 사람들의 힘이 엄청나게 크다. 그 권위 자체가 가지고 있는 능력은 우리가 살고 있는 세상의 영향을 미칠 만큼 크기 때문인데, 이런 사람들은 항상 적을 가지고 있을 수밖에 없다. 적이라고 표현하기에는 조금 과장된 것 같고 사실상 그들의 권력을 제어하기 위한 제어시스템이 존재한다고 이야기하는 것이 좋을 것 같다. 현재 우리의 권력 시스템을 보면 3권을 분립하고 있다. 입법부, 사법부, 행정부로 나누어져서 입법부에서 만든 법을 사법부에서 집행하라고 시키면 행정부에서 실시하는 형태로 되어 있는데 만약 이 권력 시스템 자체에 모순이 생기거나 충돌이 일어날 경우 서로간의 권력을 견제함으로써 유지하도록 되어 있다.

우리가 살다보면 억울한 일을 겪을 때가 있다. 잘못된 행정 때문에 힘든 사람은 민원실에 전화를 걸어서 자신의 이야기를 하고 바꾸어 달라고 호소할 수 있으며, 그래도 들어주지 않으면 언론을 통해서 자신의 억울한 이야기를 할 수 있다. 또 다른 예로는 직장에서 억울하게 잘리게 된 사람의 경우도 노동청에 신고를 하면 자신의 임금을 돌려받을 수 있도록 시스템이 구축이 되어 있다. 그런데 문제는 이러한 시스템을 정확하게 모르기 때문에 사람들이 억울하게 권위에 눌려서 사는 경우가 많다는 것이다. 따라서 현재 내가 먹고 살고 있는 현재 세상의 시스템을 정확하게 파악해서 내가 누릴 수 있는 권위를 파악해 놓고 필요할 때 상대방을 압박하는 수단으로 활용하는 것이 중요하다.

둘째, 모든 사회적 권위는 권위만큼의 책임이 뒤따른다.

대통령, 국회의원, 저명한 의사, 인기 연예인 등 사회적 위치가 높은 사람일수록 작은 행동 하나하나에 엄청난 책임이 따르게 되어 있다. 이것은 권위가 높은 만큼 그 결과에 대해서도 책임을 져야만 하기 때문에, 장관 임명시 국회에서 청문회를 통해서 온갖 문제에 대해서 다 확인을 한다. 그 사람의 친인척에 이르기까지 모든 재산과 군 문제까지 조금이라도 문제가 있으면 장관에 임명을 못하도록 막고 있는 것이며, 거기다가 공무원들의 경우에는 3만 원 이상의 식사대접을 받아서도 해서도 안 되며, 선출직의 경우에는 주례를 서서도 안 되며, 일체의 부조금도 주지도 받지도 못하도록 법으로 막아놓았다. 이렇게까지 모든 부분에 있어서 막아놓는 이유는 즉 사회적 권위가 높은 사람일수록 책임감과 윤리관이 필요하기 때문이다. 문제는 털어서 먼지가 나지 않는 사람은 없다는 사실을 생각해 보면 그 사람들의 개인적인 잘못을 파고들면 얼마든지 대항할 수가 있고 그들의 잘못을 찾아서 이야기한다면 얼마든지 대항할 수가 있다. 그런데 여기서 중요한 점은 나보다 권위가 강한 자의 약점을 함부로 떠들고 다녀서는 안 되며 단지 협상의 수단으로 활용하는 것이 좋다. 함부로 사용할 경우 역린(용의 목에 있는 거꾸로 나 있는 비늘)을 건드리는 꼴이 될 수 있기 때문이다.

셋째, 모든 사회적 지위의 경우 그 임기가 정해져 있다.

예전에 '프레지던트'라는 드라마가 있었다. 그중에서 주인공 최수종이 대통령에 출마하기 위해서 대학생들과 대화하는 시간이 있었는데, 거기서 충격적이 대사를 던진다.

"여러분들이 취업을 못하고 이렇게 힘든 시간을 보내고 있는 것은 누구의 잘못도 아닌 여러분 자신의 잘못입니다."

그 안에 있던 모든 사람은 경악을 금치 못했다. 아니 대통령 후보까지 나온 사람이 힘든 청춘들을 보듬어 주지는 못할망정 이런 책임전가까지 하다니 라면서 많은 비난이 그 안에서 나오기 시작했다. 그러자 최수종은 다시 자신의 말을 이어간다.

"제가 그렇게 직접적으로 이야기한 이유는 바로 여러분들이 투표권을 우습게 알기 때문입니다. 대부분의 대학생들은 열심히 스펙이나 쌓고 공부나 하면 된다고 생각을 하지요. 그리고 투표는 해도 되고 안 해도 그만이라고 생각을 해서 투표날 놀러갑니다. 그리고 그나마 생각이 있는 학생들도 자신만 투표를 하고 다른 학생들에게 투표하라고 독려하지 않습니다. 그러나 노인분들은 어떻습니까? 투표하기 위해서 그 힘든 몸을 끌고 나오고 다른 사람이 투표를 안 한다고 하면 끌고 나와서라도 합니다. 그렇다면 정치인들은 누구를 위한 법을 만들겠습니까? 우리 정치인들은 표를 먹고 삽니다. 여러분이 정치인들을 위해서 표를 던질 때 비로소 여러분을 위한 법이 만들어질 것입니다."라고 이야기한 것이 생각난다.

그 외에도 〈왜 세상의 절반은 굶주리는가?〉라는 책에선 보면 투표권에 대해서 이야기를 해주는데, 굶주리는 나라들의 공통점이 무엇인지 아는가? 그것은 바로 그들에게 투표권이 없다는 사실이다. 우리가 못사는 나라들이 전쟁이나 기근으로 식량이 부족하다고 알고 있지만 전혀 사실이 아니다. 현재 세계에선 실질적으로 세계인구의 두 배 이상의 식량이 생산이 되고 있어서 세계식량기구에서 만약 기근이 생긴 지역이 있으면 식량을 필요한 만큼 지원해 주도록 만들어져 있지만, 문제는 그곳의 독재자가 지원된 식량의 대부분을 빼돌리고 아주 적은 부분만 지원을 해주다 보니 그런 전쟁과 기근이 연속되는 것이다. 그래서 민주국가에선 지도자를 국민이 뽑을 수 있는 국가가 그대로 먹고 사는데 문제가 없는 것이고, 모든 지도자들을 임기를 가지고 선출할 수 있는 권리를 국민에게 주는 것이다. 그래서 대통령, 국회의원, 시장 같은 강한 힘을 가지고 있는 사람들의 경우에도 그 힘을 오랫동안 가지고 있으면 국민 위에서 군림하려 하기 때문에 그것을 막기 위해서 만들어진 제도가 바로 선거다. 그래서 이렇게 임기가 정해진 사람들의 경우에는 자신들의 임기 안에서만 엄청난 힘을 발휘할 수 있고 임기가 끝나면 자연인으로 돌아가야만 한다.

현재 어떤 사람이 잘못된 제도로 인해서 자신이 고통을 받고 있다고 생각해 보자. 그런데 아무리 언론과 모든 방법을 동원해도 바꿀 수가 없다고 해도 결국 그 사람이 임기가 끝나면 그만이다. 그래서 상대방이 임기가 끝날 때까지 버틸 수 있는 시간을 버는 것 역시 거절의 기술이라는 사실을 알아야만 한다.

● 전문직 권위의 거절의 기술

설득의 장에서 전문적 권위의 기술이란 의사, 변호사, 기술자 등과 같이 전문적인 지식을 가진 사람들의 권위를 말한다고 했다. 그들의 말을 듣는 것이 다 옳은 것 같지만 사실 그렇지 않을 때도 많은데, 그들의 경우 전문성을 바탕으로 더 많은 돈을 벌기 위해서 과장된 말을 하거나 거짓말을 할 수도 있기 때문이다.

우리가 병원에서 진료를 받는데 치료의 가격의 차이가 많이 나는 경우를 볼 수가 있다. 그 이유는 바로 의료보험이 적용되느냐 안 되느냐에 따라 금액 차이가 많이 나서 대부분의 의료보험이 적용되는 경우 정해진 금액만 받게 되어 있기 때문에 의사들의 인건비에 비해서 싼 편이라고 한다. 그래서 의사 같은 경우 필요 없는 치료를 더 권한다거나, 변호사 같은 경우 필요 없는 과정을 더 밟도록 해서 더 많은 수수료를 받으려고 할 수 있다. 그렇다고 해서 함부로 그들의 의견을 무시할 수도 없다. 그랬다가는 더 큰 피해를 볼 수도 있기 때문이다. 그렇다면 이런 전문가들을 상대하는 방법을 알면 보다 쉽게 속지 않고 내가 원하는 것만 얻어낼 수 있지 않을까?

■ 전문성의 약점을 파고든다.(소크라테스의 산파론)

건강에 관한 TV프로그램을 보는데 재미있는 장면이 펼쳐졌다. 많은 의사와 한의사와 건강전문가가 나와서 고기와 탄수화물의 섭취에 관해서 열띤 논쟁을 펼치는 것이었는데, 고기에 관한 전문가는 원래 고기는 아주 중요한 필수 성분이기 때문에 우리는 고기를 아직 많이 먹어야만 한다고 이야기를 하고, 다른 의사는 고기를 너무 많이 먹어서 암이나 당뇨의 원인이 되고 있기 때문에 차라리 탄수화물을 많이 먹어서 고기 성분을 줄이는 것이 좋다고 이야기를 한다. 그런데 또 다른 한의사의 경우에는 탄수화물 중독의 경우 더 나쁜 증상을 야기시킬 수 있기 때문에 탄수화물도 줄이는 것이 좋다고 이야기를 하는 것이 아닌가? 이야기는 답이 없는 논쟁으로 치닫고 있었다. 그런데 여기서 모든 이야기를 음식전문가가 나와서 정리를 한다.

음식전문가는 의사들과는 전혀 다른 관점으로 이야기를 한다.

"어떤 성분을 먹느냐는 중요하지 않습니다. 중요한 것은 어떻게 조리를 했느냐가 더 중요합니다. 원래 풀을 전혀 먹지 않던 에스키모도 성인병이 전혀 걸리지 않았지만 미국인들의 조리법이 들어가면서부터 생겼습니다. 그리고 실질적으로 고기 자체가 문제를 일으키는 것이 아니라

고기를 굽고, 튀기고, 양념을 해서 먹으면서 모든 현대 질병들이 생겨났다는 것을 생각하면 쉽습니다. 그리고 더 큰 문제는 먹는 양 자체가 엄청나게 늘어났다는 것인데, 즉 맛있는 양념으로 인해서 먹어야 할 양보다 많이 먹음으로써 위와 장, 그리고 몸에 이상이 일어나기 시작한 것이 문제의 원인이라는 것입니다. 실제로 사료만 먹는 가축보다 사람의 음식물을 먹는 가축들이 더 많이 비만해집니다. 즉 음식 속에 있는 맛있는 성분들이 몸에 필요한 것 이상으로 영양분을 비축하게 만든다는 것입니다. 이것을 정리하면 음식 속의 단백질, 탄수화물의 성분이 문제가 아니라 그 성분들을 필요 이상으로 많이 먹게 만드는 맛있는 음식들이 문제라는 것을 알 수 있습니다."

여기서 재미있는 관점의 차이를 발견할 수가 있다. 그것은 의사들이 아무리 뛰어나다고 해도 자신들의 인체의 관점에선 영양분으로만 판단을 할 수밖에 없지만 음식전문가의 입장에선 맛이라는 관점을 통해서 볼 수가 있기 때문에 전혀 다른 관점에서 결론을 낼 수가 있는 것이다. 즉 어떤 분야의 전문가이기 때문에 도리어 그 관점 안에 갇혀서 실질적인 진실을 놓칠 수가 있다는 사실을 알 수 있다.

이처럼 우리가 사는 현대 세상은 엄청나게 세분화된 전문가집단들로 분화가 되어 있다. 과거에는 한 명의 의사가 세상의 모든 병에 맞서서 싸웠지만 현재는 세분화된 의과분업으로 외과, 내과, 피부과, 성형외과, 한방, 약학에 이르기까지 엄청나게 세분화가 되어 있어서 대부분의 경우 자신의 과에 집중된 형태의 지식을 가지고 있다. 그 과속에서도 자신의 전문분야가 다시 또 분화가 되어 있어서 한마디로 어떤 누구도 전체적인 분야에 모든 지식을 알고 있는 사람을 존재하지 않는다는 점이다. 심지어 자신이 그것에 대해서 전문가라서 정확한 정보를 알고 있다고 해도 그 정보를 실제로 경험한 것이 아니라 대부분의 경우 책으로만 배운 이론의 정보라는 사실은 상대방의 지식을 흔들기에 충분한 근거가 된다.

그래서 상대방에게 자신이 알고 있는 정보가 어디에서 기인한 것인지 출처를 계속해서 물어보고 실제로 그 일을 했는지 물어보는 것이다. 그러다 보면 분명히 그 일을 실제로 해본 적이 거의 없고 대부분 이론상으로만 했던 일이기 때문에 정확한 판단을 하기에는 힘들다는 결론을 이야기하게 된다. 이것은 사실상 소크라테스의 산파론에서 기인한 질문법이며 그 누구도 완벽한 지식을 가질 수 없기에 가장 강력한 질문법이기도 하다.

이런 식으로 질문을 하다 보면 어느 순간 상대방은 자신이 정확하게 모르는 것에 대해서 거짓말을 하게 되거나 과장되게 설명을 하게 되던가, 아니면 진실을 정확하게 이야기하게 된다. 결국은 진실은 단순한 것이지 복잡한 것이 아니기 때문이다.

■ 비전문가들이 알아들을 수 있도록 설명을 부탁해야 한다.

전문가들이 전문성이 빛나는 첫 번째 이유는 바로 그들이 가지고 있는 지식의 양이 엄청나기 때문이며, 두 번째로는 그들만의 언어 때문이다. 그들만의 언어로 이야기를 듣다 보면 결국 이리저리 끌려 다니다가 정확한 의미파악도 하지 못한 채 그냥 그런가 보다 하고 끝나게 된다. 그렇다면 이 판을 통째로 뒤집어야만 하는데, 그 방법이 바로 비전문가가 알아들을 수 있도록 설명해 달라고 하는 것이다. 이것에 대해서 재미있는 사례가 있다. 서울대학교 수학과를 나온 뛰어난 강사가 있었다. 그 과에서 교수시험을 보기 위해선 일단 강의력을 알아야 한다고 해서 후배들을 상대로 수학강의를 하게 되었는데, 그때 교수님들도 같이 참관을 해서 듣는 과정이 있었다고 한다. 이 강사에겐 이 수업이 정말로 중요한 평가였기 때문에, 열심히 강의를 했는데 후배들이 자신의 강의를 전혀 알아듣지 못한다는 사실을 알게 되었다. 그래서 교수님께 부탁을 해서 다시 한 번 공부를 하고 강의를 했다고 한다. 그래도 후배들은 알아듣지 못한다고 교수님과 이야기를 했고, 강사는 이번에는 마지막이라는 생각으로 교수님께 이야기를 한다. 이번에도 못 알아들으면 교수채용시험을 포기하겠다고 말이다. 그러고 나서 아주 기초부터 천천히 공부를 해서 아주 쉽게 설명을 할 수 있을 때까지 공부를 하는데 그때서야 자신이 무엇을 가르쳐야 하는지가 보였다고 한다. 자신은 사실 공식만 외워서 그 공식들을 조립한 것에 불과하다는 사실을 알게 되었고 다시 강의를 하는데 그때서야 후배들이 알아들었다고 한다. 그래서 제대로 된 지식은 누구라도 알아들을 수 있도록 설명해 줄 수 있을 때 비로소 가치가 있었다는 사실을 알게 된 이야기가 있다. 전문가인 상대방이 정확하게 나에게 지식을 전달할 수 있을 때 비로소 나의 눈높이를 상대와 맞추고 제대로 된 대화가 시작될 수 있기에 상대로부터 내가 알아들을 수 있도록 이야기해야만 한다.

■ 의견이 다른 전문가를 대리인으로 내세워서 싸울 수도 있다.

변호사들이 만약에 경찰이나 검찰에 넘어가게 되면 꼭 하는 말이 있는데, "묵비권을 행사하고 변호인을 기다려라."라는 것이다. 많은 사람들이 이렇게 생각할 수 있다. "내가 죄가 없는데 뭐가 문제야?"라고 생각을 하고 이런 저런 억울한 이야기를 다하는 경우가 있다. 그런데 죄라는 것이 꼭 그 문제에만 해당하는 것이 아니라 이리 파고 저리 파다 보면 생각지도 못한 곳에서 엉뚱한 문제가 터질 수도 있다. 또한 사람이라는 존재가 상황에 따라서 과장이나 거짓말을 하게 되는 경우도 많기 때문에 이상한 점이나 논리에 맞지 않는 점이 조금이라도 발생하면 그때는 걷잡을 수 없는 사태에 휘말릴 수도 있기 때문에 그런 이야기를 하는 것이다. 이처럼 법을 전문적으로 다루는 사람들을 상대할 때는 역시 법을 아는 전문가를 고용해서 상대하는 것이 좋다. 또 다른 예로 만약 내가 병원에 가서 진료를 받는데 비싼 특진을 받아서 치료를 더 받아야만 한다는 이야기를 들었다고 생각해 보자. 지금 내가 가진 지식으로는 도저히 의사에게 맞설 수 없다. 그래서 할 수 있는 방법은 또 다른 병원에 가서 진료를 받음으로써 그 의사의 특진을 받아야만 하는 상황인지 물어보는 것이 중요하다는 것이다. 모든 것은 사람이 하는 일이다 보니 실수가 있을 수도 있고, 또 다른 방법을 아는 사람이 있을 수도 있는 것이기 때문에 꼭 한 사람, 한 전문가의 이야기만 신뢰하지 말고 또 다른 믿을 만한 사람을 찾아서 여러 가지 정보를 얻고 나서 판단을 하는 것 또한 중요한 거절의 기술이다.

● 인기의 거절의 기술

인기의 거절의 기술에 들어가기에 앞서서 다시 한 번 인기의 위력에 대해서 설명하겠다. 설득의 기술의 사례 중에서 많은 사람들의 지지가 나의 의견을 변화시킬 수 있는 실험이 있었다. 답이 원래 a인데 10명 중에서 9명이 b라고 하면 대부분의 사람들이 처음에는 a라고 소신 있게 대답을 하지만 다른 사람들의 시선을 느끼는 순간 바로 b라고 대답을 하고 그 다음부터는 스스로 최면을 건다. 여기선 b가 답이라고 말이다. 그런데 약 70% 정도의 사람들이 그런 대답을 한다고 한다. 이처럼 자신의 생각이 아무리 옳다고 생각을 해도 많은 사람들이 그렇다고 하면 따라가는 것이 사람의 본능인데 여기서 우리가 반대로 생각해야 할 부분이 있다. 왜 나머지 30%는 다른 사람들과 다르게 자신만의 생각을 하는 것일까? 이번 인기의 거절의 기술은 나머지 30% 사람들의 대답을 통해서 얻어진 생각을 가지고 이야기하겠다.

▶ 인기는 시간이 지나면 없어진다.

전에 홈쇼핑에서 자석 목걸이와 팔찌가 유행했던 적이 있었는데 지금은 아무도 안하고 다닌다. 그리고 한때 일본의 휴대용 게임기가 집집마다 한 개씩 들고 다니던 때가 있었지만, 지금은 스마트폰 한 개를 들고 다닌다. 그리고 남들이 다 무엇인가 가지고 다니게 되면 우리는 무엇에 홀린 듯이 그것을 사게 된다. 그런데 그런 유행의 아이템들은 조금만 시간이 지나면 다 쓰레기가 된다.

우리는 아침시간 TV에서 왕년에 잘 나가던 유명인들이 현재는 끔찍한 생활을 하는 프로그램이 가끔씩 나올 때가 있다. 당시에는 한마디만 해도 누구라도 알아듣고 모든 곳에서 그 사람을 찾아주었지만 현재는 누군지도 모르는 경우가 많아진다. 이처럼 어떤 것이 아무리 인기가 있다고 해도 결국에는 한순간이기 때문에 그 사람이나 물건을 그 순간에 인기에 판단을 해선 안 된다. 시간을 충분히 두고 그 인기가 진짜인지 가짜인지 판단을 한 후에 결정하면 된다.

▶ 인기와 전문성을 분리한다.

유명한 배우들은 광고를 찍는데 그 광고에 나올 때 과연 그 물건이 어떤 것인지 알고나 하는 것일까? 예를 들어보면 한 노배우가 보험광고를 하면서 이렇게 이야기한다. "묻지도 따지지도 않습니다. 무조건 가입하세요.", "잘못 되면 어떡하냐고요? 제가 다 책임지겠습니다." 물론 광고이기 때문에 할 수 있는 말이지만 문제는 그 노배우가 어떻게 책임을 질 수 있겠는가? 그런데 그 말을 믿고 진짜로 가입을 하는 노인들이 많다.

그런데 여기서 잠깐 그 노배우와 보험이 무슨 관련이 있는지 조금만 생각하면 쉽게 판단을 할 수가 있다.

또 다른 예를 들어 보면, 인기연예인들이 식당을 많이 한다. 그 이유는 인기가 떨어졌을 때를 대비해서 꾸준히 돈을 벌 수 있는 시스템을 구축하기 위해서라고 하는데 대부분의 경우 그냥 돈만 대주면 다 되는 줄 알고 뛰어들었다가 망하는 경우가 많다. 물론 일반인들의 경우에도 사업업의 성공률이 20% 정도밖에 되지 않기 때문에 당연한 결과라고 할 수 있지만, 문제는 유명한 연예인들이 프랜차이즈를 시작하는 경우에 있다. 그 연예인의 인기만을 보고 프랜차이즈에 투자를 하는 사람들이 많기 때문인데 조금만 더 깊게 생각해 보면 그 연예인이 그 프랜차이즈에 대해서 전문성이나 권위가 있는 것도 아닌데 그것만 보고 선택한다는 것은 위험한 일이라는 사실을 알아야만 한다. 그래서 아무리 내가 좋아하는 사람 혹은 믿을 수 있는 연예인이 나오는 광고라 할지라도 반드시 중요한 일에 대해선 판단을 미루는 습관을 가져야만 한다.

▶ **인기를 선택했을 경우 무슨 일이 일어날 것인지 판단해 본다.**

우리가 알고 있는 인기 있는 연예인이나 물건들을 시간이 지나서 판단을 하고 혹은 전문성을 판단해 보고 쉽게 아닐 수 있다고 앞에서 이야기했지만 우리는 쉽게 판단을 내리지 못하고 다른 사람들과 같이 그 인기 속에 빨려 들어가는 경우를 많이 겪는다. 그 이유는 우리의 욕망이 그들을 만들어냈기 때문인데, 한때 집중력을 높여준다는 기기가 있었다. MC○○라고 하는데 공부를 열심히 할 수 있도록 만든 기기라고 했지만 나중에 알고 보니 수면에 도움을 주기 위해서 만든 기기였다고 한다. 그런데 그 기기에 빠져서 많은 사람들이 돈을 투자했었는데, 저자도 그것을 사려고 한때 고민을 심하게 한 적도 있었다.

그 기기가 실제로 그런 역할을 하는 것보다도 사실은 우리의 공부를 열심히 하려는 욕망이 그 기기의 성능을 확장했던 것은 아닐까? 그리고 연예인 중에서 한때 굉장히 잘나가던 연예인이 어느 날 갑자기 나쁜 일에 연루되어서 사라지는 경우가 많다. 우리는 사실상 그 사람의 TV 속의 모습을 보면서 그런 사람을 욕망하는 것뿐이다. 그런 사람은 존재하지 않는다. 단지 우리가 있다고 상상하는 허상만이 존재할 뿐이다. 문제는 사람들의 욕망이 한곳에 몰릴 때 그 욕망이 현실화하는 것이 바로 인기라는 것이다.

그렇다면 어떻게 하면 이런 욕망에서 벗어날 수 있을까? 그것은 바로 그 인기를 선택했을 경우 무슨 일이 벌어질지 한번 연구를 해보는 것이다. 자석 팔찌를 샀으면 그 팔찌를 사서 쓰는 사람들에게 직접 물어보는 것이다. 얼마나 효과가 있냐? 아니면 어떤 유행하는 좋은 물건을 사는 사람들에게 그 물건이 얼마나 생활에 도움이 되는지 물어보는 것이다. 또 다른 방법은 내가 유행에 민감해서 샀던 물건 중에서 실제로 도움이 되고 쓰게 되는 물건은 얼마나 있는지 판단을 해보는 것이다. 그리고 유명인이 이야기하는 것도 마찬가지인데, 내가 그 사람이 아무리 좋아한다고 해도 그 사람의 이야기를 다 믿을 수는 없기 때문이다. 사실 광고를 하는 연예인이 좋다고 해서 그 물건을 그 사람이 진짜로 보증을 하고 판매를 하는 것은 아니니까. 이처럼 어떻게 보면 간단한 방법이 있다. 자신이 유행이 끌려가고 있다는 사실을 인정하고 조금만 냉철하게 판단할 수 있다면 인기를 따라가서 후회하는 경우는 없을 것이다.

● 권위를 빌리는 경우 거절의 기술

어차피 사람은 모든 부분에 있어서 모든 권위를 가질 수 없다. 그래서 권위를 가져서 이야기를 하는 것이 아니라 자신에게 없는 권위를 빌려서 상대를 설득하는 경우가 훨씬 더 많다. 그래서 이 부분이 권위의 대항하는 방법 중에서 가장 많이 사용할 수 있는 부분이 아닐까 싶은데, 이 부분 역시 앞에서 권위를 빌리는 방법에서 나온 순서대로 살펴보자.

첫째, 인용에 대항하는 경우

앞에서 권위의 기술 중에서 인용을 할 때 기독교인에게는 예수님의 말씀이 잘 들리고, 불교인에게는 부처님의 말씀이 먹힌다고 했다. 우리나라 사람들 중에서 사서삼경이나 고전에 빠져 계신 분께는 공자님, 맹자님 말씀이 잘 들린다는 것을 이용해서 사람들을 꾀는 사람들이 많아서 문제인 것이다. 그래서 모든 종교에는 사파라는 것이 존재하는데, 자신들의 목적을 위해서 위대한 인물들의 이야기를 인용해서 사람들을 조종하기 때문이다. 기초적으로 이런 말을 하는 사람들은 대부분 종교에 대한 많은 공부를 한 상태에서 사람들을 움직이는 인용의 기술을 통해서 사람들을 끌어들이고 더 나아가서는 사람들은 파탄에 이르게 하는 경우가 많다. 만약 이런 경우에 끌려들어가고 싶지 않다면 인용을 왜 하는지에 대한 상대방의 목표를 파악하는 것이 훨씬 더 중요하다. 그래서 어떤 사람이 누구의 인용을 아무리 기가 막히게 하는 것을 보더라도 그 말을 하는 끝에 있는 의도를 파악하는 것이 가장 중요하다. 내가 귀에 쏙쏙 들어오는 말만 하는 사람을 조심하는 것이 중요한데, 그들은 진실이 아니라 내가 듣고 싶어 하는 말만 하는 아첨꾼이나 사기꾼일 확률이 높기 때문이다.

둘째, 권위자와 같은 경력을 과시하는 경우 대항하는 방법

가끔씩 반복되는 사기 중에 한 가지가 바로 청와대와 줄이 닿아 있다는 사기인데, 우리나라의 최고 권력기관의 사람들과 알고 있다고 해서 술 사주고, 돈 대주고 청탁을 넣다 보면 나중에 알고 보면 운전기사, 혹은 청소원, 그나마도 아니면 음식물 처리업자였던 경우가 있었다. 이처럼 권력이라는 것은 마치 만유인력과 같아서 사람들을 잡아당기는 힘이 있다. 그런데 문제는 이렇게 권력이라는 것만을 보다 보니 그 사람 자체를 보지 못한다는 것이다. 따라서 내가 만나는 사람의 뒤에 있는 권력 자체보다 그 사람을 정확하게 바라 볼 수 있는 눈을 키우는 것이 중요하다. 즉 그 사람의 실질적인 능력을 파악하는 것이 더 중요하다는 것이다. 만약 진짜로 권력이 있는 누군가와 사귀고 싶다면 일단 자기 자신의 권위부터 파악을 하고 접근하는 것이 좋다. 그 사람이 아무리 뛰어난 권력의 실세라 할지라도 내가 같이 이야기할 만한 능력이나 권위가 없다면 절대로 그 사람과는 친하게 지낼 수가 없기 때문이다.

셋째, 권위자를 고용하거나 부탁하는 경우 대항하는 방법

상대방이 권위자를 고용을 해서 나를 설득하거나 바꾸도록 노력을 하는 경우에는 제일 좋은 방법은 역시 권위자를 내세워서 이야기하는 경우가 제일 빠르다. 문제는 비용인데 이 비용이 더 싸다고 판단이 들면 제대로 된 사람을 고용해서 상대를 하는 것이 시간상 정신건강상 훨씬 더 도움이 된다. 만약 일상적인 일로 고소를 당하거나 문제가 생겼을 경우 상대방이 변호사를 선임해서 이야기를 하고 문제를 크게 키워서 덤빈다면 당장 싸우는 것은 문제가 아니지만 그것을 방어하기 위해서 수많은 서류와 절차 그리고 자료들을 준비하고 법원과 상대를 만나서 들락거리다 보면 일상생활에 영향을 미칠 수밖에 없다. 게다가 그런 식으로 오랜 시간 동안 싸움이 길어지면 상대나 나나 피투성이로 남기 때문에 어떤 형태가 되었던 빠른 형태로 일을 끝내기 위해서도 서로 권위자를 고용을 해서 절차를 간편하게 해서 끝내는 것이 서로 간에 좋은 일이기 때문이다.

감정의 거절의 기술

　이번 장에선 감정의 거절의 기술에 관해서 살펴보자. 우선 앞에 설득의 기술에서 무술에서 속도와 같은 역할을 한다고 했는데, 감정의 기술이란 내가 권위가 충분하지 않을 때 사용하는 것이 좋고, 상대를 빠르게 설득하는데 용이한 방법이다. 이러한 감정의 설득술을 어떤 방식으로 거절을 하는지 알아보도록 하자. 감정의 거절의 기술에 본격적으로 들어가기 전에 우선 첫 번째로 감정의 진실에 관해서 먼저 설명하고, 두 번째로는 공감의 거절의 기술, 세 번째로는 호감의 거절의 기술, 네 번째로는 부정적 감정의 기술의 거절 법에 관해서 살펴보도록 하자.

감정의 진실

한 고3 여고생이 스님을 찾아와선 하소연을 한다.

"스님 저 너무 괴로워서 자살하고 싶습니다."

그래서 스님이 묻는다.

"왜? 무엇이 괴로워서 자살을 하고 싶니?"

여고생이 대답을 하는데, "제가 사랑하는 남자친구가 저를 떠났습니다. 그게 너무 마음이 아파서 죽고 싶습니다."라고 이야기를 하자 스님은 이렇게 말씀을 한다.

"인연이라는 것은 원래 마음대로 되는 것이 아니다. 기도하고 있으면 마음이 좋아질 거다."라고 돌려보냈다.

그런데 이 여고생이 한 달 뒤에 다시 찾아와선 또 자살을 하고 싶다고 하는 게 아닌가? 그래서 스님이 다시 물었다.

"이번에 왜 또 나쁜 마음을 먹었니?"라고 묻자 "이번에는 남자친구가 돌아왔는데 부모님께서 아시고 반대를 하시니 부모님이 원망스러워서 그렇습니다."라고 이야기를 한다.

그러자 스님이 다시 물어보았다.

"그럼 그 사이에 행복했던 적은 없니?"라고 하자. 여고생은 이렇게 대답한다.

"아니요, 남자친구가 돌아왔을 때 그렇게 행복할 수가 없었습니다."

그러자 이렇게 스님은 이야기를 한다.

"세상에는 불행한 사람도 행복한 사람도 없다. 단지 행복한 순간만 있고, 불행한 순간만이 있을 뿐이지, 행복한 순간을 마음에 담고 살면 행복한 삶이 되고, 불행한 순간을 마음에 담고 살면 불행한 인생이 되는 것이란다."

그리고 여고생이 다시 물어 보는데, "그럼 나는 어떻게 해야 하나요?"

여기에 스님이 대답하였다.

"세상에는 좋은 일도 나쁜 일도 없단다. 세상에는 그냥 일이 일어나는 것뿐이지만 내가 그렇게 느끼는 것이지, 중요한 것은 그 감정에 휘말려서 자신을 헤쳐서는 안 된다는 것이다. 그래서 부처님께서 제 1의 화살에 맞았다 하더라도, 제 2의 3의 화살을 맞아서는 안 된다고 하셨다. 중요한 것은 네가 감정에 휘말려서 너에게 나쁜 짓을 하지 않도록 중심을 잡는 것이 중요하다. 그래야지만 남자친구를 계속 만나도 즐거울 수 있고 부모님에게도 효도도할 수가 있지, 만약 감정에 휘말려서 스스로에게 나쁜 짓을 한다면 모든 사람에게 불행이 되지 않겠니?"

여고생은 그 말을 듣고 돌아갔다고 한다.

이 이야기를 들으면서 그동안 행복에 관해서 읽었던 수많은 책들에 대해서 생각을 뒤집게 되었다. 그동안 행복을 너무 목적지향형으로 생각을 하고 측량을 하는 흑백이론 사고방식에서 벗어나지 못했던 것이다. 사실 영원히 행복한 삶이란 존재하지 않는다. 어떻게 사는 동안 내내 행복한 삶이 있을 수 있는가? 그건 불가능하다. 사람은 항상 불행하고 행복한 것이 교차하면서 살아가도록 되어 있다. 또한 어떤 일이 일어나는 것에 대해서 내가 그렇게 반응을 하는 것뿐이지, 그 일 자체가 행운도 불행도 아니다. 따라서 지금 내가 느끼고 있는 감정이라는 것이 순간적인 일에 대한 내 마음이 움직이는 것이라는 깨달음을 알게 된다면 어떤 경우에서라도 마음을 다 잡을 수 있는 기반이 된다.

그렇다고 해서 감정을 정복하라는 말이 아니다. 단지 그런 감정에 휘말려서 해서는 안 될 일이나 말을 해선 안 된다는 것이다. 왜냐하면 감정이란 뇌가 느끼는 생리현상이기 때문에 감정을 정복할 수는 없고 조절할 수만 있다. 마치 우리가 소변이 마려우면 조금 참았다가 다른 곳에 가서 해결하면 되지만 소변을 정복해서 영원히 소변을 안 볼 수는 없는 것과 같다. 어떤 일이 너무 화가 났다고 생각을 해보자. 그 순간 화를 내는 것은 사람이다 보니 어쩔 수 없는 일이지만 그 화를 조절하지 못해서 더 나쁜 상황으로 가지는 말아야 한다는 것이다. 그래야지만 후회 없는 삶을 살 수 있고 현재 상황에서 좋은 방향으로 갈 수 있는 방법이 보이게 된다.

● 공감의 거절의 기술

감정의 기술 중에서 가장 효과가 큰 것이 바로 공감의 기술이라고 했었다. 상대방과 생각의 코드를 맞추면 쉽게 상대를 설득할 수 있기 때문이라고 했는데 만약 상대방이 공감의 기술을 통해서 나에게 설득을 걸어올 때 어떻게 거절을 하는 것이 효과적일까? 우선 공감의 기술을 체감의 기술, 소속감의 기술, 동질감의 기술로 나누어서 설명을 했다. 그래서 거절의 기술에선 각각의 기술에 관해서 설명을 다시 한 번 확인한 후, 각각의 거절의 방법에 대해서 알아보자.

■ 체감의 거절의 기술 (많은 경험을 하고 판단한다)

설득의 기술에서 공감의 기술 중에서 체감의 기술이 가장 중요하다고 했는데, 그 이유는 사람을 보고 듣고 느끼는 감각으로 세상을 판단하기 때문이다. 이런 체감의 설득의 기술이 모두 진실을 알려주는 것이 아니다. 얼마든지 조작이 될 수 있으며 게다가 우리가 스스로 속이기까지 하는 경우도 있다. 그런 감각들의 약점과 그 약점을 극복하기 위한 체감의 거절의 기술에 대해서 살펴보겠다.

체감의 거절의 기술에 들어가기에 앞서서 세 가지 감각들의 약점에 대해서 알아보면 그 감각들이란, 시각, 청각, 후각이다.

▶ 시각의 특징과 약점

첫 번째로 시각의 약점과 관련해서 재미있는 실험이 있다. 제목은 '보이지 않는 고릴라'라는 하는 실험인데, 이것은 시각의 맹점을 알아보기 위해서 만들어진 영상이다. 사람들에게 영상을 보여주는데, 영상에는 검은색 티를 입은 세 명과 흰색 티를 입은 세 명이 농구공을 바닥으로 혹은 위쪽으로 던지면서 주고 받는 장면이 나온다. 이때 문제가 나온다.

"흰색 티를 입은 사람들이 한 패스 횟수는 몇 번이나 될까요?"

영상 속에서 농구가 진행되는 동안 사람들은 흰색 티를 입은 사람들이 한 패스를 세기 시작한다. 그런데 영상 중간에 고릴라 옷을 입은 사람이 나와서 가슴을 치다가 나가는 장면이 나온다. 영상이 끝나고 사람들에게 흰색 티를 입은 사람들이 몇 번 패스했는지 물어보고 고릴라를 보았는지에 대해 물어보았다. 대부분 패스 횟수를 이야기하지만 이상하게도 중간에 나온 고릴라에 대해서 80% 이상의 사람들이 보지 못했다고 한다. 그래서 다시 영상을 보여주면 그때서야 사람들은 이렇게 이야기한다.

"뭔가 시커먼 것이 지나간 것은 느꼈는데……."

이처럼 사람은 무언가에 집중을 할 때 주변의 것을 정확하게 보지 못하는 경향이 있다.

두 번째 사례는 인간의 기억과 블랙박스에 관한 것이다. 두 대의 자동차가 교차로에서 충돌을 했다. 그런데 둘 다 분명히 파란불이어서 달렸다고 기억을 하는 것이다. 그래서 두 대의 자동차의 블랙박스를 수거해서 확인한 결과 신호등의 불은 파란불도 빨간불도 아닌 노란색으로 점

멸하고 있었다. 즉 눈으로는 분명히 노란불을 봤음에도 자신에게 유리하게 기억을 변화시키는 것이다. 이것은 대부분의 사람들이 거짓말을 하는 것이 아니라 자신이 믿고 싶은 것만을 기억하는 경향 중 시각이 가장 많이 영향을 미친다는 사실을 알려주고 있다.

영화 '메멘토 모리'의 감독 다니엘라 웨일레이스는 이런 말을 했다.
"기억은 기록이 아니라 해석이다."
이것은 '메타인지 부족'이라고 해서 인간이 기억을 자신이 유리한 쪽으로 해석하는 것을 말하는 것이다. 그런데 그중에서 시각은 특히 이러한 메타인지 부족이 잘 일어나는 감각이다. 일단 첫인상의 90% 이상이 시각으로 확인한 후 결정이 될 뿐만 아니라 시각을 잃었을 경우 전체 노동력의 90%를 잃는다고 판단하기 때문인데 그렇게 중요한 만큼 오류와 조작이 많이 일어난다. 그래서 시각의 경우 자신이 어떤 자신의 기억을 가지고 판단하기보다는 직접적인 증거를 통해서 확인하는 것이 확실하다는 사실이다.

▶ 청각의 특징과 약점
앞에서 잠깐 언급한 사례지만 대학생들에게 실험을 하는데 등록금을 올려야 된다는 내용을 오디오로 들으면서 한쪽은 특정한 조건하에서 버튼을 누르도록 하고, 다른 한쪽은 편안하게 듣도록 했을 때 버튼을 누르도록 했을 때, 한쪽에서 더 많은 설득을 당한 사람들이 많았다고 이야기를 한 사례를 기억을 하실 것이다. 그런데 왜 그렇게 될까?

일반적으로 생각하기에 청각은 남들의 이야기를 듣거나, 아니면 주변의 소리를 듣는 감각으로만 생각하기 쉽다. 물론 그것만으로도 굉장히 중요한 감각이다. 남의 이야기를 듣지 못하면 이미 대화하기가 불가능하기 때문이다. 그러나 의학적으로 보았을 때 청각은 듣기보다 더 중요한 역할을 한다. 일단 귀에서 달팽이관이라는 기관이 있어서 몸의 평형을 잡고 그 평형을 잡은 상태에서 주변의 소리를 들음으로써 나와 세상의 중심을 잡는다. 그래서 귀가 안 들리는 사람들의 경우 신변의 위험을 많이 느끼게 된다.

눈은 앞에 있는 것을 판단해서 피하게 도와주지만 반대쪽에 있는 것에 대해서 아무리 가까이 와도 피할 수가 없다. 따라서 청각은 몸을 보호해 주는 가장 중요한 감각이다.

그래서 자동차에도 클랙슨이나 경찰차의 경보음 등도 있고, 심지어는 전기자동차나 하이브리드자동차 같은 경우에는 일부러 엔진음을 넣어서 주변 사람들이 인지하고 피할 수 있도록 한다. 그런 반면 무언가 알 수 없는 위험으로부터 몸을 보호하기 위해서 다양한 소리에 집중하다 보니 상대방의 이야기에 집중하지 못하는 경우도 생긴다.

주변이 분산이 되면 쉽게 설득을 당하기 때문에 어떤 상황에 내가 중요한 일을 집중해서 들을 수 없다면 선택을 미루는 것이 현명하고 내가 들은 이야기들을 글로 써서 확인을 해보는 것이 좋다. 그래야만 정확한 정보와 상대방의 목표가 판단되어서 제대로 된 결정을 내릴 수 있다.

▶ 후각의 특징과 약점
이 부분도 설득의 기술 중에서 소개했던 페브리즈의 실패와 재기에 대해서 설명하고 시작해 보자. 페브리즈가 모든 냄새를 제거할 수 있어서 처음에는 최고의 히트상품이 될 수 있다고 판단했지만, 사람은 자신하고 비슷한 냄새가 나는 사람하고만 어울린다는 사실을 알게 되어서 결국 실패했고, 나중에 청소를 마치고 뿌리는 것으로 만들어서 성공했다. 후각적으로 상대를 설득하려면 우선 상대하고 같은 냄새가 나도록 하고 상대를 유혹할 수 있는 향수를 쓰는 것이 좋다고 했다. 이러한 후각의 특징 중에 한 가지를 더 얘기하면 가장 왜곡 없이 오랫동안 기억을 하는 감각이라는 사실이다. 앞에서 얘기한 시각이나 청각의 경우에는 사람들이 기억에 따라서 바뀔 수 있지만 이 후각의 경우 태어나서 맡는 냄새를 사람들이 나이가 들어서도 기억을 한다고 한다. 최근의 연구에 따르면 심지어는 3대를 이어가면서까지 기억이 전달된다고 해서 화제가 되기도 했다.

그럼 이러한 후각에는 어떠한 문제가 있으며 그것은 어떻게 극복될 수 있을까?

후각은 가장 본능적으로 사람을 자극하는 감각이다. 우리가 먹는 음식, 만나는 사람, 심지어는 우리가 가지고 있는 물건에 대한 기억 중에서 우리가 인지하지 못하고 있지만 그것이 가지고 있는 냄새가 사람이나 물체에 대한 나의 무의식을 자극하게 되어 있다. 그래서 향수를 통해서 상대를 유혹하는 방식을 개발하게 된 것이다. 따라서 내가 알고 있는 물체의 냄새에 대해서 정확하게 파악하는 노력이 필요하다.

내가 어떤 냄새를 좋아하고 싫어하는지 그리고 어떤 상황에서 그런 냄새에 반응하는지를 깨닫는 과정이 필요하다는 것인데, 이것은 단순하게 거절의 기술로서 상대방을 거절할 때 외에도 내 자신이 편안한 상황을 만들기 위해서도 필요하며, 상대방이 나를 유혹할 때 나는 향을 파악해 두었다가 그런 향을 익숙한 향으로 만들게 되면 유혹의 효과가 떨어지는 결과가 나오기도 한다. 그 외에도 촉각, 미각 등의 경우에도 마찬가지로 많은 경험을 통해서 그 자극의 크기를 줄이는 노력을 해놓는다면 중요한 순간의 결정에 흔들리지 않을 수 있게 된다.

● 소속감의 거절의 기술(조건을 걸어서 거절한다)

소속감의 설득의 기술에서 사람의 욕망의 단계를 소개하고 그중에서 인정과 소속감의 단계를 통해서 인간의 사회 속에서 자아성취나 존경의 단계로 가기 위해선 반드시 필요하기 때문에 인간은 소속감을 가지려고 하고 소속감을 자극하면 쉽게 설득할 수 있다고 했는데, 이렇게 혈연, 지연, 학연의 소속감의 설득술들에 대해서 어떻게 거절을 해야 할까?

만약 상대방을 내가 같은 소속이라서 알고만 있는 사이라던가, 그 사람이 도와줄 때 내가 받을 영향이 너무 크고, 도와주고 나서도 내가 얻을 수 있는 이익이 없다면 나로서는 도와주어야 할 이유가 전혀 없는데, 안 도와주게 되면 무정한 사람이라고 낙인이 찍힐까 봐 걱정인 사람이 많다. 그래서 어쩔 수 없이 울며 겨자 먹기로 도와주거나, 그 사람의 상황이 나쁜 것을 알면서도 상황을 믿지 않고 사람만 믿고 도와주는 경우가 많다. 그렇게 다 도와주었다간 돈도 버리고 사람도 버리고 나 자신도 망가지게 된다는 사실을 기억해야만 한다.

그럼 이런 소속감의 설득술로서 부탁을 하거나 설득을 하는 사람을 어떻게 거절하는 것이 좋을까? 조건을 걸어서 거절하는 것이 가장 현명하다. 저자도 사업을 하다 보니 많은 사람들이 와서 부탁을 하는데 대부분의 경우 혈연, 지연, 학연을 이용한 부탁들이 많았다. 게다가 대부분 자신이 능력이 부족함에도 불구하고 조금이라도 더 좋은 조건으로 돈을 빌리거나 투자를 받기 위해서 부탁하는 경우가 많다는 사실을 알게 되었다. 그래서 몇 번 그런 부탁을 당해보고선 깨달았다. 무조건 거절하는 것이 아니라 계약을 하자고 하는 것인데, 예를 들어서 돈을 빌려달라고 했을 때에는 "담보가 있냐?", "이자는 얼마나 줄 거냐?" 그리고 "기간은 얼마로 해서 빌릴 것이냐?"는 것을 확인한 후에 빌려주는 것이다. 그리고 담보에 대해선 추가로 각서를 받는데 최우선 변제각서를 받는 것이다. 은행이나 어떤 빚보다 우선적으로 집행이 가능하다는 각서를 받게 된다면 일단 안심할 수 있게 된다.

그런데 이런 식으로 까다로운 조건을 내세우면 대부분의 경우 부탁을 안 하게 된다. 스스로 생각해도 그렇게까지 하려면 뭐 하러 나한테 빌리겠는가? 어찌 되었든 이런 절차를 밟고 빌려준다면 설사 못 갚게 된다고 해도 담보가 있어서 대부분은 복구할 수 있기 때문에 내 손해가 크지 않아서 나와 그 사람과의 관계가 크게 파괴되진 않는다.

이것은 일상생활에서도 쉽게 사용할 수 있는데, 나보다 높은 사람이나 동료가 잠깐만 일을 봐달라고 부탁을 할 때 자신도 같이 부탁을 하는 것이다. 예를 들면 오늘 대신 일을 봐달라고 하면 대신 다른 날을 집어서 이야기하면 그 다음에는 쉽게 부탁을 할 수 없도록 만드는 것이다. 그래서 서로 간에 쉽게 일을 떠넘길 수 없도록 만드는 것이 바로 조건걸기의 핵심이다.

■ **동질감의 거절의 기술**(제3자와 상의 후에 판단)
이번에는 동질감의 거절의 기술인데, 앞에서 동질감의 거절의 기술은 일단 감정의 기술 중에서 상대방과 같은 소속이 아닐 때 같은 감정을 찾아서 자극을 함으로써 상대방의 호감을 사서 상대방을 설득하는 기술이다. 동질감을 가장 잘 느낄 수 있는 세 가지가 바로 추억, 취향, 의견이라고 했다. 이런 식으로 동질감으로 접근을 하는 상대에 대해선 어떻게 거절을 하는 것이 좋을까?

첫 번째로는 상대방과 내가 어떤 동질감을 가지고 있는지 파악을 해야 한다.

두 번째로는 그 사람의 설득이나 부탁과 동질감을 분리해야 한다.

세 번째로는 그 동질감과 벗어나서 판단할 수 있는 사람과 상의 후 결정해야 한다.

의외로 동질감의 기술이 굉장히 강력한 힘을 발휘할 때가 많다. 나는 빨간색 스포츠카가 너무나도 갖고 싶은데 비싸서 용기가 나지 않아 사지 못하고 있을 때 친구가 자기가 스포츠카를 살 건데 대신 얼마동안 빌려줄 테니 돈을 빌려달라고 한다. 그리고 만약 자신이 그 돈을 갚지 못하면 차를 가져가도 좋다고까지 이야기를 한다. 만약 이렇게 이야기한다면 당신은 거절할 수 있을까? 아마도 거절하기가 쉽지 않을 것이다. 왜냐하면 자신의 욕망이 그 방향으로 가고 있기 때문인데, 만약 친구가 돈을 갚지 못한다면 싼 값에 원하는 차를 가질 수 있다고 생각하기 때문이다.

그러나 이것은 욕심에 눈이 먼 사람이 판단하기에 좋은 결정이다. 만약 차에 욕심이 없는 사람이라면 절대로 이런 판단을 하지 않을 것이다. 도리어 친구에게 이렇게 충고를 할 것이다.

"내가 돈을 빌려주면 너는 더 많은 돈을 쓰게 될 것이고, 네가 돈을 갚지 못하면, 너는 차를 잃게 되고 나는 친구를 잃게 될 텐데, 그런 과정은 내가 싫다."

자신이 원하는 욕망에 눈이 먼 사람은 한치 앞을 보지 못하는 경우가 많다. 같은 욕망을 가진 사람은 워낙에 쉽게 이해가 되기 때문에 이런 경우에는 나 혼자 판단할 것이 아니라 그 욕망에서 자유로운 사람과 상의를 해서 올바른 방향으로 결정을 내려야만 한다.

여기까지 공감의 기술을 마치고 다음 장에선 호감의 거절의 기술에 대해서 살펴보도록 하자.

● 호감의 거절의 기술(겸손하라)

호감의 설득술에 대해서 먼저 이야기를 다시 하고 거절의 기술에 대해서 살펴보자. 호감의 설득술에서 세 가지로 상대방의 호감을 얻는 것이 좋다고 했는데, 듣기, 질문, 칭찬으로 이어지면서 상대방의 호감을 얻어내는 것이다. 그렇다면 이러한 호감의 기술은 어떻게 거절을 하는 것이 좋을까?

이 부분에 대해선 사실 설득의 심리학이나 많은 설득에 관한 책들이 간단하게 말을 한다.
"본능적인 거부감을 활용하라."
이 말은 사실상 "방법이 없다."는 것이다. 그렇다면 과연 어떻게 호감의 기술을 거절해야만 할까?

■ 듣기의 기술(감사의 기술)

듣기의 기술에서 살펴본 방법은 상대방의 목표를 파악하고 욕망을 읽고, 자랑스러운 이야기를 들어주라고 했다. 반대로 생각하면 쉬운데, 아무런 이유 없이 상대방을 치켜세우고 상대방의 내면이 이야기를 끄집어낼 수 있는 듣기를 하는 사람이라면 일단 경계를 하는 것이 좋다. 일반적인 사람들은 자신이 좋아하는 이야기가 나오면 듣고 아니면 아니라고 한다. 그러나 듣기의 달인들은 상대방이 하기 좋아하는 이야기를 꼭 집어서 들어주고 더 이야기를 하도록 만들기 때문에 내가 말하고 싶지 않은 내용조차도 하게끔 만드는 재주가 있다. 내가 말을 하는데 너무나도 말을 잘 들어주고 하고 싶지 않은 말까지 하게끔 만드는 사람을 만났다면 반드시 조심하라. 물론 나하고 코드가 잘 맞아서 그럴 수 있지만 그런 사람일수록 시간을 두고 조금씩 알아가는 것이 좋다.

그렇다면 이런 듣기를 잘하는 사람한테는 어떤 방법으로 대응하는 것이 좋을까? 감사의 기술로서 대응하는 것이 좋다. 감사의 기술은 듣기의 기술의 최고의 대응방법이다. 말을 하는 사람이 보통 주도권을 가지고 있는데 반해서 감사하는 사람은 듣고 있는 사람에게 자신의 주도권을 넘기기 때문이다. 그래서 감사하는 말은 듣기를 하는 사람의 호감을 얻을 수 있는 최고의 방법이다.

그럼 감사의 기술은 어떻게 하는 것이 좋을까? 우선 항상 모든 사람에게 감사하다는 말을 자동적으로 나올 수 있도록 습관을 들여야만 한다. 하다못해 물을 한잔 주어도 "감사합니다."라고 말이다. 평소에 아무것도 아닌 일에도 "감사하다."는 말을 입에 달고 살다 보면 상대방이 나에게 악감정을 가지기가 힘들다. 또 한 가지 방법은 감사를 할 때 무조건적으로 할 것이 아니라 어떤 이유를 정확하게 들어서 감사하다고 하는 것이 좋다. 칭찬의 경우에는 높은 사람이 낮은 사람에게 하는 경우가 많아서 어려울 때가 있지만 감사는 주로 낮은 사람의 위치에서 상대방을 올려다보는 경우가 많기 때문이다. 저자가 가장 많이 쓰는 감사말은 이런 것이다.

"제 말을 잘 들어주셔서 정말 감사합니다. 저는 말이 많은 편이라서 항상 걱정인데 이렇게 제 말을 잘 들어주시니 너무 감사합니다."

사실 아무것도 아닌 것 같지만 상대방은 이미 감사를 들은 후에는 자신의 이야기도 쉽게 하게 된다. 이처럼 상대방의 마음을 여는데 감사의 인사만큼 좋은 것은 없다.

■ 질문의 기술(답변의 기술)

두 번째로는 질문의 기술이다. 저자가 질문의 설득술에선 상대방이 하고 싶은 이야기를 구체적으로 질문을 해서 상대방의 이야기를 끄집어 낼 수 있게 하되 상대방이 스스로 움직일 수 있는 질문을 통해서 내가 원하는 방향으로 상대방을 끌고 가라고 했었다. 그렇다면 이렇게 질문을 하는 상대에 대해선 어떻게 거절을 할 수 있을까?

설득의 달인들의 질문의 기술을 보면, 우선 긍정적인 대답이 나올 수 있는 질문부터 먼저 던지고 상대방이 하고 싶은 이야기만 골라서 질문을 해서 스스로 움직일 수 있도록 한다. 그렇기 때문에 일단 상대방의 질문을 통해서 상대방의 욕망을 읽는 기술을 가지고 상대방을 분석하는 것이 좋다. 만약 상대방이 좋은 말로 문을 열고 나에게 잘하는 것을 자꾸 질문을 한다면 일단 무슨 목적이 있어서 그런지 의심하는 것이다. 여자들을 잘 유혹하는 남자들의 경우 여자들이 좋아하는 이야기를 던진 후 그 이야기를 들어줌으로써 상대방의 마음을 사로잡는다고 한다. 이처럼 내가 하고 싶은 이야기를 마음껏 하게 해주는 질문을 던지는 사람을 조심해야만 한다.

이런 질문의 달인에 대해선 어떻게 대응을 해야 할까? 답변의 기술을 통해서 대응해야 한다. 답변의 기술이 필요한 이유는 잘못된 대답은 나를 궁지로 몰 수 있기 때문에 제대로 된 대답을 해야만 하는데 왜냐하면 많은 사람들 앞에서 나를 궁지로 모는 경우가 대부분 내가 한 말이나 행동이 그렇게 만들기 때문이다. 따라서 제대로 된 대답은 일단 나를 보호하면서 내가 하고 싶은 이야기를 할 수 있다.

그렇다면 답변은 어떻게 하는 것이 좋을까? 소크라테스의 명언 "너 자신을 알라."라는 말이 있다. 사실 소크라테스가 한 말은 이 말이 아니다. 소크라테스는 "나는 내가 모르는 것을 알뿐이다."라고 했다고 하는데 이 말이 어찌된 일인지 아폴론 신을 모시는 델포이 신전에 새겨진 신탁 중에 한 가지인 "너 자신을 알라"로 바뀌어서 내려왔다고 한다.

그리고 공자의 사상이 담긴 논어에도 이런 말이 있다.

"아는 것을 안다고 말하고, 모르는 것을 모른다고 말하는 것이 진정으로 아는 것이다."

이처럼 답변에 있어서 가장 중요한 것은 내가 아는 것만을 대답하는 것이 최고의 방법이다. 그리고 자존심 때문에 모르는 답을 했다가는 그것은 거짓말이 된다. 그리고 거짓말은 언젠가 들통이 나게 되는데 살다 보면 원하던 원치 않던 모르는 일에 대해서 답변을 해야만 할 때가 분명히 있다. 그런 경우에는 반드시 추정이라는 단서를 달고 만약의 사태에 도망을 갈 구멍을 만들어 놓고 답변하는 것이 좋다.

그리고 대답을 하다 보면 잘못된 정보나 순간적인 실수로 인해서 잘못된 대답을 할 수도 있다. 그런 경우에는 대답을 바로 고치는 것이 빠르면 빠를수록 좋은데, 만약 바로 고칠 수가 없어서 시간이 지난 후에 대답해야 하는 경우에는 왜 당시에 그런 대답을 할 수 없었는지를 반드시 정확하게 기록해 놓을 필요가 있다. 그렇지 않으면 나중에 후회할 일이 생기게 된다. 그래서 많은 사관들이 후에 자신의 기록에 기록 당시의 상황을 적음으로써 자신의 사관에 대해서 변명을 하는 경우가 많은 것이다.

■ 칭찬의 기술(겸손의 기술)

칭찬의 기술은 네 가지가 있다. 첫 번째로 상대방을 관찰해서 칭찬할 내용을 찾아야만 한다. 두 번째로는 상대방에 따라서 칭찬을 다르게 해야 한다. 남성의 경우에는 능력이나 성과를, 여성의 경우에는 외모의 아름다움이나 그 외모를 가꾸기 위한 노력을 칭찬하는 것이다. 세 번째로는 칭찬을 통해서 상대방의 호감을 사서 가깝게 지낸다. 네 번째로는 호감을 바탕으로 설득이나 부탁을 하면 보다 쉽게 가능해진다고 이야기를 했었다.

그럼 칭찬에 대한 거절의 기술을 어떻게 해야만 할까? 나를 칭찬하는 사람을 거절하기란 정말 쉽지 않으나 조금만 생각하면 의외로 쉬운데, 나를 칭찬할 만한 특별한 이유가 없는 사람이 나를 너무 높게 띄운다면 그것은 위험한 칭찬이 된다. 모든 것은 대가가 따른다. 그런데 이유 없는 칭찬에 넘어가게 되면 위험한 부탁을 듣게 될 수도 있다. 모든 것은 너무 멀지도 가깝지도 않게 지내는 것이 가장 좋다.

그렇다면 이런 칭찬의 기술에는 어떻게 대응을 하는 것이 좋을까? 칭찬의 기술에 대응을 할 수 있는 방법은 한 가지 밖에 없는데, 그것은 바로 겸손이다.

겸손의 기술에 필요성에 들어가기에 앞서서 상반된 두 가지 사례를 보자.

첫 번째 사례는 동물들의 경우인데, 맹수 세 마리를 굶겨서 한 우리 안에 넣었을 때 생기는 일이다. 맹수 세 마리를 우리 안에 함께 넣으면 다들 미친 듯이 싸울 것이라고 생각하지만 그렇지 않다. 일단 세 마리가 서로 빙글빙글 돌다가 어느 한 마리가 비틀거리면 나머지 두 마리가 달려들어서 죽여 버리고 잡아먹는다. 즉 먼저 싸워서 힘을 빼게 되면 다른 한 마리에게 죽임을 당할 것을 알고 그것을 계산하고 마지막의 힘을 비축하기 위해서 그런 식으로 머리싸움을 하는 것이다.

그러나 인간의 경우에는 전혀 다르다. 한 케이블방송국에서 하는 '지니어스'라는 두뇌게임프로젝트가 있다. 11명이 나와서 게임을 하는데 정해진 룰 안에서 최대한의 게임의 룰을 이용해서 한 명을 제거해 나가는 형식의 게임이다. 이 게임에서는 배신과 거래, 뇌물 등이 전부 허용이 된다. 그야말로 무규칙 두뇌서바이벌 게임인데, 여기선 맹수들의 사례와 반대의 결과가 나온다. 첫 번째 게임에서 가장 먼저 가장 강한 사람을 다른 사람들이 협동해서 떨어뜨린다. 이 이유는 마지막에 남았을 때 상대하기가 버겁다고 판단했기 때문이다. 현재는 내가 협동을 해서 상대를 제거할 수 있지만 일대일로 붙었을 때는 분명히 내가 질 것이라고 판단되는 사람을 예측하고 제거하는 것이다.

여기서 인간의 사회 속에서 왜 겸손의 기술이 필요한지를 알 수 있다. 즉 너무 강하면 일찍 제거가 되는 것이 바로 인간 사회의 규칙이기 때문이다. 자신이 아무리 강하고 잘났더라고 그 마음을 가슴속에 품고 있어야지만 끝까지 살아남을 수 있는 것이다.

두 번째 겸손의 이유는 인간 사회 속에선 자신이 가진 권위와 능력만큼의 책임을 지우기 때문이다. 예를 들면 대통령은 개인으로서는 사회에서 최고의 권력을 가지고 있어서 함부로 말을 해선 안 된다. 만약 우리나라에서 최고로 큰 기업인 삼성의 회장 이건희씨 역시 무슨 말을 하던지 간에 모든 사람들이 이야기하고 언론에 나오기 때문에 말 한 마디마다 조심해야 하는 것과 같다. 어떤 사회든지 높은 자리에 있는 사람의 말이나 행동은 그만한 대가를 치르게끔 설계가 되어 있다. 이처럼 강한 힘을 가질수록 그 힘을 원활하게 쓰기 위해선 자신을 낮추는 자세가 필요하다.

세 번째 겸손의 이유는 인간은 질투를 하는 존재이기 때문이다. 그래서 직책이 높아질수록, 자랑할 일이 많아질수록 적이 많아지게 된다. 적이 많아지는 이유 중에 한 가지를 들어보면 아는 척, 있는 척, 잘난 척을 하는 만큼 부탁하는 사람들의 숫자가 늘어나기 때문이다. 예를 들어서 내가 평소에 돈이 많다고 자랑을 하고 다닌다고 생각해 보자. 그렇게 돈이 많다고 자랑을 해놓고 가까운 사람이 와서 돈을 빌려달라고 했을 때 없어서 못 빌려주겠다고 하면 그 사람은 적이 될 수 있다. 또 내가 아는 것이 많다고 잘난 척을 하고 다녔는데 정작 중요한 때에는 필요한 정보를 알지 못한다면 그냥 아는 것 많은 헛똑똑이가 될 확률이 높다. 즉 어떤 경우든지 일단 자세를 낮추고 최선을 다하는 모습을 보여주는 것만큼 좋은 겸손의 방법은 없다.

그럼 어떻게 하는 것이 겸손해 보이는 것일까?

첫 번째로 누군가에게 말하는 것보다는 귀담아 듣는 습관을 갖는 것이 좋다. 모든 사람은 대화를 할 때 말하는 쪽이 주도권을 가지고 있다고 생각하기 때문에 들어주는 사람은 겸손해 보이기 마련이다. 그리고 거절은 말을 하다가 하는 것이 아니라 듣다가 하는 것이기 때문에 듣는 자세로 상대방을 높여줌으로써 겸손을 표시하는 것이다.

두 번째로 자신이 남들보다 뛰어난 점에 대해서 자랑을 해선 안 된다. 재미있는 사실이 인간은 남들에게 자랑을 하고 싶지만 튀어서는 안 된다는 점 때문에 명품을 선호한다고 했는데, 이는 같은 물건을 쓰되 비싼 물건으로 자신을 돋보이게 하는 것이다. 그래서 일단 자신이 가진 권위와 능력, 부 등을 남들에게 과시해선 안 된다. 진짜 뛰어난 거부들은 예로부터 자신의 부를 과시하는 방법으로 자선이라는 방식을 사용했다. 남들 앞에서 자신의 부를 자랑하면 존경은커녕 비난을 받기 때문에 가난한 사람들을 도와서 자신의 부를 우회적으로 자랑을 하는 것이다.

세 번째로는 칭찬하는 상대에게는 반드시 자세를 낮추고 상대를 같이 칭찬하는 자세를 가져야 한다. 흔히 칭찬을 립서비스라고 하면서 돈이 들지 않으면서 상대의 마음을 가져오는 기술이라고 한다. 그러나 세상에는 공짜가 없다. 공짜칭찬이 더 엄청난 결과를 가져올 수 있기에 반드시 칭찬을 받으면 자세를 낮추고 상대방에게 같이 칭찬을 해서 상호성의 원칙에 따라서 빚지지 않은 마음으로 상대를 대할 때 비로소 제대로 된 마음가짐으로 상대를 만날 수 있다.

● 부정적 감정의 기술의 거절의 기술(대처법)

이번에는 부정적 감정의 기술의 거절의 기술들에 대해서 살펴보자.
본격적인 내용에 들어가기에 앞서서 부정적 감정의 기술들에는 어떤 것들이 있었는지 알아보자. 불안, 죄책감을 이용한 기술로는 상호성의 법칙, 풋 인 더 도어, 풋 인 더 페이스가 있었으며, 분노의 기술로는 불만의 기술이 있었고, 연민의 기술로는 동정심의 기술이 있었다. 그렇다면 각각의 기술에 대한 대처법에 대해서 조금 더 깊게 살펴보겠다.

■ 불안 죄책감을 이용한 기술

▶ 상호성 법칙의 대처법(평소에 빚지지 않는다)
상호성의 법칙은 상대를 심리적으로 빚진 상태로 만드는 것으로, 상대방이 마음에 빚이 있다고 판단이 되면 내가 원하는 시기에 원하는 부탁이나 설득을 잘 들어줄 수 있도록 만드는 방법을 상호성의 법칙에 따른 설득의 기술이다.

　이런 상호성의 법칙에 넘어가지 않기 위해서는 어떤 방법이 있을까? 평소에 남에게 빚지지 않는 마음가짐을 갖고 생활하는 것이 바람직하다. 일상생활에서 빚지지 않은 형태의 생활이 몸에 익숙해지는 것이 좋다. 그렇다고 아무것도 주지도 받지도 않는 생활을 할 수는 없기 때문에, 상대방이 밥을 사면 나도 한 번 사는 식으로 주고받으면서 생활하는 것이 좋다.

　그렇다면 다음 상황에선 어떻게 하는 것이 좋을까? 이웃사촌으로 아이들도 친하고 해서 잘 지내지만 그 사람이 평소에 언행이나 품행이 별로 좋지 않은 경우도 많다. 그런데 그런 사람이 부탁을 했을 때 어떻게 해야 하는지 대처 방법을 생각해야 한다.

　평소에 신세를 지던 사람에게 어떤 부탁이나 설득을 당했을 때 상대방의 신뢰의 크기를 객관화 하는 노력이 필요하다. 일단 그 사람이 평소에는 나하고 친하지만 다른 사람들과의 관계나 그 사람의 사회적인 신뢰에 대해서 판단을 할 필요가 있지만, 판단을 해야 하는 본인의 입장에선 객관적으로 판단을 할 수가 없는 경우가 많다. 그래서 그 사람을 전혀 모르는 제3자와의 상의 후에 판단을 하는 것이 객관적인 결정을 내리는 데 도움이 많이 된다.

▶ 풋 인 더 도어기법(사안을 개별적으로 분리한다)
　풋 인 도어 기법이란 처음에는 쉬운 부탁을 했다가 점점 어려운 부탁으로 올라가는 형식의 설득의 기법으로 말 그대로 상대방이 문을 닫지 못하게 문틈에 발을 끼워 넣는 것처럼 설득을 하는 방법이다. 그렇다면 이런 풋 인 더 도어기업에는 어떻게 대처를 해야만 할까?

풋 인 더 도어의 강점을 분석하면 처음의 부탁이 아주 쉽다는 점이다. 그래서 일단 발을 들여놓으면 점점 더 높은 곳으로 가기 때문에 일단 쉬운 처음의 부탁을 거절하는 것이 제일 좋으나 사람이 모든 부탁이나 설득을 거절하면서 살기란 쉽지 않다. 예를 들어서 마트에서 시식코너에서 맛을 보라고 하고 물건을 판다고 해서 맛을 보지 말라고 하는 것과 옷가게 가서 옷을 사지 않기 위해서 옷을 안 입어 본다는 것은 어렵지는 않지만 굳이 안 할 필요가 없기 때문에 다음 방법을 추천해 드리고 싶다.

모든 부탁이나 설득을 개별적인 사안으로 판단하는 것이다. 그리고 많은 경험을 하고 판단을 하면 쉽게 거절을 할 수 있다. 앞에서와 같은 예를 들면 우선 마트에서 시식코너에서 맛을 볼 때 한 가지 코너에서 맛을 보고 나선 사야 하나 하는 부담감이 들지만 사실상 내가 산다고 약속을 하고 맛을 본 것도 아닌데 굳이 사는데 부담감을 가질 필요는 없다. 옷을 입어보는 것도 마찬가지다. 옷을 산다고 약속을 한 것도 아니고, 옷을 입으면 사야 한다는 그런 부담감을 버리면 쉽게 거절할 수 있게 된다. 그런데 여기서 한 가지 팁을 드리자면 우선 이것도 많은 경험을 하면 쉽게 거절하게 된다. 시식코너가 한 개면 부담스럽지만 한 열 군데를 들러서 먹다 보면 다 사줄 수가 없어서 결국 원하는 것만 사게 된다. 결국 풋 인 더 도어의 거절법은 많은 경험을 통해서 개별적인 사안으로 판단해서 결정을 하면 된다.

▶ 풋 인 더 페이스(시간을 두고 결정한다)
풋 인 더 페이스 기법이란 문을 열었을 때 얼굴을 들이밀어서 문을 닫지 못하도록 만든 다음 설득을 하는 방식으로 상대방의 죄의식을 이용한 방법이다. 이런 경우 보통 내가 원하는 것보다는 높은 형태의 부탁을 한 후 거절을 당하면 다음에는 조금 낮추어서 자신이 원하는 것을 이야기하는 방식인데, 즉 거절을 전제로 상대에게 부탁을 하는 형태의 기술로서 대부분의 협상의 기술에서 자신이 원하는 조건보다 높은 조건으로 협상에 임하는 경우가 많다.

그런데 이 경우 한 가지 약점이 있는데 그것은 바로 시간이다. 처음부터 3만 원을 빌리려고 5만 원을 빌려달라고 했다가 그것도 안 되냐고 투정을 부리고 나서 그럼 3만 원만 빌려달라고 바로 이야기를 하면 상대방이 쉽게 3만 원을 내주지만, 반대로 만약 조금 시간이 지나서 3만 원을 빌려달라고 하면 상대방은 그때와 지금을 분리해서 생각하게 된다. 그래서 3만 원을 빌려달라는 부탁을 예전의 5만 원에서 깎아서 불렀다는 생각을 하지 않고 그냥 3만 원만 빌려달라고 생각하게 된다. 따라서 이 풋 인 더 페이스의 가장 큰 거절법은 일단 시간을 버는 것이다. 따라서 누군가가 와선 이런 식으로 처음에는 큰 부탁을 했다가 나중에는 조금 조건을 낮추어서 부탁을 할 때에는 시간을 더 달라고 이야기를 한 후에 결정하는 것이 중요하다.

■ 불평의 기술의 대처법

불평의 기술은 내가 화가 날 때 바로 화를 내는 것이 아니라 일단 화를 참고, 내가 왜 화가 나는지 정확하게 분석한 후에, 정확한 책임자를 찾아가서 내가 원하는 결과를 얻을 수 있도록 이야기를 해야 한다고 했다. 그런데 이런 불평의 기술에 있어서도 대처법을 찾아야만 한다. 그 이유는 그런 불평을 바탕으로 실제로 자신이 받은 피해보다도 더 많은 요구를 하는 경우가 있기 때문이다. 실제로 많은 기업들이 블랙 컨슈머라고 해서 무조건 보상을 해달라고 떼를 쓰는 고객들 때문에 많은 손해를 보고 있다. 그렇다면 이런 불평의 기술에 대해서 어떻게 대처를 하는 것이 좋을까?

불만의 기술을 잘 처리한 사례를 한 가지 소개하면, 이 내용은 '고객님 너무하시네요'라는 일본책에서 나온 너무 심한 고객님들의 사례 중 한 가지다. 전자제품 매장에서 물건에 불만을 품은 한 손님이 화를 내면서 소리를 질렀다. 그래서 남자직원이 말리려고 사과를 하면서 이야기하는 과정에서 그만 손님이 화를 참지 못하고 직원의 따귀를 때리는 일이 발생했다. 그런데 일본에선 무조건 손님 편만을 들다 보니 직원이 화가 나서 얼굴이 뻘게지는 일까지 일어났다. 그러자 점장이 나섰다.

"손님의 불만사항을 모두 다 들어드리겠습니다. 그리고 저희가 잘못한 것을 사과드립니다."

그러자 따귀를 맞은 직원은 속으로 울분을 참고 있었는데 점장의 다음 말은 의외였다.

"그럼, 손님의 불만 사항은 다 해결이 되셨지요. 그렇다면 이제 폭력 사건은 경찰서에서 마저 이야기하시죠."

처음에는 손님이 화를 냈지만 일단 경찰에 연락을 했다고 하자 손님은 순식간에 잘못을 빌면서 좋게 해결하자고 부탁을 하게 되었다. 그리고 실제로 그 손님은 자기가 때린 점원에게 사과를 하고 사건이 해결되었다. 이 사건에서 우리는 실제로 불만에 대응하는 기술을 알 수가 있다. 그럼 이 사건을 바탕으로 불만에 대항하는 법에 대해서 알아보자.

이런 경우 사과의 기술로서 대처하는 것이 좋다. 사과의 기술이 필요한 이유는 우선 인간관계에서 실수나 오해는 필연적으로 일어날 수밖에 없기 때문이다. 내가 선의로 한 일이 다른 사람에게는 악의로 비칠 수도 있고, 내가 잘못한 일이 아님에도 불구하고 내가 맡은 직책 때문에 내가 사과를 해야만 하는 경우도 분명히 있다. 그리고 무엇보다도 오해라는 것은 언제 어느 상황에서도 발생할 수 있기 때문에 그런 오해를 푸는 가장 좋은 방법은 사과의 기술을 통해서 해결하는 것이다. 그리고 화가 난 상대의 오해를 푸는 가장 빠른 방법이며, 싸우지 않고 내 이야기를 상대에게 전달할 수 있는 방법이다.

그럼 사과의 기술은 어떻게 하는 것일까? 아마도 사과의 기술이라고 하니까 무조건 사과부터 하는 것이라고 생각하겠지만 그렇지 않다.

첫 번째 끝까지 상대의 말을 잘 들어야 한다. 사과의 기술은 바로 불평을 중간에 자르지 않고 끝까지 듣는 것이다. 사과의 기술 중에서 가장 먼저 해야 하는 부분은 일단 왜 상대방이 화가 났는지 정확하게 파악하는 것이다. 상대의 화를 파악하는데 가장 중요한 부분은 상대방이 왜 화가 났는지에 대해서 말을 할 때 자르지 말고 끝까지 들어야만 한다는 점이다. 상대방이 어떤 일에서 화가 났던지 간에 분명히 그 속에 있는 말을 하려고 왔는데 내가 말을 잘라버리면 그 분노가 폭발해 버리기 때문이다. 그래서 상대방이 화가 나거나 혹은 불평을 한다면 일단 상대방이 무슨 이야기를 하던지 간에 대답을 하지 말고 왜 그러는지 이유를 물어본 다음 끝까지 들어주는 것이 좋다. 이런 식으로 끝까지 들어주다 보면 상대방도 말하는 과정에서 이성을 찾고 상황을 정리하는 식으로 이야기를 하게 되어 있다. 저자도 서점에서 많은 사람들을 상대하다 보면 싸울 때도 있었다. 처음에는 잘 몰라서 무조건 보상을 해줄 테니 다른 곳으로 가서 사라고 하기도 하고, 혹은 직원들한테 화를 내기도 했는데 일단 상대방이 왜 화가 났는지 들어주는 과정에 이미 많은 오해가 풀리면서 상대방이 원하는 이야기를 듣는다는 것이 얼마나 중요한지 알게 되었다.

두 번째로 잘못을 인정한다. 상대방이 지적한 잘못된 부분 중에서 자신이나 자신의 집단이 잘못한 부분에 대해선 정확하게 잘못했다고 사과를 하는 것이다. 만약 자신이 한 일에 대해서 정확하게 알 수가 없다면 확인을 한 후에 사과를 하겠다고 말을 하면 된다. 만약 무조건 잘못했다고 하면 후에 더 많은 책임을 지울 수가 있을 뿐더러 정확하게 확인되지 않은 잘못을 시인했다간 상대방의 화를 더 나게 만들 수가 있기 때문이다. 그래서 정확한 판단하에 내린 잘못에 대한 사과가 사태를 수습하게 도와준다.

세 번째로는 책임 부분을 명확하게 한 후 마무리해야 한다. 사과를 했다고 해서 모든 책임을 다 내가 진다고 해선 안 되는데, 예를 들어 교통사고가 났을 때도 완전히 100%의 과실은 거의 존재하지 않고 대부분 쌍방책임이다. 마찬가지로 어떤 상황이라 해도 완전하게 내 책임만 존재하는 경우는 거의 없기 때문에 일단의 불평의 이야기를 들은 다음 사과를 통해서 상대방을 진정시킨 후에 제대로 된 사후 협상을 해야만 한다. 서점에서 실제로 있었던 사건을 보면, 저자가 운영하는 서점에서 손님이 우산을 분실한 적이 있었는데 문제는 그 우산이 고가의 우산이었다는 것이다. 그래서 이런 문제를 한 번도 당해 본 적이 없어서 경찰에 신고를 하고 확인해 보니 분실된 서점측에 책임이 있다고 해서 손님에게 그 우산의 가격과 종류를 말씀하시면 같은 종류의 우산을 사드리던가 돈으로 배상하겠다고 하였다. 그랬더니 그럴 필요는 없고 우산을 찾아만 달라고 해서서 서점에 공고를 한 달 간 붙이고 여기저기 확인을 했지만 찾을 수가 없었다. 하지만 우산을 찾으려는 노력을 한 덕분인지 손님이 별도의 손해보상을 요구하지 않고 마무리되었다. 이처럼 어떤 경우에도 협상의 여지는 있기 마련이다. 중요한 것은 상대방의 감정을 다치지 않고 좋은 결과를 이끌어 내는 노력이 중요하다.

이런 사과를 할 때 세 가지 주의할 점이 있는데, 우선 절대로 무조건 잘못했다고 하지 말 것, 두 번째 사과한 후에 같은 실수를 하지 않는 시스템을 구축할 것, 세 번째는 무조건 다 책임진다고 이야기하지 말고 사안을 분리해서 대응해야 한다는 점이다.

■ 동정심 거절의 기술

동점심 유발 방법은 첫 번째 공감의 기술을 통해서 우리도 당신들과 같은 생활을 했던 사람이라는 점을 강조한다. 두 번째로는 갑자기 찾아온 재앙과 혼자서 벗어나려고 분투하는 모습을 보여주는 것이다. 세 번째로는 당신들의 도움만 있다면 다시 평화로운 생활을 할 수 있다는 점을 강조하는 것이 좋다고 했는데 이런 동정심의 기술에 대해서 왜 거절의 기술이 필요한 것일까?

첫 번째 이유는 함부로 동정을 하게 되면 스스로 설 수 없게 만들 수도 있기 때문이다. 동정심 거절의 기술에 들어가기에 앞서서 이 책의 내용 중 한 가지를 소개하면, 〈죽은 원조〉라는 책은 선진국의 원조가 후진국들을 죽이는 도구로 쓰이고 있다는 내용을 담고 있다. 실제로 많은 아프리카의 나라들이 과거의 종주국인 유럽대륙의 나라들의 끊임없는 원조를 받고 있지만 원조를 받으면 받을수록 점점 더 궁핍해지는 것은 무상으로 원조해 주다 보니 산업의 기반이 파괴되어서 스스로 설 수 없게 되었다고 한다.

한 가지 예를 들어보면, 한때 말라리아 때문에 많은 아이들이 죽는다고 해서 모기장을 보내주자는 운동이 일어난 적이 있었는데, 그렇게 보내준 모기장 때문에 더 많은 아이들이 말라리아로 죽게 된 경우가 있었다. 언뜻 이해가 가지 않을 것이다. 그 이유는 경제의 원리 때문인데, 우선 무상으로 원조를 해주면 일단 모기장을 공짜로 얻어서 쓰기 때문에 당장에는 말라리아모기를 피할 수가 있지만 모기장은 두 달만 쓰고 나면 구멍이 나서 무용지물이 된다. 그런데 그 사이 그 나라에 있는 모든 모기장 공장과 회사는 파산을 하게 되었다. 즉 선의로 베푼 호의가 악의로 돌아오게 되는 악순환을 되풀이 하게 되는 것이어서, 누군가를 도울 때는 반드시 고심에 고심을 거듭하고 나서야 도움을 주는 것이 중요하다. 책 속에선 모기장을 지원해 줄 것이 아니라 모기장을 만드는 공장을 그곳에 세운 다음 다른 나라에서 그 모기장을 사줌으로써 더 많은 모기장을 만들어야지만 된다는 건설적이 대안을 제시한다.

　두 번째 이유는 내가 세상의 모든 사람을 다 도와줄 수는 없기 때문이다. 물론 연말연시에 불우이웃돕기를 하거나 가끔씩 도와달라는 사람들을 도와줄 수는 있지만 내가 세상의 모든 사람을 다 도와줄 수는 없다. 그래서 가끔씩 이런 전화를 받는다. 봉사단체에서 도움을 달라고 전화가 오는데 한 번에 너무 많은 곳에서 전화가 오다 보면 결국 다 믿을 수도 없게 되고 다들 어렵다고 하지만 나도 먹고 사는데 돈이 남아도는 것도 아닌데 어떻게 다 도와주고 살 수가 있는가? 아주 가끔씩 그런 것을 지나치지 못하고 도와주다가 자신의 가정에 어려움을 겪고 있는 분들을 보면 반드시 이 말을 해드리고 싶다. 도움을 주려고 하면 반드시 내가 먼저 능력이 있고 나서야 해야 한다는 것이다. 내가 도움을 주다가 파산을 해버리고 돕고 싶은 사람들을 더 도울 수도 없기 때문이다. 예를 들어 보면, 물에 빠진 사람이 있었다. 그런데 물에 빠진 사람을 구하기 위해서 수영도 못하는 사람이 들어가면 어떻게 될까? 둘 다 죽는다. 그리고 물에 빠진 사람을 구해 주었는데도 보따리 내놓으라고 소송을 거는 사람도 있다. 세상은 도움을 베푼다고 해서 다 고마워하지 않기 때문이다.

그럼 사람들을 돕기 전에 어떤 기준으로 사람들을 도와야 할까?

첫 번째로는 내가 가진 능력이나 재산, 그리고 사회적 위치가 사람들을 도울 만한지 먼저 판단을 해야 한다. 마치 내가 수영을 하지도 못하면서 물에 빠진 사람을 구하려고 들어가는 것과 같기 때문이다. 내가 능력이 되지 않는다면 도움을 미루는 것이 좋은데, 이것은 설득에서 권위와도 같은 이야기지만 일단 자신이 가진 것이 없는 사람이 남들을 돕는다는 것은 말이 되지 않는다. 일단 자신의 가족들을 챙길 수 있을 만한 사람이 남들을 도울 수 있어야만 한다.

두 번째는 도움을 청하는 사람에게만 도움을 주어야만 한다. 세상을 살다 보면 내가 베푼 선의가 악의로 돌아올 때가 참 많다. 저자도 살면서 나름대로 착한 일을 한다고 해서 도움을 베풀었는데 그것이 나쁜 결과로 돌아오거나 안 도와준 것보다 못하게 돌아오는 경우를 보면서 도움을 베푸는 것 역시 정확한 판단을 하고 해주거나 아니면 상대방이 부탁을 할 때 들어주어야만 한다는 사실을 깨닫게 되었다. 물론 예외의 경우도 있어 상대방이 도움을 부탁하지도 못할 만큼의 상황이라면 반드시 돕고 넘어가야겠지만 그 사람을 구했다고 해서 그 사람의 인생 전체를 책임지는 행동을 해선 안 된다. 도움은 어디까지나 그 사람이 스스로 움직일 수 있을 때까지만 주어야만 한다.

세 번째로는 내가 남들에게 베풀고자 할 때는 반드시 정해진 상대에게 정해진 목표를 가지고 베푸는 것이 좋다. 무작정 이번에는 불우이웃 돕기, 다음에는 아프리카 난민 돕기, 다음에는 그냥 돈으로 기부, 이런 식으로 돕다 보면 자신이 왜 이런 일을 하는지 목표를 잊어버리게 된다. 자선이라는 것, 도움을 베푼다는 것은 단순하게 남을 돕는 일일 뿐만 아니라 내 자신의 마음을 구원하는 일이기도 하다. 그런데 생각나는 대로 하다 보면 내가 언제 무엇을 어떻게 했는지도 기억을 못하게 되어서 결국 꾸준한 자선을 할 수 없게 되기 때문에, 일관성 있는 도움을 많은 사람들에게 주는 것이 좋다.

그럼 연민에 호소하는 사람들에게 어떻게 거절을 해야 하는 것일까?
첫 번째로는 일단 상대방의 어려움에 공감을 표시하는 것이 좋다. 여기서도 듣기의 기술이 필요한데, 상대방이 와서 이야기를 할 때는 분명히 힘들기 때문에 왔고 도움을 청한다는 것은 굉장히 어려운 일이기 때문에 왜 그런 부탁을 하는지에 대해서 정확하게 이야기를 들어주는 것이 중요하다. 누구라도 와서 꾸준히 들어주는 것만으로도 부탁을 하는 사람 입장에선 굉장히 감정적으로 고맙다.

두 번째로는 내가 도울 수 없음을 정확하게 설명을 해주어야 한다. 물론 시간을 두고 고민을 한 다음에 내린 결론을 이야기해야겠지만 내가 도와줄 수 있는 것과 도와줄 수 없는 사안은 분명히 존재하기 때문이다. 내가 도와줄 수 없는 사안을 도와준다고 이야기하는 것은 거짓말이 되거나 같이 망하자는 이야기 밖에 되지 않기 때문에 반드시 내가 도와줄 수 없다는 진실을 이야기해야만 하고 나서 상대방에게 미안하다는 이야기와 함께 같이 고민할 수 있는 방법에 대해서 이야기를 해보자고 하는 것이 좋다. 즉 도움을 줄 수 없어도 감정적으로 상대방을 움직여줄 수 있어야만 좋은 거절이 된다.

세 번째로는 도움을 줄 수 있는 다른 방법을 알려주거나 다른 사람을 소개해 주는 것이 좋다. 부탁을 직접적으로 들었을 때는 굉장히 힘들지만 옆으로 밀었을 때는 또 다른 방법이 보이기 때문이다. 저자도 한번은 아는 친구가 와서 하도 사정이 어렵다고 사정을 해서 알아보니 자신의 카드 값을 막지 못해서 카드를 돌리다가 사채까지 끌어 쓰게 되어 어렵게 되었는데 그 금액이 엄청나서 도저히 돈을 빌려주겠다는 이야기를 할 수가 없었다. 그래서 일단 거절을 하고 같이 고민을 해보자고 이야기한 다음 금융권에 있는 친구들에게 부탁을 해서 알아보니 그런 경우에는 대환대출이라고 해서 금융기관에서 싼 이자로 바꿔주는 정책이 있다는 것을 알고선 그 친구에게 방법을 알려주어 돌려서 막은 사례도 있었다. 이처럼 세상의 모든 부담을 내가 다 질 필요가 없다. 내가 할 수 없는 것은 할 수 없다고 이야기를 하고 다른 방법을 찾아주는 것 역시 제대로 된 도움을 주는 방법이다.

논리의 설득의 거절

우선 논리적 설득의 방법에 대해서 다시 한 번 알아보고 거절의 기술에 대해서 알아보도록 하자. 설득의 기술을 무술에 비유한다면 권위는 힘, 감정은 속도, 논리는 기술이라고 했다. 그래서 논리는 상대방을 설득하는 힘이 약하다. 약 10% 정도 밖에 되지 않지만 항상 정의는 승리하듯이 정확한 논리가 없는 이야기는 결국 진실이 밝혀지고 나면 무너지는 것처럼 논리는 항상 가장 중요한 요소인 것이다. 또한 논리는 마치 무술에서 훈련을 거듭하면 거듭할수록 강해지듯이 많은 연습을 통해서 나이가 들면서 더더욱 강해질 수 있는 능력이기에 반드시 필요하다. 그런데 이러한 논리를 어떻게 거절할 수가 있을까?

논리적 설득에서 중요한 것이 세 가지다. 우선 첫 번째 객관적 증거, 두 번째 검증된 과정, 세 번째 높은 확률의 예측 결과인데, 각각의 약점에 대해서 한번 살펴보자. 이것은 사실상 논쟁이 일어났을 때 벌어지는 과정을 그대로 설명하면 쉽다.

첫 번째 객관적 증거 면에서 일단 상대방의 증거의 객관성을 파괴하면 된다. 객관성이란 누가 보더라도 그것이 같은 것이어야만 하지만 상대방의 증거가 자신만의 주관적인 면이라는 사실을 인정하게 만드는 것

202

이다. 새벽 4시에 교통사고가 났는데, 당시에 한 사람이 그 장면을 목격하게 된다. 그래서 교통사고로 법정에 서서 진술을 하게 되었다. 그런데 변호사가 이의를 제기하는데, 목격자의 진술을 인정할 수 없다는 것이다. 목격자가 그 사고가 날 당시에 3차 이상의 술집을 갔다 오다가 그 교통사고 현장을 보았기 때문에 만취한 상태에서의 목격은 객관적인 증거로서 가치가 상실한다는 것이다. 그래서 당시 신고를 받은 경찰의 증언에 따라서 만취한 것을 확인한 후에 그 목격자의 진술은 신빙성을 잃어버린 게 된 경우가 있었다. 이것은 우리가 TV예능에서도 많이 볼 수 있는데, 어떤 상황을 이야기하고 그 상황을 많은 사람들로부터 이야기를 들음으로써 그것이 옳은지 그른지 판단하는 경우가 그 사례라고 할 수 있다. 일반적으로 사람은 항상 하던 일이 옳다고 생각해서 자신의 삶을 객관적으로 볼 기회가 없기 때문에 다른 사람들의 관점을 통해서 수정을 하는 것이다.

　두 번째는 검증된 과정이다. 이 부분 역시 법적 절차 속에서 찾아볼 수 있다. 한 마약사범이 구속되었다가 풀려난 사건에 대한 이야기다. 한 마약사범이 마약을 팔려고 접근하는 것부터 약을 팔고 돈을 받고 가는 장면까지 다 찍혀 있는 테이프가 법정에서 시연이 되었지만 그 사람은 무죄로 방면이 된 것이다. 테이프가 증거로 받아들여지지 않은 이유는 바로 그 과정이 전부 함정수사였기 때문에 법적 절차를 무시했다는 것이다. 아무리 객관적인 증거를 가지고 그 사람이 마약사범인 것까지 증명했다 하더라도 그 과정이 적합하지 못하다면 논리로서 부족하다는 것이다. 어떤 객관적 증거라 할지라도 그것을 어떻게 구했는지 밝히지 못한다면 혹은 논리를 만들어 가는 과정이 적합하지 않다면 제대로 된 논리라고 할 수가 없다. 이처럼 상대방의 논리를 파괴하기 위해서 그 증거를 어떻게 구했는지를 집중 공격하는 방법을 쓰는 것이다.

우리가 이런 식의 일을 일상에서 이야기할 것은 별로 없어 보일 것 같지만 그렇지 않다. 우리가 잡담을 하다가도 어떤 일에 대해서 잘 모르면서도 단정적으로 이야기할 때가 있다. 그럴 때 그럼 그건 "어디에서 나온 이야기냐?" 또 "누가 한 이야기냐?"를 따지면 쉽게 상대방의 논리를 파괴할 수 있다.

세 번째는 높은 확률의 예측 결과다. 이 부분은 아무리 객관적 증거와 검증된 과정이 있다고 하더라도 예측 결과가 낮다면 별로 소용이 없기 때문에 내놓은 것이다. 범죄유형분석을 통해 사건을 해결하는 프로파일링을 하는 수사관들은 범인들의 심리상태에 대해서 어린 시절에서부터 사건을 일으키는 순간까지 모든 상황을 마치 영화처럼 본다. 그러나 문제는 그러한 심리만 가지고선 그 범인이 정확하게 누구인지 알 수는 없다는 단점이 있다. 결국 많은 것을 알고 증명할 수 있지만 누군지 알 수 없다면 그것은 별로 도움이 되지 않는 것이다. 우리가 일상생활에서 이런 경우가 많다. 정치와 경제, 사회에 대해서 혹은 역사에 대해서 많은 견해와 이야기를 하고 있지만 함부로 그것에 대해서 결론을 내리고 밀어붙이기는 힘들다. 왜냐하면 어떻게 될지 아무도 모르기 때문이고 그 결과를 책임질 수 없는 사람이라면 그 사람의 이야기를 신뢰할 수 없게 된다. 따라서 상대방이 어떤 논리를 내 놓았을 때 "그렇다면 결과를 장담할 수 있습니까?"라고 묻거나 혹은 "그 결과에 책임을 질 수 있습니까?"라고 묻는다면 상대방이 책임을 질 수 없거나 결과 예측이 힘들 경우에는 논리를 펼치기 힘들게 된다.

논리의 기술의 종류별 거절법

설득의 논리의 기술 중에서 세 가지를 살펴봤는데, 로우볼 테크닉, 일관성의 법칙, 희소성의 법칙이었다. 그럼 각각의 기술에 대해서 다시 알아보고 거절의 기술에 관해서도 살펴보자.

첫 번째 로우볼 테크닉의 경우 당장의 이익을 줌으로써 상대방을 논리적으로 설득하는 방법이다. 우리가 신용카드, 마트, 인터넷 등에서 싼 가격에 긴 할부로 좋은 물건들을 싸게 살 수 있는 방법 등이 전부 여기에 속한다. 이렇게 이익이 되는 것이 왜 결국에는 우리에게 손해를 입힐까? 신용카드로 구매하는 것이 왜 현금으로 구매하는 것보다 더 쓰게 되는지 그 이유에 대해서 진실을 살펴보면, 바로 사람의 집중력과 기억력에 그 비밀이 있다. 현금으로 물건을 사게 되면 주머니 속에서 현금이 빠져나가는 것이 손으로 만져지고 눈으로 보이기 때문에 돈이 떨어지면 물건을 살 수 없다는 공포감이 소비를 줄이게 된다. 그러나 카드를 쓰게 되면 물건을 살 때는 걱정이 되지만 당장 돈이 나가는 것이 아니기 때문에 조금만 지나면 잊어버리게 된다. 왜냐하면 눈에 보이지도 손이 잡히지도 않기 때문이다. 결국 신용카드 회사는 고객들이 더 많은 돈을 써야지만 자신들에게 더 많은 이익이 돌아오기 때문에 수많은 혜택과 사은품으로 사람들의 눈을 가리는 식으로 상술을 펼치는 것이다.

이것은 마치 카지노에서 현금으로 배팅하지 않고 칩으로 배팅하는 것과 같은 이유다. 칩으로 배팅하다 보면 직접 돈이 빠져나가는 것이 아니기 때문에 쉽게 배팅이 이루어지고 나중에는 생각지도 못한 어마어마한 돈을 잃게 되는 것이다. 그리고 또한 이것은 시중보다 싼 가격으로 물건을 판다는 대형마트에서 물건을 샀는데 나중에 보면 돈을 더 쓰고 더 손해를 보게 되는 것과 같은 이유다. 자신이 산 물건을 전부 기억하는 사람은 드물다. 결국 처음에는 필요한 물건만 산다고 생각하지만 필요해서 사는 것보다는 수많은 할인 가격에 나중에 쓸 거니까 쌀 때 사야지 하는 생각으로 물건을 사게 되는 경우가 대부분이다. 그렇게 사다 보면 중복된 물건을 필요 이상으로 계속 사게 되고 결국에는 필요 없는 물건은 버리면서도 끊임없이 싸다는 생각에 빠져서 쓸데없는 물건을 사들임으로써 마치 돈에 눌려 사는 노예처럼 되는 것이다. 아무리 돈을 벌어도 벌어도 결국에는 끊임없는 소비의 마술에 놀아나기 때문인데, 그렇다면 이런 쉬우면서 가장 무서운 로우볼 테크닉의 마술에서 어떻게 벗어날 수 있을까?

어떤 결정을 하든 그 결정이 나올 미래에 대해서 미리 판단을 하는 것이다. 그리고 그 결정의 대안을 마련하는 것이 좋다. 물건을 구매할 때 그 비슷한 물건을 실제로 내가 얼마나 썼는지에 대해서 확인해 보면 쉽다. 또 내가 신용카드를 내가 얼마나 짜임새 있게 쓰는지 판단하고 쓰는 것이 좋다. 만약 내가 살 물건이 이미 사용을 거의 안 한다고 판단이 서면 구매하지 말아야 하며, 신용카드를 가지고 구매를 조절하지 못한다면 신용카드를 잘라 버리고 대체수단을 찾는 것이 좋다. 신용카드 대신에 체크카드를 사용한다던가, 아니면 물건을 사는 것을 잘 못한다면 어떤 물건이 필요할 때 정확하게 메모하는 습관을 들여서 필요한 물건을 필요한 시기에 사도록 조절한다던가, 아니면 아예 마트를 끊고 앞에 있는 슈

퍼마켓만 가는 것도 한 가지 방법이 된다. 즉 자신의 욕망의 절제력 자체가 얼마나 되는지 판단한 후에 결정하는 것이 좋다. 사실 신용카드는 원래 백만장자들만 쓰던 것이라고 한다. 그래서 소설 〈화차〉에서 주인공 혼다와 개인 신용회생신청소 사장은 파산권을 주장하라고 말한다. 만약 당신이 신용카드로 인해서 파산에 이르게 되었다면 파산을 통해서 자신의 빚을 일부 나라에서 갚으라고 해야만 한다고 말이다. 원래 그런 식으로 신용카드가 마구 발급되면 인구의 1% 정도는 파산할 수밖에 없다. 그런데 그런 중요한 교육은 학교에서 전혀 하지 않고 있다. 이것은 마치 운전교육을 시키지 않고 운전면허증을 내주는 것과 같은 것이다.

두 번째 일관성의 법칙의 경우에는 계속 해오던 것은 일단의 근거가 되기 때문에 논리적이라고 했는데, 그래서 한 약속을 꼭 지켜야 한다는 점을 이용해서 상대방을 설득하는 방법이라고 했다. 이것은 마치 왜 남자는 치마를 입으면 안 되냐? 혹은 왜 아이의 성은 반드시 남자의 성을 따라야만 하나? 등 불평등하지만 원래 해오던 것은 항상 논리적인 근거로 남아 있기 때문이라는 것이다.

그런데 이런 일관성의 법칙에 대해서 어떻게 거절을 하는 것이 좋을까?

마키아벨리의 〈군주론〉에 보면, "군주는 약속을 다 지킬 필요가 없다."라는 구절이 있다. 상당히 파격적인 이야기다. 당시로서는 이 말 때문에 많은 논쟁이 있었고, 한때 금서로까지 지정된 적이 있다. 그러나 이 책에서 말하고자 하는 한 마디는 바로, "상황이 바뀌면 약속도 바뀐다."라는 점이다. 물론 일반적인 생각으로는 무책임한 답변일 수 있으나 세상을 살면서 모든 약속을 다 지킬 수는 없기 때문이다. 예를 들어서 사기를 당해서 돈을 언제까지 지급하겠다고 약속을 했으면 나중에 내가 사기를 당한 것을 알면 소송을 해서 지급을 무효화할 수 있다. 그리고 내가 파산할 처지에 당하면 파산신청을 통해서 내가 지급을 연기하겠다는 법적인 절차도 밟을 수 있는 것이다.

모든 것은 당시 상황에 가 봐야지만 정확해지는 것이기 때문에 그때 가서 거절을 해도 된다. 또 다른 예로 앞에서 사회적인 관습 또한 일관성의 법칙이지만 남자가 치마를 입어서는 안 된다는 규칙을 연예인들은 튀기 위해서 일부러 입기도 하고, 남자의 성을 따라서 아이의 성을 지어야만 한다는 규칙 역시 호적제가 사라지면서 여성의 성을 아이에게 줄 수 있게 바뀌고 있다. 모든 것은 그때의 상황에 따라서 바뀌기 때문에 내가 한 말이 있다고 해서 무조건 지키려고 하는 것은 어리석은 생각임을 알아야만 한다.

세 번째 희소성의 법칙의 경우에는 적은 양의 물자나 기술의 경우 가치가 높다는 근거를 바탕으로 가격을 높이는 형태의 논리를 말하는 것이다. 그런데 이런 것들 역시 약점이 존재하고 거절을 하는 방법을 살펴보자. 희소성의 법칙의 경우 실제로 내가 필요한 것인지 판단을 하면 쉽게 결정이 된다. 실제로 물건의 가치를 판단하는 방법은 내가 그 물건을 실제로 사용하는 시간을 그 물건의 금액으로 나누어보면 된다. 그 물건을 가지고 있음으로써 높아지는 그 물건의 가치를 기준으로 한다면 쉽다. 그렇다면 어떻게 명품백의 가치를 계산할 수 있을까?

100만 원짜리 명품백을 사려고 할 때, 물론 100만 원짜리 명품백을 사는 이유는 자신의 가치를 높여준다고 생각하기 때문인데 자신이 매일같이 일을 하느라고 일 년에 한 번 정도 밖에 못 메고 나간다면 별로 가치가 없을 것이다. 또한 비싼 명품백을 아무 곳이나 들고 다닐 수는 더더욱 없기 때문에 들고 나갔다가 흠집이라도 난다면 더 큰 비용이 손해가 날 수 있다. 즉 내가 실제로 그 물건을 쓸 수 있는 시간이 그 물건의 진짜 비용이라는 사실이다. 이 명품가방을 사신 여성은 일 년에 하루를 위해서 100만 원을 사용한 것이다.

그런데 반면에 스마트폰의 경우에도 가격이 명품백보다도 비싸다. 일반적으로 스마트폰의 가격이 100만 원 정도로 아시지만 사실은 요금제를 합치면 최소 300만 원에서 500만 원까지 되는 경우가 허다하다. 그런데 이상하게도 그런 스마트폰이 별로 비싸게 느껴지지 않는 이유는 항상 손에 들고 다니기 때문에 실질적으로 하루에 만 원꼴로 들어가는 기기이기 때문이다. 즉 당장의 가격이 비싸고 싸고가 중요한 것이 아니라, 실질적으로 사용하는 시간이 얼마나 되느냐를 따져서 사는 것이 실질적인 물건의 가격을 결정하는 요인이 되어야 한다. 따라서 어떤 물건이 희소하냐는 부분은 일단 투자가치로서 따져 보았을 때 투자가치가 되는 물건이 아니라면 전부 소비재이기 때문에 일단 소비하는 시간을 나누어서 가격을 따져보는 것이 훨씬 더 현명하다.

물건을 구매할 때 현명한 소비방법에 대해서도 알아보자.

물건 구매시 판단법

물건을 구매할 당시의 내 감정 상태를 판단한다.

물건을 살 때 술에 취한 상태이거나 흥분상태라면 잠시 결정을 미루는 것이 좋다. 우리가 어떤 결과를 내리던지 결과적으로는 후회를 할 수밖에 없는데 그 이유는 우리는 미래를 정확하게 알 수 없기 때문이다. 그래서 중요한 것이 바로 결정하기까지의 과정에 후회가 없어야만 한다는 점이다. 당시에는 최선일 수밖에 없는 선택은 어떤 결과가 오던 후회가 가장 적기 때문이다. 그런데 그런 선택 자체를 할 때 자신의 감정 상태가 매우 중요하다. 중요한 선택을 순간적으로 해야 할 때는 반드시 자신의 감정이 어떤 상태인지 파악한 후에 결정을 내리는 것이 가장 중요하다.

물건이 필요하다고 생각이 날 때마다 메모를 한다. 세 번 이상 메모가 되었다면 구매를 생각해 본다.

이 부분은 앞에서 이야기할 때 물건의 실질적인 가치는 사용되는 시간에서 나온다는 것과 일치하는 부분이다. 일단 물건을 사게 되면 어떻게 어느 곳에 쓰게 되겠다는 생각이 머릿속을 스치는 순간에 그 물건의 이름을 적는 것인데, 그것이 일주일 안에 세 번 이상 적힌다면 그 물건은 진짜로 필요한 것인 경우가 많다. 필요한 물건을 메모할 때 현재 같은 물건이 있는지, 왜 필요한지를 함께 적어보는 것 또한 매우 중요하다. 그렇지 않으면 계속 같은 물건을 살 수도 있다.

물건의 가치를 시간으로 나누어 본다.

그 물건의 실제 가치를 시간으로 나누어 보면 쉽게 그 가치를 파악할 수 있다. 예를 들어 같은 300만 원짜리 핸드폰과 명품가방이 있다면 300

만 원짜리 핸드폰은 매일같이 3년 동안 쓰면 하루에 만 원씩의 가치를 갖는 것이지만, 반대로 명품가방의 경우 일 년에 두 번 정도만 쓴다면 하루에 150만 원짜리를 사는 것이다. 몇 번 사용하지 않는 물건의 경우 차라리 중요한 자리에 갈 때 필요한 명품을 돈을 주고 빌려 쓰고 돌려주는 것이 나을 것이다.

힘든 거절을 할 때 요령

지금까지 거절의 기술에 대해 알아보았다.

권위의 거절에는 세 가지가 있다.

사회적 권위의 거절인 경우에는 상대방의 권위가 진짜 권위인지 판단하고 상대방의 적을 내세워서 맞서야 한다.

전문적 권위의 거절인 경우에는 그 사람의 전문성이 과연 맞는지 물어보고, 진짜로 그 부분에 대한 경험이 맞는지 파악 후, 상대방에 대적할 만한 전문가로서 대적할 수 있어야 한다.

인기의 권위의 거절인 경우 시간이 지나면 바로 바뀔 수 있기 때문에 시간이 지난 후에 파악을 하는 것이 좋다.

그 외에도 몇 가지 물건을 고르는 방법이나 선택의 기술에 대해서도 살펴봤는데, 힘든 거절을 할 때 구체적으로 어떤 행동방법이 있는지 알아보자.

힘든 거절을 할 때 요령은 크게 네 가지로 나누어볼 수 있다.

첫 번째 겸손한 생활

두 번째 결정의 연기

세 번째 주변사람들과의 상의

네 번째 거절의 전달

첫째, 겸손한 생활

여기저기 돈 많다고 자랑하고 다니다가 막상 누가 도와달라고 할 때 나는 돈이 없다고 하면 믿지도 않을 뿐만 아니라 빌려주기 싫어서 핑계 대는 것으로 생각할 것이고, 그 사람으로부터 이유 없는 미움을 받을 수밖에 없다. 따라서 이 부분이 어떻게 보면 가장 중요한데, 이유 없이 적을 만들고 싶지 않다면 절대로 자랑하고 다니면 안 된다. 평소에 겸손한 생활을 해야 힘들게 거절할 상황이 생기지 않을 것이다.

둘째, 결정의 연기

급하게 혼자서 결정을 하게 되면 많은 후회가 남을 수밖에 없다. 미래의 일은 아무도 알 수 없기 때문에 결정에는 후회가 남을 수밖에 없지만 결정을 내리기까지 거쳐야 하는 과정에는 최선을 다하는 수밖에 없다는 이야기다. 내가 하기 어려운 결정이라면 일단 시간을 벌어서 될 수 있으면 많은 정보와 사례를 듣고 나서 판단을 해도 늦지 않다. 이 부분은 만약 내가 거절을 하고 싶다고 마음을 먹고 있다고 해도 제대로 된 거절의 이유를 찾기 위해서도 역시 필요한 부분이다.

셋째, 주변사람들과의 상의

그럼 누구와 상의를 해야 할까? 아무하고나 이야기를 해선 절대로 안 된다. 그 사람의 사정이 새어나가서 그 사람이 더 나쁜 상황에 빠질 수도 있기 때문에 나하고 같이 동고동락을 할 가족이나 그 일에 대한 전문가, 그리고 그런 일을 겪어본 경험자 등과 상의를 한 다음에 결정을 하는 것이 좋다.

앞에서 노부부에게 아들이 돈을 빌리러 왔는데 사업이 망하게 됐다고 하니까 아들을 도와주려는 마음에 노부부가 선산도 팔고, 집도 저장 잡혀서 돈을 마련해 주었지만 그만 갚지 못해서 아들하고 원수가 된 사연을 기억하는가?

그런데 전문가들의 이야기를 들어보면, 가족한테까지 그렇게 큰돈을 빌리러 온 경우는 이미 회복하기 어려운 상태에 놓였을 때 도움을 청하기 때문에 안쓰러운 마음에 도와주지만 회복은커녕 같이 침몰하게 된다고 말한다. 그렇게 자신도 같이 망하고 나면 아들조차 도와줄 수가 없게 되기 때문에 절대로 도와주어선 안 된다고 한다. 이처럼 내 감정이 내 판단을 그르칠 수 있기 때문에 반드시 큰 결정일수록 꼭 상의를 해야만 한다. 그리고 상의할 때는 반드시 진실만을 말해야 하고, 내가 도와주는 것이 아닌 차선책을 찾아보는 것 역시 중요하다.

넷째, 거절의 전달

거절의 전달은 첫 번째로 도와줄 수 없다고 사과하는 것이다. 상대방의 마음이 다치지 않도록 배려하는 것인데, 도와줄 수 없다고 매몰차게 내치면 상대방의 마음에 상처가 날 수가 있기 때문이다. 두 번째로는 상대방에게 안 된다고 이야기하고 정확하게 안 되는 이유를 설명하는 것이다. 세 번째로는 다른 방법이나 사람 혹은 차선책을 설명해 주는 것이다.

여기서 주의해야 할 점은 바로 따라오는 또 다른 부탁에 대해서 주의해야 한다. 풋 인 더 페이스 기법으로 큰 부탁을 했다가 바로 작은 부탁을 하게 되면 그 자리에서 바로 OK 하는 경우가 있기 때문에 반드시 시간을 두고 생각을 해본다고 이야기해야 한다.

Ⅲ 협상의 기술

협상은 어떤 목적에 부합되는 결정을 하기 위하여 여럿이 서로 의논하는 것이다. 서로 복잡하게 얽혀 돌아가고 있는 사회에서 살다 보면 이해관계가 얽혀 문제가 일어나는 것은 비일비재하다. 어떤 일에 있어서 두 사람 이상이 서로 의견이나 견해가 달랐을 때 그 문제를 해결하고 서로 합의점을 찾아가는 것이다.

두려움 때문에 협상하지 맙시다.
그렇다고 협상하는 것을 두려워하지도 맙시다.
존 F. 케네디

협상의 기술

협상의 기술은 세 가지로 나눌 수 있다.
첫 번째는 협상의 기술이 필요한 이유
두 번째는 협상의 방식
세 번째는 협상시 유의사항

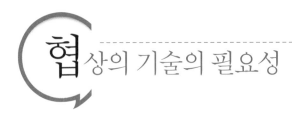

협상의 기술의 필요성

첫째, 설득과 거절은 전술이고, 협상은 전략이다.

앞의 설득의 기술과 거절의 기술을 다 읽었다면 이런 생각을 할 수도 있다.

"설득하고 거절까지 알면 되지, 뭘 협상의 기술까지 알아야만 하나? 어차피 협상이라는 것이 설득이나 거절과 같이 있는 거 아니야?"

대화에 있어서 설득은 창과 같은 기술이고, 거절은 방패와 같은 기술이라면, 협상은 마치 창과 방패를 사용하는 방법이라고 생각하면 좋을 것 같다.

설득은 눈앞에 있는 상대를 내가 원하는 방향으로 이끌어내기 위해 설득하는 것이고, 거절은 상대가 나에게 부탁을 하거나 원하는 것을 끌어내기 위해 나를 설득할 때 상대방의 설득에 넘어가지 않도록 방어하는 방법이다. 그러나 협상은 눈앞의 상대가 아니라 전체적으로 내가 원하는 것을 얻기 위한 모든 수단을 다 포함하는 것이다. 따라서 설득과 거절이 순간순간의 전술이라면 협상은 설득과 거절의 전술을 다 포함한 것으로, 목적 달성을 위한 전략전인 판단의 기술이 바로 협상의 기술이다. 그래서 협상의 기술을 별도로 알아야만 한다.

둘째, 대부분의 대화는 협상으로 마무리된다.

설득과 거절에 관해서 권위, 감정, 논리 순으로 해야 한다. 그래서 무술에서 승패를 결정짓는 3요소인 힘, 속도, 기술 순으로 설명하면서 권위가 힘과 같이 가장 중요하며, 감정이 속도로 가장 빠른 효과를 나타내며, 논리가 기술과 같이 오랜 시간 동안 수련을 하면 힘을 발휘한다고 했다.

그런데 아무리 내가 뛰어난 설득과 거절의 기술을 가졌다고 해도 상황에 따라서 그 기술이 힘을 발휘하지 못하는 경우가 실생활에선 더 많을 수밖에 없다. 그래서 대부분의 경우 설득을 하든 거절을 하든 대부분은 협상으로 마무리가 된다.

따라서 협상의 기술은 내가 가진 모든 것을 상대에게 강요하는 것이 아니라 상대와 내가 서로 만족할 수 있는 부분을 찾아내는 기술이기 때문에 반드시 필요하다.

셋째, 협상은 상호간의 최선의 방책을 찾는 방법이다.

설득과 거절의 경우 사실상 내가 결론을 내놓고선 상대를 설득하기도 하고 거절을 하기도 하는 것이다. 그러나 협상의 경우 설득이 될지 거절이 될지를 서로 상의하면서 판단하게 되며, 때로는 의도하던 대로 진행되지 않고 전혀 새로운 방향으로 틀어서 서로간의 최선의 방책을 찾는 방법이 되는 것이다.

앞에서 거절의 기술에서 내가 아는 친구가 왔을 때 도와줄 수 없음을 알려주고 다른 방법을 알려주는 것 역시 협상의 기술로 판단하면 좋을 것 같은데, 내가 해줄 수 있는 최선의 방법을 통해서 서로간의 문제를 해결하는 것이다.

인간이 갈등을 하는 이유는 욕망이 충돌하기 때문이다. 문제는 대화하는 쌍방이 서로간의 권리만을 주장하면서 싸우기 때문에 제 3의 길을 통해서 상생하는 방법이 얼마든지 있는데도 불구하고, 욕망이 그들의 관점을 가로 막아서 전혀 볼 수 없는 경우가 많기 때문이다. 따라서 협상은 단순하게 서로간의 합의점을 찾는 것을 넘어서서 그 충돌의 방향을 함께 상생하는 방향을 찾는 기술이 되어야만 한다.

협상의 방식

협상은 어떤 목적에 부합되는 결정을 하기 위하여 여럿이 서로 의논하는 것이다. 서로 복잡하게 얽혀 돌아가고 있는 사회에서 살다 보면 이해관계가 얽혀 문제가 일어나는 것은 비일비재하다. 어떤 일에 있어서 두 사람 이상이 서로 의견이나 견해가 달랐을 때 그 문제를 해결하고 서로 합의점을 찾아가는 것이다.

협상을 하다 보면 서로 신경을 곤두세우기도 하고 조금이라도 유리한 쪽으로 대화를 끌고 가기 위해 상대를 논리적으로 설득하기도 하고 거절하기도 하면서 합의점을 이끌어내는 것이다.

협상의 방식은 협상의 목표 확정 이유와 협상의 상대 파악, 그리고 협상의 설득술, 협상의 거절술, 협상의 타협술과 협상의 응용 기술 등에 대해 설명하고 협상시 유의 사항 등을 살펴보자.

즉, 협상의 목표가 무엇인지 분명하게 정하고, 상대가 무슨 생각을 하고 있는지 어떤 성향의 사람인지 등 다양하게 파악하고, 여러 가지 협상의 기술을 동원해서 전략적으로 협상을 이끌어가고 서로의 목적에 맞는 결론을 찾아내는 것이다.

협상의 목표 확정 이유

협상에서 설득과 거절과 다른 가장 큰 차이는 바로 이 목표 확정에 있다. 그럼 협상에서 목표를 확정하는 것이 꼭 필요한 이유는 무엇일까?

목표를 확정해서 협상을 임해야만 하는 이유를 한 가지 사례를 통해 살펴보자. 이 사례는 미국에서 마약과의 전쟁 때 실제로 있었던 협상의 사례다. 당시 클린턴 대통령은 마약과의 전쟁을 선포하고, 미국에서는 엄청난 양의 물량을 쏟아 부어서 마약 재배지를 공격하고 마약 카르텔을 잡아들였다. 그러나 마약 재배지는 점점 더 커졌고 뇌물 값만 올라가서 마약사범이 줄지 않았다. 그런데 미국의 협상전문가가 협상으로 그 문제를 해결하겠다고 나섰는데, 미국에서 아무리 잡아 들여도 마약 재배지가 줄지 않는 이유는 마약 재배지에서 마약을 재배하는 사람들은 그것 이외에는 먹고 살만한 작물이 없었기 때문이었다. 실제로 3000가구가 넘는 집들이 마약을 재배하고 있었고 그 양은 미국으로 들어오는 마약의 대부분이었던 것이다. 그는 마약 재배지에 자신의 팀과 같이 들어가서 협상을 시작하였다. 그는 결국 만약 그들에게 마약 이외에 다른 작물을 재배해서 소득을 안정시킨다면 아마도 마약 재배지가 사라질 것이라는 협상안을 가지고 왔다. 그래서 일단 100가구만 모아서 바나나를 재배하면 그 바나나를 모두 미국에서 사들이겠다고 협상을 하였다. 그

뒤 마약 재배보다 더 이익을 보았다고 소문이 났고 3000가구가 넘는 마약 재배 가구들은 모두 바나나로 전향을 해서 현재 마약 재배지가 사라져 버린 것이다. 이 방법이 미국이 사용했던 어떤 방법보다도 더 싸게 마약 재배지가 사라져 버리게 함으로써 마약과의 전쟁을 승리로 이끌었다. 마약 값이 아무리 비싸도 원산지에선 싸기 때문에, 결국 시장의 가격 경쟁으로 마약과의 전쟁에서 이긴 것이다.

여기선 내가 권위로서 즉 힘으로서 모든 것을 해결할 수 있을 것 같지만 그렇지 않다는 점을 알려준다. 얼마든지 상대방이 원하는 것을 줌으로써 내가 원하는 결과를 얻을 수도 있다는 사실을 알 수 있고, 여기서 왜 목표 확정이 필요한지 알 수가 있다,

협상할 때 목표를 확정해야 하는 이유를 살펴보면 다음과 같다.

첫 번째 이유는 내가 원하는 것을 얻기 위해선 내가 진짜로 필요한 것이 무엇인지 판단을 해야만 하기 때문이다.

목표가 없는 협상이란 존재할 수 없다. 설득을 하든 거절을 하든 혹은 타협을 하든 내가 진정으로 원하는 것이 무엇인지 판단을 한 후에야 하기 때문에 반드시 목표를 설정한 후에 협상에 임해야 하는 것이다. 앞에서 든 사례에서처럼 미국이 마약재배지를 공격했던 이유는 너무 많이 들어오는 마약을 차단하기 위한 수단이었으나, 그런 공격은 도리어 역효과를 가져 왔다. 목표를 위한 수단이 잘못되었던 것인데, 그러나 일단의 최종 목표를 마약재배지의 파괴로 선정을 한다면, 마약재배지에 마약을 재배하지 못하게 하는 방법을 바나나라는 대체 방법으로 협상을 통해서 해결을 한 것이다.

두 번째 이유는 목표를 확정한 후에야 협상의 전략, 전술, 수단을 준비

할 수 있기 때문이다.

목표를 달성하기 위해선 일단 내가 원하는 목표를 판단한 후 상대방에게 목표를 제시한 후 서로간의 협상을 통해서 접근 가능한 목표로 줄여들어 가야만 하는데 그 과정이 항상 쉽지 않기 때문에, 협상에선 상황별 전략, 전술, 수단을 마련해야만 한다. 그것들을 마련하기 위해선 가장 먼저 협상의 목표가 확정되어 있을 때만 가능하다.

앞에서 든 사례에서도 만약 목표가 무조건 마약 재배지의 파괴로 선정이 되었다면 아마 이런 기가 막힌 협상의 기술을 사용되지 못했을 것이다. 일단의 목표가 선정이 되면 어떤 방식으로 협상을 유도해서 내가 원하는 것을 얻을 수 있는지를 파악하는 것이 바로 협상의 전술이며, 앞의 사례에서 처음에는 수단이 무기였지만 나중에는 바나나로 바꾸어서 상대방의 동의를 얻어서 공동의 목표를 이루게 된다. 그래서 일단의 목표가 선정된 후에야 비로소 협상의 전략, 전술, 수단을 준비할 수 있다.

세 번째 이유는 목표를 확정한 후에야 목표 달성의 테이블을 완성해서 중간에 내가 포기하지 않고 갈 수 있기 때문이다.

협상의 과정이라는 것이 순간적으로 이루어질 수도 있지만 대부분의 경우 시간을 두고 지칠 수도 있으며, 오랜 시간이 지나다 보면 결국 목표가 흔들리고 처음의 생각 자체가 바뀌는 경우도 많다. 그러나 일단의 목표를 가지고 협상에 임하는 사람은 자신이 원하는 것을 잊어버리지 않기 때문에 협상에서 성공을 거둘 수 있다. 앞의 사례에서도 처음에 마약재배지에 미국인들이 들어가는 것 자체가 힘들었다고 한다. 미군이 무기로 마약 재배지를 파괴하니 재배지 주민들은 미국에서 왔다는 협상단이 얼마나 무서웠을까? 그리고 들어가서도 자신들의 안전을 보장받기도 힘든 상황에 그들의 마음을 얻기 위해서 얼마나 많은 노력을 했을까? 그럼에고 불구하고 마약농장 사람들의 신뢰를 얻고 일단 100가구에서부터 시작을 해서 3000가구로 늘어날 때까지 오랜 시간이 필요했을 것이다. 거기다 엄청난 양의 바나나를 수입해야만 하는 예산을 마련하기 위한 또 다른 협상을 진행했어야만 했다고 한다. 이처럼 협상이라는 것은 길고, 힘들고 어려운 것이다. 그런 것들을 하나씩 풀기 위해선 목표를 확정해 놓고서야 사람들을 움직일 수 있는 것이다.

협상 상대 파악

협상 상대 파악을 보고선 왜 이게 협상에 들어가기에 앞서서 중요한 사항인지 모르는 분들을 위해서 재미있는 사례를 두 가지 들고 들어가 보자. 이 사례는 모두 〈어떻게 원하는 것을 얻는가?〉라는 책에서 나온 것이다.

첫 번째 사례는 한 여자가 비행기 시간에 늦어서 승강장에서 실랑이를 벌이는 상황이었다. 승강장에 있는 직원에게 비행기를 태워달라고 열심히 부탁을 했으나 일단 출발한 비행기는 기장만이 돌릴 수 있다는 원칙을 들었다. 사정이 매우 급했던 여자는 비행기를 향해서 유리문을 두드리면서 눈물을 흘리고 가방을 떨어뜨렸는데, 그 뒤 기장은 비행기를 돌려서 다시 비행기를 탈 수 있었다고 한다.

두 번째 사례는 단체티를 맞추려는 단체에서 있었던 이야기다. 그들은 단체티를 맞추기 위해서 공장을 방문했다. 단체티를 맞출 수 있는지 그곳 사무실에 있는 사람에게 물어보았더니 이런 답변을 들었다.
"나는 당신들에게 그 티를 팔 수 없습니다."
대부분의 사람들은 이 말을 듣고선 티를 팔지 않겠다는 뜻으로 받아들일 것이다. 그러나 이 말을 들은 협상의 대가는 이 말을 분해해서 이렇게 물어 보았다.

"당신이 팔 수 없다면 누가 팔 수 있지요? 또 팔지 않는다면 공짜로 얻을 수 있는 방법도 있다는 말인가요?"

그 말을 들은 사무실 직원은 자신보다 높은 사람을 소개시켜 주었고 그 높은 사람은 단체티를 판매하지 않고 그 단체에 스폰서 형식으로 기증해 주었다고 한다.

이 두 가지 사례에서 우리가 알 수 있는 것은 우리는 일반적으로 문제를 해결하려 할 때 눈앞에 있는 상대하고만 협상을 하려는 경향이 있지만 사실은 문제를 해결하기 위해선 해결권을 쥔 사람과 협상해야 한다는 것이다. 그리고 때로는 논리적이고 이성적인 방법이 아닌 감성적인 방법이 통할 때도 있다는 점을 알 수 있다. 무엇보다 협상 상대를 파악하는 것이 협상의 제일 중요한 부분이라는 사실이다. 그렇다면 이 사례로 협상 상대를 파악해야 하는 이유 세 가지를 줄일 수 있다.

첫 번째로는 목표 달성을 위한 선택과 집중을 하기 위해서다.

만약 누구를 설득해야 할지 모르고 모든 사람을 다 설득하려고 달려든다면 아마도 같은 말을 하도 많이 반복을 해서 지쳐서 정작 중요한 사람이 나타났을 때는 제대로 말도 못 할 수 있다. 앞의 사례에서도 만약 자신이 그 비행기를 꼭 타야만 된다고 승강장에 있는 직원들에게 하루 종일 이야기를 해봐야 아무런 소용이 없었을 것이다. 그리고 괜히 화를 내고 폭력을 썼다가는 공항경찰에 끌려갔을 것이다. 모든 결정은 결정권자가 내리는 것이기에 결정권자를 찾아서 선택하고 집중해서 설득할 수 있는 방법을 찾는 것이 가장 현명하다.

두 번째는 상대에 따른 협상 방법을 선택하기 위해서다.

주로 우리가 협상을 할 때는 설득, 거절, 타협의 과정을 겪게 되는데, 그 방법은 주로 권위, 감정, 논리 중에서 선택을 하게 된다. 즉 내가 상대방을 권위로 누를 수 있다면 권위로서 상대방을 움직인다. 그리고 내가 권위가 부족하다면 상대방의 감정을 움직여서 내가 원하는 것을 얻어내는 것이 좋고, 마지막으로 권위와 감정이 통하지 않는다면 상대방의 이익을 논리적으로 설명을 해서 움직이는 방법을 찾는 것이 좋다. 앞의 비행기 사례에서는 여자 승객의 권위로선 기장을 움직일 수 없음을 알고서 기장의 감정을 자극해서 설득을 한 것이다. 즉 눈물을 흘림으로써 감정 중에서 동정심을 자극했고 성공을 했던 것이다. 아마도 내가 왜 비행기에 타야 되는지 외치고 혹은 "내가 누군지 알아?"라고 아무리 소리쳐도 비행기는 출발했을 것이다.

세 번째 이유는 협상의 방향을 설정하기 위해서다.

상대가 누구냐에 따라서 협상에서 목표가 바뀔 수도 있기 때문인데, 앞에서 협상에서 가장 중요한 것은 목표라고 했다. 그런데 이 목표라는 것이 일단 전술적 목표와 전략적 목표로 나누어질 수가 있는데 그중에서 일단 최종적인 목표인 전략적인 목표로 들어가기 위해서 일단의 전술적 목표의 지정이 바뀔 수 있기 때문이다. 그래서 협상 상대에 따라서 내가 어디까지 얻어낼 수 있는지를 파악할 수 있다는 사실을 확인하고 임하는 것이 좋다.

그렇다면 협상 상대를 만나려면 어떻게 해야 할까?

첫 번째로는 내가 가진 문제를 직접적으로 해결해 줄 수 있는 사람을 만나는 것이 좋다.

두 번째로는 책임자를 직접 만날 수 없다면, 그 사람과 만나게 해줄 수 있는 사람을 찾는 것이 좋다.

세 번째로는 그것도 힘들다면 그 사람이외에 그 일을 대신 해줄 수 있는 사람을 찾는 것이 좋다.

　이것을 이용한 실제 사례를 한번 보자.

　의료기기를 제조하는 중소기업 사장님이 해외영업부에 명령을 내렸다. 회사 제품을 독일에서 열리는 전시회의 메인 부스에 전시하라는 것이었다. 세계적인 기업들만 전시할 수 있는 회사만 가는 곳이라서 모두 불가능하다고 이야기를 하는데 한 명의 신입사원이 해보겠다고 하고 성공을 이끌어낸 것이다.

　신입사원은 우선 그 독일전시회의 전시실무자를 피해서 전시 책임자의 비서를 연락을 통해서 친하게 지낼 수 있도록 여러 가지 방법을 사용했다. 특히 선물을 보낸다거나 아니면 좋아하는 한국의 CD를 보내는 등 많은 수단을 동원했다. 목표는 단 한 가지 책임자의 독일 집 주소를 알아내는 것이었다. 그리고 한 달이 지난 뒤에 책임자의 독일 집 주소를 알아내게 되었다.

　주소를 알아낸 다음 책임자의 마음을 흔들 수 있는 방법을 찾아냈는데, 그것은 독일어로 편지를 직접 쓰는 것이었다. 우리나라도 마찬가지지만 실무자들은 영어를 잘하는데다 하도 많은 사람들을 만나다 보니 거절의 기술도 쉽게 구사한다. 그러나 책임자들의 경우에는 독일어만 할 수 있는 경우가 많을 것이라고 판단을 했다. 즉 직급이 올라갈수록 현장 일이 줄어들고 권한은 늘어난다는 공통점을 공략한 것이다. 그래서 우선 캐나다 유학생활 동안 알았던 독일인 친구에게 영어로 편지를 썼다. 이러저러한 사정으로 너의 도움이 필요하니 영어를 독일어로 번역해서 그 책임자의 집으로 보내달라고 부탁한 것이다. 독일인 친구의 도움으로 영어와 독일어로 된 편지를 한국에서가 아닌 독일에서 손편지로 써서 그 책임자의 집으로 가게 되었다.

독일어와 영어로 된 손편지를 받은 독일인 전시 책임자는 깜짝 놀랐다고 한다. 어떻게 한국의 작은 회사에서 자신의 집주소를 알고 독일에서 독일로 편지를 썼는지 놀라면서도 그 아이디어와 정성에 점수를 주었다고 한다. 그래서 책임자는 실무자를 불러서 어떻게 내 집 주소를 알게 했냐고 화를 내면서 혼을 냈다고 한다. 하지만 그 편지를 보낸 친구의 기지를 높이 사서 매년 전시회의 메인 부스에 그 회사 물건을 전시할 수 있도록 허락을 해주었다고 한다.

그 일이 있은 후 전시회의 실무자는 그 계획을 실행한 친구가 그 전시회에 갔을 때 따로 보자고 하더니 너 때문에 잘릴 뻔했다고 이야기를 하면서도 그렇지만 아이디어가 정말 좋았다고 한 이야기가 있었다.

이처럼 세상이 아무리 발달한다고 하더라도 내 욕망을 채워줄 수 있는 것은 결국 사람이다. 그리고 그 사람을 찾아서 설득을 한다면 보다 쉽게 내 욕망을 채울 수 있게 된다. 그런데 그 사람을 어떻게 찾는지 그리고 그 사람을 어떻게 설득할지에 대해선 설득, 거절, 타협이라는 방식을 사용하면 된다. 다음 장에서 협상의 설득술에 관해서 알아보도록 하자.

협상의 설득술

협상에 있어서 가장 중요한 대화 기술 중에 하나가 바로 설득술이다. 내가 원하는 대로 상대방이 따라오면 아무 문제가 없겠지만 다양한 생각을 가지고 이해관계가 복잡하게 얽혀 있는 문제를 협상하다 보면 상대방을 내 뜻대로 설득한다는 것이 얼마나 힘든지 알 수 있다.

협상은 지금까지 앞에서 다뤘던 수많은 설득 기술을 모두 합해서 이루어진다고 볼 수 있다. 여기서 전체적인 내용을 정리한다고 생각하고 보면 좋을 것 같다.

설득의 기술에는 권위, 감정, 논리 세 가지가 있는데, 그중에서 권위가 60%, 감정이 30%, 그리고 논리가 10%의 힘을 가지고 있어서 일단 상대방을 설득하려면 우선 내 권위가 얼마나 되는지 판단한 후 권위가 된다면 말을 하고 안 된다고 생각하면 상대방의 감정을 움직여야 한다고도 했고 권위와 감정이 모두 안 통하는 상대에게 마지막으로 논리로서 움직이는 것이 중요하다.

그리고 권위의 설득의 기술 중에서도 세 가지가 있는데 우선 사회적인 권위, 전문적인 권위, 그리고 인기의 권위가 있다. 이 권위라는 것은 무술에 비교하면 힘에 비유가 될 수 있는데, 아무리 속도가 빠르고 기술이 좋아도 힘에서 밀리면 이길 수 없기 때문이다. 그래서 내가 상대보다 강한 권위를 통해서 상대방에게 설득을 하면 쉽게 설득을 할 수 있다. 만약 내가 권위가 상대보다 낮거나 충분치 않다면 권위를 빌려오는 방법도 있다. 그러나 권위가 충분치 않다면 상대방에게 다음 부분인 감정의 기술을 사용하는 것이 좋다.

그리고 감정 부분은 무술에서 속도와 같은 역할을 한다. 상대방을 가장 빨리 움직일 수 있으며 가장 경제적인 형태의 설득술인 것이다. 감정의 설득술을 간단하게 줄여서 설명하면, 우선 공감의 설득의 기술이 가장 중요한데 공감의 기술은 체감, 소속감, 동질감으로 구성이 되어 있다. 그래서 일단 상대방을 체감 즉 오감을 통해서 느낄 수 있게 하는 것이 제일 좋고, 소속감과 동질감을 자극을 해서 상대방의 공감을 이끌어 낼 때 비로소 감정을 움직이는 설득을 할 수가 있다.

그 다음으로는 호감은 듣기, 질문, 칭찬으로 이야기했는데 상대방을 설득할 충분한 권위가 없거나 혹은 공감할 여지가 없을 때 상대방에게 호감을 이끌어 냄으로써 상대방에게 설득을 하는 방법이다.

마지막으로는 부정적 감정의 기술로서 불안, 죄책감, 불평(분노), 동정심 순으로 설명을 했는데 불안의 경우 상대방의 내재한 죄책감을 자극함으로써 설득을 하는 과정이다. 그리고 불평의 경우 자신이 화가 나는 부분을 참고선 내가 원하는 방향으로 상대에게 설명을 하고 내가 원하는 것을 얻어내는 방법이고, 마지막으로 동정심의 경우 상대방의 슬픔의 감정을 이용해서 상대방에게 내가 원하는 것을 얻어내는 설득의 기술이다.

마지막의 논리의 기술은 무술에서 기술에 해당하며 오랜 시간을 노력할수록 늘어간다고 했다. 논리의 기술은 객관적 근거, 검증된 과정, 높은 확률의 예측 결과를 통해서 상대방을 움직여야만 한다고 했는데, 논리적인 설득의 기술 중에서 로우볼 테크닉, 일관성의 법칙, 희귀성의 법칙 등을 소개했다. 그래서 논리의 기술은 진실을 밝히는 기술이기 때문에 내용상 가장 중요한 기술이 된다. 만약 상대방에게 권위나 감정이 통하지 않는다면 마지막으로 논리의 기술을 사용하는 수밖에 없다.

여러분께서 만약 누군가를 설득하고 싶다면 이 순서대로 상대방에게 이야기를 한다면 분명히 설득에 성공할 것이라고 확신한다.

협상의 설득술을 이용한 사례

이 이야기는 실제로 있었던 이야기다.

지방대학을 나온 평범한 친구가 있었다. 그의 목표는 무역상이 되는 것이었다. 그러기 위해선 일단 무역회사에 들어가서 무역에 관한 실무를 익혀야만 했는데, 문제는 자신이 가진 스펙으로는 좋은 무역회사에 입사할 수 없다는 사실에 걱정이 많았다. 그래서 그는 형에게 어떻게 하면 내가 좋은 직장을 가질 수 있겠는지 알려달라고 부탁을 했다. 그러자 형이 우선 네가 가고 싶은 회사들의 목록을 가지고 오라고 했다.

그래서 몇 개의 회사의 목록을 가지고 왔는데 두 군데는 신입사원을 뽑는 곳이고, 나머지 한 군데는 신입사원을 뽑지 않고 소개로만 뽑는 곳이었다. 그런데 신입사원을 뽑지 않는 곳을 들어가야 전망이 있을 것 같다고 이야기를 하자 형이라는 사람은 기가 막힌 방법을 알려준다. 그것은 바로 협상 상대를 설득하기 위한 기술이었다. 일단 권위, 감정, 논리를 다 적용시킨 것이었다.

권위의 기술을 통해서 접근을 하는 법을 알려준다. 즉 소개를 받으면 접근하기가 쉽다는 것이다. 그래서 그 회사에 들어가고 싶다면 추천장을 받아오라고 하는데, 자신의 선배 중에서 회사에 다니는 사람이 있는지 알아보고, 그 외에 그 회사에 관해서 알면서 소개장을 써줄 수 있는 사람들을 알아보고 다녔다. 특히 그중에서 그 전에 취업박람회에서 만난 적이 있던 인사과장에게 전화를 걸어서 소개장을 받아서 제출을 해서 일단 면접의 기회를 얻게 되었다. 그 다음이 진짜 문제였다. 그 회사는 사원이 당장 필요한 것이 아니기 때문에 아주 기가 막힌 대답을 내놓지 못하면 취업하기가 힘들었던 것이다.

그 다음에는 감정의 기술을 알려주는데 그중에서 공감의 기술을 사용했다. 그 회사의 제품을 쓰는 매장을 찾아가서 직접 설문을 받아서 통계를 내서 가지고 가라고 알려주었다. 즉 그 회사가 꼭 필요한 사람이라는 사실을 강조하기 위해서 그 회사와 밀착된 제품취재를 해서 가면 되는 것이었다. 그렇다면 회사에 대해서 전혀 모르는 그 친구가 설문지는 어디에서 얻었을까? 간단하다 동종업계의 영어로된 설문지를 번역해서 만들었다.

마지막으로는 논리의 기술을 사용한다. 기회를 얻어서 간 동생은 그곳에서 자신에게 물어보는 질문보다도 자신이 준비해 온 말을 더 많이 할 수 있는 기회를 얻게 된다. 설문조사 자체를 별로 하지 않는 기술 위주의 중소기업이다 보니 아주 중요한 정보를 얻을 수 있는 기회였기 때문이다. 그때 그는 조사한 내용보다도 보완해서 회사의 발전방향에 대해서도 설명을 한다. 그러고 나서 일주일 뒤에 출근하라는 이야기를 듣는다. 이 경우에는 권위와 감정, 논리 세 가지를 적절하게 사용을 해서 취업을 성공한 예라고 할 수 있다.

협상의 거절술

협상에 있어서 매우 중요하면서도 어렵고 힘든 기술 중에 하나가 바로 거절술이다. 두 번 다시 안 보겠다는 마음으로 거절하는 것이라면 누구나 할 수 있을 것이다. 그러나 효과적이고 성공적인 거절은 상대방의 이해관계도 살피면서 나의 목적을 달성해야 하기 때문에 경우에 맞게, 상황에 맞게 거절을 해야 하는 것이다. 지금까지 앞에서 다뤘던 거절의 기술을 경우에 맞게 사용해야 성공적인 협상을 이끌어낼 수 있다.

여기서 전체적인 내용을 정리한다고 생각하고 보면 좋을 것 같다.

거절의 기술을 전체를 정리하면, 권위의 거절의 경우 세 가지가 있다.

사회적 권위의 거절의 경우에는 상대방의 권위가 진짜 권위인지 판단하고 상대방의 권위에 대적할 수 있는 상대를 내세워서 맞서야 한다.

전문적 권위의 거절의 경우에는 그 사람의 전문성이 과연 맞는지 물어보고, 진짜로 그 부분에 대한 경험이 맞는지 파악한 후, 상대방에 대적할 만한 전문가로서 대적할 수 있어야 한다.

인기 권위의 거절의 경우 시간이 지나면 바로 바뀔 수 있기 때문에 시간이 지난 후에 파악하는 것이 좋다.

감정의 거절의 경우, 공감, 호감, 비호감의 거절이 있는데 공감의 경우 상대방과의 공감이 진짜인지 그리고 그 공감을 제대로 파악해서 거절을 해야만 한다. 그래서 대표적인 기술로 조건 걸기와 시간 끌기, 대리인 내세우기 등으로 거절을 하면 보다 쉽게 할 수 있다.

호감의 경우, 듣기, 질문, 칭찬으로 이어지는 상당히 거절하기가 힘들지만, 그것에 대항하기 위해선 일단 감사, 답변, 겸손의 자세로 상대방을 대하면 쉽게 대응할 수 있다.

비호감의 경우, 죄책감, 분노, 슬픔에 대응하기 위해선 죄책감의 경우 상호성의 법칙에 대응하기 위해선 상대방에게 평소에 빚지지 않는 생활 태도가 중요하고, 분노의 기술인 불만의 기술의 경우, 상대방의 불만을 충분히 들어주고 나서 자신이 잘못한 것은 인정을 하고 무조건 적으로 타협할 것이 아니라 사항별로 분리를 해서 대응하는 것이 좋다.

슬픔의 경우, 동정심의 기술에 대항하기 위해선 일단 함부로 사람들을 도와주면 안 되고, 일단 왜 그런 일이 있는지 파악을 한 후, 도움을 청하는 사람에 한해서 꼭 필요한 도움을 주되 일정한 장소에 일정한 기간 동안 일정한 금액으로 하는 것이 좋다.

그렇다면 우리가 일상생활에서 거절의 기술을 활용한 사례에 대해서 알아보자.

협상의 거절술을 이용한 사례

우리가 일상생활에서 거절의 기술을 활용한 사례에 대해서 알아보자. 주변의 지인에게서 벌어졌던 일이다.

지인의 아버지께서 어느 날인가 기가 막힌 사업아이템이라고 가지고 오셨는데 아무리 봐도 이건 했다가는 돈만 들어가고 안 될 것 같은 사업이었다. 그래서 아들은 사업의 부당성을 논리적으로 설명했지만 아버지는 뜻을 굽히지 않았다. 심지어 나중에는 아들이 자신을 무시한다고 화만 더 크게 내고, 도리어 그 일을 더 하겠다는 의욕이 강해져서 사람들을 불러 모으기까지 하셨다. 일이 너무 커져 버리자 아들도 반포기 상태가 되어 아내한테 하소연을 하는데 그때 그 이야기를 옆에서 듣고 있던 9살 먹은 딸이 갑자기 한마디를 했다.

"할아버지는 아빠의 아빠니까 아빠 말을 안 듣지, 아빠도 내 말 안 듣잖아?"

처음에는 어린아이가 어른들의 이야기에 함부로 낀다고 생각하고 혼을 내려고 했는데 생각을 해보니 맞는 말이었다. 그래서 딸의 말에 일리가 있다고 생각하고 다른 사람에게 부탁하면 아버지를 설득할 수 있을 거라 생각을 바꿨다. 아버지가 귀를 기울이는 친한 친구분 중에 그 사업을 별로 반기지 않는 분을 만났으나, 그분 역시 연세가 많으셔서 사업에 대해 정확하게 알지 못하셔서 그분의 아들에게 부탁했다. 마침 그 아들은 좋은 대학을 나와서 아버지가 평소에 잘 믿는 친구였다. 그래서 만나서 자신의 아버지의 사업에 대해서 이런 저런 이야기를 해주면서 우리 아버지를 말려달라고 이야기를 했다.

그랬더니 그 아버지 친구의 아들 역시 자신의 아버지가 이런 일에 휘말리게 되면 안 될 것 같다는 생각에 자신의 아버지에게 부탁을 해서 만나게 되었다. 그리고 사실 있는 그대로 "이런 식으로 사업을 해서 결과가 나쁠 것 같으니 하지 마십시오."라고 이야기를 하자 그때서야 아버지께서 알아듣고선 그 일을 접게 되었다고 한다. 그런데 재미있는 사실은 같은 이야기를 반복해서 한 것에 불과할 뿐인데 자신의 아들 이야기는 듣지 않고 친구 아들의 말을 듣고선 그 사업에 대해서 접었다는 것이다.

이 이야기들 속에서 우선 중요한 것은 바로 권위라는 것이 굉장히 상대적이라는 사실이다. 아들이 아무리 잘났어도 대통령이라 할지라도 아버지는 아들을 키웠던 사람이기 때문에 중요한 사안에 대해선 절대로 아들의 의견을 따르지 않으려는 경향이 있다. 즉 자신의 권위가 더 높기 때문에 그 권위로 판단을 하기 때문이다. 그래서 이런 경우 그 권위에 맞설 수 있는 사람이나 귀담아 들을 수 있는 대리인을 내세워서 설득하는 것이 훨씬 더 효과적이다.

마지막으로 설득과 거절을 마치고 나면 꼭 해야 할 일이 있다. 그것은 바로 타협인데, 다음에는 타협에 관해서 알아보자.

협상의 타협술

이 이야기는 정주영 회장의 실제 사례다.

루즈벨트 대통령이 한국을 방문했을 때 미군 전사자 기념비를 방문하게 되었다. 주한미군 쪽에서 한국 정부에게 부탁을 한 가지 하였다. 그것은 미군 전사자 기념비가 있는 곳에 잔디를 깔아 달라는 것이었는데, 한국 정부는 난감했다. 그 이유는 당시는 3월초이기 때문에 잔디가 나지 않았기 때문이다.

한국 정부가 고민을 하자 정주영 회장이 나서서 문제없이 잔디를 깔아 놓겠다고 하였다. 그런데 모두들 어떻게 할지는 아무도 모르고 있었다.

드디어 루즈벨트 대통령이 도착한 날 기념비 아래에 파란 잔디가 깔려 있는 것을 보았다. 모든 사람들은 잔디가 깔린 것에 감탄을 했다. 그리고 루즈벨트 대통령이 돌아가고 난 뒤에 모두들 어떻게 3월초에 잔디를 깔 수 있었느냐고 물어 보았다. 그러자 정주영 회장은 그곳에 깔린 것은 잔디가 아니라고 하였다. 그곳에 깔린 것은 잔디가 아니라 보리싹이었던 것이다. 만약 미군측에서 잔디가 아니라고 항의를 하면 어떡할 것이었냐고 묻자 정주영 회장은 이렇게 대답했다.

"그들이 원한 것은 잔디의 푸른빛이었고, 나는 푸른빛을 입혔을 뿐이다."

이처럼 협상의 타협이라는 것은 무조건 상대가 원하는 것을 전부 다 해주는 것이 아니다. 서로가 원하는 것을 찾아내는 과정을 통해서 서로가 해줄 수 있는 것을 찾는 것이 바로 협상이고 타협인 것이다. 양쪽이 모두 다 만족하는 무조건적인 타협은 존재하기가 힘들다. 그렇다고 시작한 협상을 끝도 없이 갈 수는 없다. 그러기 위해선 타협의 기술이 필요한데, 이제부터 타협의 방법과 사례에 대해서 알아보자.

협상의 타협술 방법과 사례

첫째, 물리적인 타협이 있다.

두 형제에게 케이크를 잘라서 나누어서 먹으라고 시켰을 때 케이크를 정확하게 반으로 잘라서 무게를 달아서 아무런 문제가 없이 나누는 형식으로 타협을 할 때 정확하게 반반씩 양보를 하거나 서로간의 지분이나 약속에 따라서 나누는 형식을 말한다. 역사적으로도 이런 식의 협상이 많았다.

특히 우리나라 같은 경우에도 미국과 소련이 북위 38도선을 기준으로 우리나라를 남한과 북한으로 나누었고 대부분의 협상의 경우 자신들이 원하는 것보다는 높은 기준으로 협상에 임하고 그 중간에서 협상을 해서 자신이 원하는 기준을 받아들이는 형태의 협상을 많이 한다.

둘째, 심리적인 타협이다.

앞에서처럼 두 형제에게 케이크를 반으로 나누라고 시키고, 한 명에게는 자르라고 시킨 다음 다른 한 명에게는 자른 것 중에서 고를 수 있는 권리를 주면 서로 간에 불만이 없을 것이다. 즉 한 명은 최대한 정확하게 반으로 잘라야지만 내 것을 더 많이 가질 수 있기 때문에 최대한 중간을 자르려고 할 것이다. 이처럼 대부분의 타협은 심리적인 타협인 경우가 많다. 앞에서 말한 정주영 회장의 사례 역시 심리적인 타협이라고 볼 수 있다.

셋째, 제 3자가 중재를 시키는 것이다.

케이크를 자른다고 생각했을 때 케이크를 잘랐을 때 불만이 없을 만큼 강한 권한을 가진 사람, 즉 두 형제의 엄마나 선생님이 케이크를 잘라서 나누어 주는 형식을 말한다. 사회에서 교통사고나 문제가 생겨서 해결을 할 때 두 사람만의 협상이 타협을 이루지 못하면 이런 식으로 중재를 해주는 법적인 시스템이 존재한다. 만약 누군가가 서로간의 의견을 도저히 중재할 수 없을 때 중간에 법적으로 중재를 시켜주지 않는다면 아마도 서로간의 물리적인 싸움이 수도 없이 많이 일어날 것이다.

협상의 응용 기술

협상의 응용기술들에 대해 더 알아보기로 하자.

〈지낭의 즐거움〉이라는 책에서 나온 이야기들을 바탕으로 소개하겠다.

첫째, 마음을 움직이는 상황을 만드는 것이다.

중국에서 공산정권 수립이 확립되고 나서 강대국들의 외교관들을 초청해서 만찬회를 하게 되었다. 그때 귀빈들을 위해서 중국의 국보인 중국컵을 내보이게 된다. 중국컵은 화려한 용 그림이 그려져 있는 잔으로 36개가 한 세트로 되어 있었다.

그런데 외교관 중에 한 명이 그 중국컵이 탐이 났는지 자신의 가방에 넣는 일이 벌어졌다. 문제는 외교관에게는 면책특권이 있기 때문에 함부로 수색을 할 수도 없을 뿐더러 그렇게 하면 외교문제로 비화되기 때문에 이러지도 저러지도 못하는 상황이었다. 마침 상해에 머물고 있는 주은래 총리가 이 일을 해결하게 되었는데 조건은 절대로 외교문제로 비화되어서는 안 되며, 컵을 훔쳐서도 안 되고, 반드시 컵을 돌려받아야 된다는 것이었다. 주은래는 곰곰이 생각하더니 일단 외교관들의 일정을 알아보라고 지시하고 그중에 서커스 관람이 있다는 사실을 알고선 일을 꾸미는데, 외교관들이 서커스에 들어가서 구경을 하는데 컵을 훔친 사람은 그때도 컵을 지키기 위해서 자신의 가방 안에 넣고 왔었다. 그런데 서커스 중에 마술 차례가 되었다. 마술사는 중국컵 3개를 꺼내더니 그것들을 보자기로 덮고선 품 안에서 권총을 꺼내서 쐈다. 그리고 다시 보자기를 펼쳐보니 컵이 2개만 남은 것 아니겠는? 마술사가 컵은 누군가의 가방 안에 있다고 말을 하자 스포트라이트가 그 컵을 훔친 사람에게로 가는 것이 아닌가? 그 외교관은 어쩔 수 없이 가방을 열었고 컵을 돌려줄 수밖에 없었다.

앞에서 나온 대화의 기술들은 권위, 감정, 논리 등을 사용해서 사람을 움직이는 것이었지만 이 경우 상대방이 가지고 있는 환경 전체를 움직임으로써 상대방을 설득하는 방법이다. 즉 사람의 마음을 읽기란 너무나도 어렵고 힘들고 상대방에게 내가 원하는 방법이 통할지는 변수가 너무나도 많아서 힘들 때가 많다. 그런데 내가 환경을 이끌 수 있다면 얼마든지 상대방의 마음을 움직일 수 있다는 사실을 알려주고 있다.

둘째, 거절할 수 없는 제안을 하는 것이다.

춘추전국시대의 이야기다. 전쟁을 하기 위해서 군대를 이끌고 전선을 이루고 있는데 탈주병이 천여 명이 적군으로 도망을 가고 있다는 정찰병의 소식을 장군이 들었다. 그랬더니 장군이 이렇게 말을 했다.

"쉿, 너희만 알고 있어라. 그들은 사실 내가 보낸 첩자들이다."

그런데 그 부대 내에는 적군의 첩자가 많이 있어서 정찰병들에게서 이 사실을 알아내어서 적군에게 알려 주었다. 그러자 적국의 장수는 투항에온 탈주병들을 모두 잡아서 죽여 버렸다고 한다. 말 한마디로 상대를 죽이는 병법을 알려주는 것이다.

여기서도 분명이 적군의 장수는 갈등을 했을 것이다. 그런데 생각을

245

해보면 적군이 투항해 온 적 중에서 간첩이 있다면 더 큰 피해를 아군에게 입힐 것이다. 그래서 첩보만 가지고서 그 많은 투항병을 죽여 버린 것이다. 사실 이 부분은 대부분의 전쟁에서 전쟁포로나 피난민을 학살할 때 이런 이유를 들어서 사살을 한 경우가 많다. 실제로 이라크 전에서 특수부대가 민간인 한 명을 살려주는 바람에 정보가 유출돼서 다 죽고 한 명만 탈출한 사건이 영화화된 적도 있다. 일단 적군의 스파이에 대한 첩보가 들어오면 아군으로선 실제로 위험을 부담할 수 없기 때문에 그런 결정을 대부분 내린다고 한다. 그래서 상대방에게 당장의 이익이 되지 않더라도 피해가 되는 정보를 알려준다면 상대방은 대부분의 경우 그 제안에 따라서 움직이게 될 것이다.

셋째, 상대방의 무의식을 파고드는 것이다.

산업혁명 이후 영국은 줄곧 방적 산업의 최첨단기술을 가진 나라였다. 그중에서 프라치라는 회사가 있었는데 이 회사는 업계에서 선두를 달리고 있는 중소기업이었다. 그래서 자신들의 기술에 대해서 많은 보안을 가지고 있었다. 회사가 작다 보니 식사를 나가서 해야 하는데 근처에 마땅한 식당이 별로 없었는데 마침 좋은 식당 하나가 생겼다. 그래서 가보니 일본인이 주인인데 그들은 특유의 근면함과 성실함으로 서비스가 좋았다.

특히 가격이 싸서 회사에서는 그 식당을 구내식당처럼 사용을 했는데, 어느 날인가 식당 사람들이 모두 수심이 가득한 것이 아닌가? 알고 보니 환율계산 실수와 세금문제 때문에 식당이 망하게 되었다고 이야기를 하는 것이다. 더군다나 모든 돈을 다 가지고 와서 하다 보니 고국으로 돌아갈 돈도 없다고 하소연을 하는 것 아닌가. 그래서 사장은 불쌍하다고 생각하고 그들을 잡역부로 고용을 했다. 그러다 1년, 2년이 지나자 그들이 성실함과 근면함에 감동한 사장은 그들을 조금씩 방직공장의 기술직에 투입을 했다. 그런데 그들이 돈이 모이자 집에 다녀오겠다면서 돌아간 후에는 사람들이 안 오는 것 아닌가? 그래서 알고 보니까 일본의 방직회사에서 뛰어난 젊은이들을 모아서 방직기술을 빼내기 위해서 보낸 산업스파이였던 것이다.

아마 처음부터 일본의 산업스파이들이 영국에 일을 하겠다고 들어갔다면, 영국인들은 일본인들을 경계하고 내쫓거나 일을 가르쳐주지 않았을 것이다. 그러나 일본인들은 자신들의 신분을 속이고 식당을 해서 그들과 친해졌고 조금씩 가까워져서 그들에게서 일을 배우면서 그들의 생활에 일치를 하게 되었다. 그리고 그들이 모든 경계를 풀었을 때 비로소 핵심기술까지 배우게 된다. 그리고 나서 다시 일본으로 돌아가선 그들의 기술을 알려준다. 여기서 중요한 부분은 상대방의 무의식을 파고들었다는 점이다.

식당에서 기술자, 그리고 핵심기술자에 이르기까지 상대방들이 경계를 하지 않을 정도로 무의식적인 부분을 파고들었다는 점이다. 이 부분은 사실상 카드와 마트, 인터넷에 이르기까지 많은 곳에서 무의식을 이용해서 저항 없이 상대방을 설득시키는 방법이다.

협상시 유의 사항

첫째, 협상의 결과만큼 과정이 중요하다.

모두가 만족하는 결과는 아주 중요하다. 그러나 과정이 충분하지 않다면 사람들은 협상의 결과에 만족을 못하는 경우가 많다. 예를 들어서 만 원짜리 수박을 너무 비싸다고 해서 한 팔천 원 정도로 깎으려고 생각하고 오천 원을 불렀더니 그냥 오천 원에 해준다면 뭔가 속은 것 같은 기분이 든다. 원래 원가는 그것보다 더 싼 것이 아닌가 하는 생각이 들 수도 있다. 이처럼 어떤 협상을 하는데 그 협상의 결과가 찜찜하면 사람들이 만족을 하지 못한다는 데 있다. 협상에 필요한 충분한 시간과 노력을 들인 결과를 만들었을 때 비로소 상대방이나 나나 만족할 수 있는 협상의 결과가 도출된다. 만약 그런 과정이 없다면 분명히 후회를 하기 때문에 어떤 협상이든지 과정을 결과만큼이나 중요하게 생각하고 진행을 해야만 한다.

둘째, 협상시에는 포기를 포함한 모든 가능성을 배재해선 안 된다.

협상에 임할 때는 반드시 내가 원하는 것을 얻겠다는 목표를 설정해야만 한다. 그러나 협상에 임할 때 모든 것을 다 얻겠다는 생각으로 임해선 절대로 내가 원하는 것을 얻을 수가 없다. 내가 원하는 것을 얻기 위해선 어떤 상황에도 대비를 해야만 하기 때문에 상대방과의 협상시에

포기를 포함한 어떤 상황에 대해서도 준비를 해야만 한다. 전쟁은 외교의 연장선이라는 말처럼 사실 싸움이 난다는 것은 어린아이나 나라나 마찬가지로 일단 말로서 협상을 진행한다. 그런데 말로 되지 않을 때 힘으로 눌러 버리려고 시도하는 것이 바로 전쟁인데 협상을 진행할 때는 분명히 내가 원하는 목표가 있기 때문에 진행을 할 것이다. 그런데 그 목표를 협상을 위해서 잃어버리게 된다면 아무런 소용이 없다. 결국 포기를 하는 한이 있더라도 협상의 카드로 활용해야만 한다. 예를 들어서 큰 나라가 작은 나라에게 항복하지 않으면 전쟁을 하겠다고 협박한다고 가정하자. 그런데 항복조건이 그 나라의 모든 국민과 재산을 내놓으라고 한다면 전쟁을 불사할 수밖에 없을 것이다. 이처럼 어떤 협상이든지 포기를 포함한 모든 가능성을 배재해선 협상이 진행될 수 없다.

셋째, 협상 후 협상의 결과가 이행되지 않을 때를 대비해야만 한다.

협상은 끝난 다음이 더 중요하다. 협상이란 일단 말로 혹은 종이 위에 서명으로 하는 것이기 때문에 협상의 해석이나 약속을 이행하지 않으면 아무런 소용이 없다. 그럴 때 어떻게 할 것인지에 대해서 준비를 해야 한다. 누군가가 내게 와서 돈을 빌려달라고 하면서 조건을 걸었다. 담보, 이자, 기간 등을 산정했다고 가정해 보자. 그런데 사람의 마음이라는 것이 화장실 갈 때와 나올 때가 다르다고 하는 것처럼 돈을 갚지 못하게 되었다고 했을 때 담보를 집행해야만 한다. 그렇지 않으면 손해를 본다. 이처럼 협상의 결과를 이행되지 않을 때를 반드시 대비해야만 한다.

넷째, 협상시에는 항상 시간의 여유가 많은 사람이 유리하다.

협상에 있어서 시간은 가장 중요한 요건이다. 시간이 없고 급한 사람일수록 협상이 더 절실하게 필요하기 때문이다. 그래서 고대부터 공성전을 할 때는 항상 시간을 보고 전쟁을 했다. 예를 들어서 항상 성 안에는 식량과 물이 얼마 없기 때문에 바깥쪽의 군사들이 유리하다. 그래서 성을 점령하기 위해선 시간을 끌면서 괴롭힌다. 그러나 바깥쪽의 군사들이 불리할 때도 있는데, 그것은 겨울이 오면 성 바깥쪽에선 식량을 생산할 수 없을 뿐만 아니라 추위와 싸우느라고 힘들기 때문이다. 그래서 그 경우에는 도리어 성 안의 군사들이 협상에 여유를 갖게 된다. 어떤 경우가 되었건 협상은 힘이 있는 사람보다 시간의 여유가 있는 사람이 유리하다. 그래서 협상을 할 때는 반드시 시간적 여유를 가질 수 있는 방법을 찾는 것이 가장 좋다. 아니면 포커페이스를 통해서 자신이 시간이 없음을 감추는 것 또한 좋은 전략이 된다.

협상의 기술 정리

첫째, 협상은 전략이다.

설득과 거절은 앞에 있는 상대를 설득하거나 거절하는 전술적 기술이지만 협상은 설득과 거절을 사용해서 내가 원하는 결과를 얻어내는 방법이다. 예를 들어서 설득이 창이고 거절이 방패라면 협상은 그 창과 방패를 사용하는 방법을 아는 것이다.

둘째, 협상의 기술이다.

우선 협상의 목표를 확실하게 설정해야만 한다. 설득과 거절은 당장 앞에 있는 상대를 설득하고 거절하는 것이지만 협상은 내가 원하는 것이 무엇인지 정확하게 파악하고 전략과 전술 수단을 설계하고 움직이는 것이기 때문에 목표설정이 반드시 필요하다.

그 다음에는 협상의 상대를 파악하는 것이다. 협상의 상대를 제대로 파악하지 못하고 아무하고나 이야기를 한다면 결국 이야기만 하다가 지쳐서 쓰러지게 된다. 세상이 아무리 발달해도 결국 결정권은 모두 인간이 쥐고 있다. 어떤 인간을 상대해야지만 내가 쉽게 내 목표를 이룰 수 있을지 판단을 하고 협상 상대를 찾아서 공략해야만 한다.

협상의 기술은 설득, 거절, 타협이 있는데 설득과 거절은 협상의 상대에게 통할 수 있는 수단인 권위, 감정, 논리 중에서 필요한 기술을 사용하는 것이 좋고, 타협의 경우 물리적, 심리적, 제3자의 중재 중에서 자신이 유리한 방향으로 정하는 것이 좋다.

셋째, 협상의 응용 기술이다.

우선 상황을 움직이는 것이다. 사람의 마음은 항상 바뀐다. 사람의 마음을 읽는다던가, 사람을 믿는다는 것은 어쩌면 너무나도 어려워서 힘들다. 그러나 사람은 상황에 따라서 판단을 한다. 그래서 내가 원하는 방향으로 상대의 상황을 만들면 쉽게 협상을 할 수 있다.

다음으로는 거절할 수 없는 제안하는 것이다. 사람은 모두 다 욕망의 존재이기 때문에 내가 지금 당장 원하는 욕망을 채우고 싶어 하지만 우리가 제안을 선택하는 것은 선택을 할 수 있을 때만 가능하다. 상대방이 현재 가진 정보에선 반드시 선택을 해야만 하는 제안을 한다면 상대방은 반드시 응할 수밖에 없다.

마지막으로 무의식을 이용하는 것이다. 우리가 신용카드를 쓰고도 자꾸 쓰는 이유도, 매일 같은 일이 반복이 되다 보면 잊어버리는 이유도 전부 무의식에 저장이 되어서 의식하지 않고 사용하기 때문이다. 상대방의 무의식에 들어가 버리면 일단 상대방을 굳이 힘들게 설득할 필요 없이 상대방을 내가 원하는 방향으로 움직일 수 있게 된다.

넷째, 협상시 유의 사항에 관한 것이다.

그래서 우선 협상은 결과가 가장 중요하지만, 그 과정 역시 중요하다. 만약 과정을 제대로 겪지 않으면 더 큰 부작용이 있을 수 있다.

다음은 협상시에 협상 포기를 포함한 모든 사항을 고려한 상태에서 협상을 진행해야만 한다. 그래야지만 제대로 된 협상을 진행할 수 있다. 만약 어떤 형태이든 협상을 방해하는 문제가 있다면 그것 때문에 제대로 된 협상을 할 수가 없기 때문이다.

협상이 끝난 후에는 협상의 결과가 제대로 이행이 되는지 감독을 철저히 해야만 하며, 만약 이행이 되지 않을 때의 준비를 해 놓아야만 한다.

마지막으로 협상을 임할 때에는 반드시 시간의 여유가 많은 자가 유리하다는 마음가짐으로 시간을 벌어놓은 방법을 항상 생각해야만 한다.

협상의 기술을 마무리하기 전에 협상을 한마디로 줄여서 설명을 하면 다음과 같다.
"상대방이 원하는 말을 하라, 단 내가 원하는 방향으로."
이 부분을 잊지 않는다면 분명히 최고의 협상가가 될 수 있을 것이다.

인정하고 공감하고 소통하라

대화의 기술에 관한 책을 집필을 하던 중 저자의 글 속에서 부족함을 찾기 위해서 대화에 관해서 가장 많은 깨달음을 주었던 분의 강의를 찾아가서 질문을 던져보았다. 그분은 바로 법륜스님이셨다. 그분이 원주에 오시는 아주 드문 기회를 맞이해서 찾아뵙고 질문할 기회를 얻게 되었다. 그래서 책을 쓰고 있던 주제인 대화의 기술에 대해서 물어보았더니 그분의 답변은 간단했다.

"첫 번째는 이성적으로 상대방과 내가 다름을 인정하라. 그리고 더 할 수 있다면 두 번째는 감성적으로 그럴 수도 있겠다고 생각을 하면 된다."고 말씀하셨다.

사람들이 그 사람의 다름을 인정하지 않고 상대방의 감성을 이해하지 않은 채로 무조건적으로 자신이 화가 나서 이야기를 하다 보니 상대방을 설득하지 못하게 될 것이고, 갈등의 원인은 바로 내가 남을 바꾸려고 할 때 시작이 되기 때문에 일단 남과 내가 다름을 인정하고 나서 상대방을 감정적으로 공감을 한 후에야 비로소 설득이든 협상이든 시작될 수 있다고 하셨다. 협상의 방법도 종류가 많은데, 서로 양보를 하든지 아니면 서로 따로 떨어지든지 방법이 많지만, 일단 결론을 내놓고 상대방과 이야기를 하면 방법이 보이지 않게 된다고 하면서 이 두 가지가 대화에

254

서 가장 중요한 부분이라고 하셨다. 이 답변을 듣고선 책을 쓰면서 너무 대화에서 이기는 방법에만 치중한 면만을 쓴 것을 반성하게 되었다.

무술에 이런 격언이 있다.

"힘 없는 정의는 무능이고, 정의가 없는 힘은 폭력에 불과할 뿐이다."

어쩌면 이 책은 대화에 있어서 강력한 힘을 알려 줄 수 있을 것이다. 그러나 상대방에 대한 인정이 없는 대화의 기술은 어쩌면 말의 폭력으로 끝날 수 있기에 반드시 상대방에 대한 인정으로 대화를 열어야 한다는 점을 꼭 생각하고 대화를 하기를 부탁드린다. 그리고 더 나아가서 상대방을 공감할 수 있는 사람이 되기를 바란다.

끝으로 저자가 이야기한 것들에 대해서 많은 논란이 있을 수 있지만 이것 한 가지만은 확실한 것 같다. 대화란 내 인생의 최고의 도구란 사실이다. 그래서 끝없이 대화의 기술을 연마할 때 욕망을 성취하고, 행복한 인생, 성공한 인생을 만들어 갈 수 있을 것이다. 스스로의 대화력을 높여서 행복한 인생을 만들어 가길 기원하면서 책을 마무리하겠다.